TEXTES À L'APPUI
série « Enquêtes de terrain »
dirigée par Stéphane Beaud et Florence Weber

La collection
Textes à l'appui/série « Enquêtes de terrain »

Tout comme l'histoire et la philosophie, la sociologie ne vaudrait pas une heure de peine si elle ne nous donnait pas des armes pour penser le monde où nous vivons, le transformer ou le préserver. Qu'elle ouvre sur des univers inconnus, mystérieux, ou qu'elle éclaire d'un jour inattendu des territoires ordinaires, elle aide à voir et à comprendre comment les hommes font le monde et comment ce monde les prend et les façonne.

Travail empirique et rigueur conceptuelle : c'est cette double exigence des sciences sociales que s'efforcent de remplir les travaux accueillis dans la collection « Enquêtes de terrain ». Parmi d'autres modalités du travail empirique (archives, statistiques), elle privilégie des comptes rendus d'enquêtes directes, longues et méthodiques, qui ne cèdent ni aux tentations du récit ni à l'excès de théorisation. Les questions politiques, point de départ et point d'arrivée de telles enquêtes, s'éclairent et se transforment quand on se donne les moyens de les approcher au ras du sol, d'observer et d'écouter les premiers concernés.

Étudier les pratiques matérielles qui font le quotidien – le travail, l'école, le logement, la consommation, les modes de vie –, observer le fonctionnement réel de l'économie – dans les ateliers, les banques, les bureaux, les services publics, dans les maisons et dans les rues –, c'est reconquérir le projet de l'économie politique, c'est montrer les inégalités, les contraintes, les rapports de forces, qui tissent nos vies. C'est aussi rendre compte des sentiments, des joies et des peines, des humeurs et des courages qui, tout autant que le monde des objets et des institutions, composent l'immense univers de significations, de malentendus et d'absurdités qu'est la vie des hommes en société.

les traders

olivier godechot

les traders

essai de sociologie des marchés financiers

ÉDITIONS LA DÉCOUVERTE
9 *bis*, rue abel-hovelacque
PARIS XIIIe
2001

Je voudrais remercier toutes les personnes qui m'ont aidé à réaliser ce travail, en particulier Catherine Labergerie qui a bien voulu traduire pour moi *Die Börse* de Max Weber, que nous n'avons pu publier en raison de la plus grande rapidité d'un concurrent insoupçonné, ainsi que celui que j'ai nommé « Osman » qui a accepté d'exposer son équipe à l'analyse sociologique. Je voudrais remercier aussi les membres de l'association *Social Studies of Finance* qui organisent régulièrement des discussions sur la finance ayant pu nourrir ou corriger ce travail.
Pour préserver l'anonymat, les prénoms des personnes réelles et les noms des institutions ont été systématiquement transformés au prix d'un amoindrissement de l'information pertinente. Que ceux qui peuvent se reconnaître ou reconnaître leurs collègues veuillent bien comprendre que la réduction de la personne à un nombre limité de caractéristiques, forme de violence dans le monde social, est aussi un moyen de faire progresser l'analyse sociologique. Je demeure toutefois seul responsable des imperfections de l'information ou de l'analyse.

Catalogage Électre-Bibliographie

GODECHOT, Olivier
Les traders : essai de sociologie des marchés financiers. – Paris : La Découverte, 2001. – (Textes à l'appui. Enquêtes de terrain)
ISBN 2-7071-3385-X

Rameau :	bourse : aspect sociologique
Dewey :	306.4 : Anthropologie sociale et culturelle.
	Sociologie des activités économiques et du travail.
Public concerné :	Tout public

Introduction

Une allée bordée de bâtiments de sept à huit étages, anguleux et futuristes, différents mais architecturalement accordés, se termine – comme pour mieux en souligner la grandeur – sur le siège de la banque que nous nommerons Compagnie universelle, constitué de tours saillantes, organisées selon une symétrie d'axe vertical autour d'une épaisse petite tour centrale. Tout m'évoque le mythe du business moderne et quelques scènes marquantes du film *Brasil* me reviennent en mémoire. Je vais, ce mardi 7 octobre 1997, dans une des salles de produits dérivés, négocier ma « position d'observateur » avec celui que nous appellerons Osman, le chef du prêt-emprunt.

À l'entrée, je me dirige sur la droite vers six hôtesses d'accueil, des jeunes femmes plutôt jolies, vêtues d'un tailleur aux couleurs de la banque, qui allument des sourires à mon approche et délivrent des *pass* magnétisés au nom des visiteurs. De l'autre côté de l'entrée, des hommes en costumes sombres surveillent sans sourire le bon déroulement des entrées et sorties. Muni du laissez-passer, je m'y prends à deux fois pour obtenir l'ouverture du portillon électronique, contrairement aux habitués qui semblent à peine ralentis par l'obstacle. L'ascenseur dédié à la seule desserte des salles de marché et des départements associés me transporte au sixième, où une hôtesse d'étage m'accueille. Elle appelle une troisième personne qui me conduit au travers de deux nouveaux sas de sécurité jusqu'au sein de la salle des marchés de produit dérivés, grande salle ouverte qui occupe la moitié du dernier étage de la tour centrale. Ici, point de grandes paniques ni de brusques euphories, point de ces mouvements collectifs qui remplissent les livres mythologiques ou sérieux sur la Bourse [1]. Tout a l'air beaucoup plus ordinaire et quotidien. La salle est tranquillement bruyante : régularité sonore stochastique ponctuée par quelques éclats de voix plus accentués. La plupart des membres de cette salle semblent affairés à leurs menues occupations, ici une femme rédige un rapport sur Word, là une autre personne effectue quelques calculs sur Excel, un grand nombre sont en conversation téléphonique, d'autres restent rivés à leurs écrans où défilent nouvelles et cours. Ces jeunes actifs ne sont visiblement pas tous au travail, les uns discutent du week-end, du sport, de voitures, de loisirs, confortablement enfoncés dans leurs fauteuils, leurs costumes stricts ne les empêchant pas de prendre leurs aises et de poser au besoin les pieds sur la table. On peut voir aussi à travers la cloison vitrée – transparence oblige – des membres de la salle s'attarder dans le déambulatoire autour d'une cigarette et d'un café. Je ne connais pas encore le poste et la fonction de chacun et, comme la division du travail n'est pas vraiment marquée comme dans bien des collectifs de travail par une différenciation visible des lieux, des tenues et des instruments de travail, je ne peux encore me rendre compte que, derrière ce désordre apparent de l'activité, se cache une division et une partition des activités financières : *traders*, *market-maker*, *sales*, marketing, ingénieurs financiers, ingénieurs R&D, gestionnaires de *middle-office*, de *back-office avancé*, chefs de *desk*, chef de salle, expert juridique, *quant*, secrétaire… marchés français, américains, européens, asiatiques… comptant, gré à gré, terme… prêt-emprunt, obligations, options listées, *warrants*, options OTC, produits structurés, *basket trading*…

Mon interlocuteur envisage les différents dispositifs d'observation possibles. Très vite, le seul qui semble acceptable au sein de la salle est celui de stagiaire. Je rejoins donc l'armada des stagiaires que la salle emploie à peu de frais à toutes sortes de travaux. Mon diplôme de l'ENSAE est supposé garantir la possession d'un grand nombre de compétences utiles et valorisées dans la salle. Du 1er décembre 1997 au mois d'avril 1998, me voilà donc stagiaire à la table du prêt-emprunt, affecté à la réalisation sous Excel de macros en visual basic, langage de programmation dont je dois apprendre rapidement quelques

1. *Cf.* GALBRAITH, *Brève histoire de l'euphorie financière*, et Michael KLAUSNER, « Sociological theory and the behavior of financial markets », *in* ADLER et ADLER, *The social dynamic of financial markets*. La bibliographie détaillée est en fin d'ouvrage.

rudiments pour la cause. Être au prêt-emprunt, c'est un peu se situer à la marge des marchés financiers : ce secteur marchand vit surtout du commerce international de l'avoir fiscal. Il n'est le lieu ni de la célérité des arbitragistes des marchés informatisés, ni de la technicité des concepteurs de produits complexes. Ni savoirs ésotériques, ni grandes spéculations hardies n'orientent la conduite de ce *desk*. S'il faut trouver un avantage à cette position, qui doit plus aux hasards des réseaux sociaux, qu'au choix du meilleur des observatoires possibles, je dirais qu'elle permet d'entrer en contact avec un grand nombre de segments marchands différents.

C'est ainsi que, le lundi 26 janvier 1998, j'ai l'occasion d'aller à une séance de cotation à la criée dans l'enceinte du vieux Palais Brongniart. Sous le « Péristyle aux quatre vents », j'attends Damien, le *trader* prêt-emprunt de la Compagnie universelle, qui vient surveiller la conclusion des transactions sur le marché mensuel des reports. Devant les grilles, on ne voit pas la foule des agents de change, des fondés de pouvoir, des commis, des grouillots et de ces « aigrefins de la finance » que mettent en scène d'innombrables photos, tableaux et romans d'un autre âge. L'informatisation du commerce des actions et des obligations a fait son œuvre. Seuls quelques individus isolés, de temps à autre, fendent d'un pas résolu la place vide, présentent à la grille d'entrée leur laissez-passer aux deux gardiens sous la guérite, escaladent les marches du palais, font de nouveau valoir leurs droits devant les gardiens d'intérieur et gagnent leurs salles de transactions financières. Les téléphonistes, *flasheurs*, *boxmen*, fichistes, négo et NIP qui exercent leurs talents sur la criée du MATIF et du MONEP, n'ont pas l'allure austère et respectable des agents de change d'antan. Jeans, baskets, pull-over, queues de cheval masculines ne sont pas rares et leur jeunesse rappelle celle de leur marché. Au contraire, à détailler les liquidateurs qui, pour se rendre dans la salle du marché des reports, contournent la salle centrale emplie d'écrans informatiques et de panneaux lumineux où en place de l'ancienne corbeille se cote le contrat CAC, il est possible de reconstituer intuitivement ces pyramides des âges en forme de toupie inversée que, dans les sociétés modernes, on apprend à ne plus trouver surprenantes. Ces liquidateurs, qui portent souvent des costumes dépareillés, et parfois leurs moustaches et leur embonpoint avec assurance, ont pu travailler comme commis sur la criée avant l'informatisation. Aujourd'hui *cacmen* ou gestionnaires de *back-office* dans des sociétés de Bourse, ils se retrouvent avec plaisir lors de cette matinée mensuelle de cotation à la criée. Quelques *traders* prêt-emprunt, des jeunes hommes, et même parfois des jeunes femmes, sveltes, à la coiffure soignée, dans des costumes assortis, à l'élégance fonctionnelle, se joignent à eux pour exercer leur fonction de surveillance.

Le marché des reports se déroule dans une grande salle vétuste et sans cachet de l'extension nord du palais, juste derrière la salle du musée de la Bourse où a été reboulonnée l'antique corbeille pour le plaisir des visiteurs. La pièce est divisée en trois parties ; de part et d'autre d'une corbeille ovale qui sert chaque jour pour la cotation à la criée du marché de l'or se trouvent deux groupes de cotations symétriques, deux amphithéâtres de comptoirs et de tabourets de bar tournés vers une estrade sur laquelle trône le tableau noir des cotations : à l'ouest, les valeurs françaises de A jusqu'à N inclus ; à l'est, celles allant de P jusqu'à Z ainsi que les valeurs étrangères.

Le marché des reports est un marché à la criée de prêt-emprunt des titres du règlement mensuel : ceux qui ne peuvent ou ne veulent régler à la fin du mois leurs transactions du mois peuvent y emprunter, qui des actions pour réaliser les ventes conclues, qui de l'argent pour réaliser les achats conclus. Zola présente dans *L'argent* cette séance des reports comme une lutte acharnée entre deux camps, le camp des baissiers et le camp des haussiers. Aujourd'hui, au contraire, l'ambiance semble bonne, presque chaleureuse. Les conversations vont bon train et un épais brouhaha mélangé aux volutes de tabac brun se forme, que le coteur du groupe A à P, un homme bedonnant, au crâne dégarni, du haut de son estrade a du mal à dissiper, en lançant de sa voix de stentor, à la quarantaine de liquidateurs enfermés dans leurs discussions, le nom des premières actions (« Accor »).

Observer et décrire une criée n'est pas un exercice facile. L'auteur des Rougon-Macquart use pour son roman boursier de la métaphore orchestrale et s'amuse à opposer la « basse grondante » de Jacoby, le vieux fondé de pouvoir devenu avec l'ancienneté l'agent de change au service du clan des baissiers et de la banque juive, à la voix aiguë, tel un « chant de flûte », de Mazaud, le jeune héritier qui exécute les ordres de Saccard, le chef de la banque catholique et du clan des haussiers. Polyphonique, la criée rappelle, pour le visiteur des années quatre-vingt-dix, davantage les partitions complexes et subtiles de la jeune garde sérielle des années cinquante que les duos stéréotypés de la musique française du XIXe siècle vieillissant ; et, pourtant, les habitués du report n'ont aucun mal à donner un sens à ces séries de cris, de duos, de transactions, de volumes et de prix. Ceux qui veulent emprunter des titres (ou prêter de l'argent) crient, le bras levé, paume en dedans, en agitant les doigts comme des enfants qui réclament des sucreries à un grand qui se complaît dans les plaisirs de la distribution, « je me reporte », tandis que ceux qui veulent prêter des titres (ou emprunter de l'argent) crient, le bras levé, la paume vers l'extérieur et le doigt tendu désignant généralement la personne avec laquelle ils veulent conclure des accords, « je me fais ». Au taux annoncé par le coteur [2], se concluent des transactions bilatérales entre les premiers et les seconds :

« – Je me reporte !
– Alain, j'en ai 96 540 ! Ça t'intéresse ?
– Non ! C'est 15 750 !
– D'accord pour 15 750 ! »

Après ces accords, s'il reste des cris d'insatisfaction de l'un des camps – emprunteurs ou prêteurs de titres –, le coteur modifie le prix à la hausse ou à la baisse, au risque de défaire les fragiles accords précédemment conclus. Pour la plupart des titres, ce processus de « tâtonnement » permet d'établir rapidement le prix du report mais, parfois, pour certains titres, sur lesquels des importantes spéculations à la baisse sont tentées, il devient plus houleux et peut durer plus de cinq minutes. L'irrégularité et l'incohérence du pas de cotation favorisent alors les retournements de position (d'emprunteur à prêteur, de prêteur à emprunteur), entraînent l'évolution des cours dans un sens non conforme à la procédure et obligent le coteur à mettre son autorité dans la balance pour que les liquidateurs taisent leur insatisfaction et finissent par s'accorder. Les rappels à l'ordre se font le plus souvent sur le mode de la blague, de la raillerie et du sarcasme. Le coteur n'hésite pas à invoquer les contraintes de l'informatisation prochaine (« la machine, là, elle explose »), les liquidateurs lui répondent en l'affublant du sobriquet de « fonctionnaire ». Ils ne sont pas en reste lorsqu'ils s'interpellent l'un l'autre. Un petit liquidateur d'origine asiatique, dont la voix

2. Le taux fixe le prix de la transaction. Il rémunère l'argent prêté en échange des titres empruntés. Aussi la cotation commence-t-elle au taux du marché monétaire et diminue-t-elle progressivement, jusqu'à devenir négative : c'est le déport, somme que l'emprunteur d'actions doit alors payer en plus pour les actions empruntées.

aiguë tranche avec celles des autres, récolte un grand nombre de surnoms ou des blagues douteuses en rapport avec ses origines ethniques : « Le Sud-Est asiatique, il est en baisse », « Tu vas pas nous faire de la sauce aux huîtres ». Outre leurs fonctions de rappel à l'ordre, ces blagues marquent la limite entre les membres et les personnes de l'extérieur, qui ne peuvent ni produire, ni être l'objet de blagues, et donnent ainsi à la sociabilité une forme très spécifique, celle d'une communauté masculine, fraternelle et bourrue.

Vers midi, les deux groupes de liquidateurs se réunissent pour établir le « taux de l'argent ». À côté, cinq ou six vieux commis beaucoup plus dignes, véritables rescapés de Bretton Woods, prennent place autour de la petite corbeille centrale, pour la cotation journalière du prix de l'or. En ressortant, on peut voir au rez-de-chaussée quelques jeunes NIP et négos s'observer dans l'arène du CAC 40. L'heure du repas a calmé l'activité, mais de temps à autre de brutales accélérations des prix, des transactions, des cris et des gestes s'enclenchent.

Le 2 juin 1998, les criées sur le MATIF et le MONEP et, le 27 juillet 1998, celle sur le marché du report sont définitivement supprimées, remplacées par des systèmes électroniques de transaction. Seul se cote encore à la criée, au milieu de l'année 1999, le petit marché de l'or.

Ces deux univers, le marché des reports à la criée et la salle de marché de produits dérivés, semblent bien figurer deux états du marché, un état traditionnel, issu du XIXe siècle, et un état moderne, qui s'est imposé historiquement au cours des années soixante-dix et quatre-vingt à la faveur de la grande transformation des marchés financiers. Cette dernière a profondément modifié le monde de la finance et le monde économique. Même les non-initiés, les personnes les plus éloignées de la Bourse, y ont été confrontés. À la fin des années soixante-dix, la Bourse était, pour eux, un univers lointain, séparé et secret, une activité réservée à un petit monde de professionnels fort semblable à celui des notaires. Aujourd'hui, pour le plus grand nombre, les marchés financiers sont devenus étrangement familiers. Par l'intermédiaire des différents médias consultés (France Info, France Inter, *Le Monde*, LCI, TF1, France 2 et même depuis quelques années *Libération*), on est, malgré soi, quotidiennement exposé à des informations boursières, sortes de litanies modernes, que l'on entend sans être surpris et sans y prêter attention. À écouter les exégètes de cette étrange mélopée boursière, les marchés financiers sont devenus des nouveaux dieux qui commentent et modifient le cours de la vie des hommes en délivrant du haut de leur Olympe leurs verdicts quotidiens : ils saluent telle mesure, applaudissent à tel événement, boudent tel résultat d'élection, sanctionnent telle politique économique. Les hommes politiques, relayés par les économistes, participent aussi, par leurs débats sur l'épineuse question de la moralité de ces échanges, à cette déification des activités boursières. Tantôt ils encensent les marchés, exaltent leur rationalité parfaite, admirent l'harmonie qu'ils engendrent, tantôt ils déplorent leurs ravages et fustigent leur profonde irrationalité. Dieu bienveillant et ordonnateur ou Moloch dévastateur, les marchés s'appréhendent sur un mode religieux.

L'enquête de terrain sociologique est décevante. Elle ne nous mène pas à la rencontre des êtres surnaturels supposés habiter le « temple » financier. Une fois entré dans le monde de la finance, on ne voit ni ces adorateurs irrationnels d'idoles, ni ces *Homo economicus* parfaitement rationnels. Au sein de ces institutions humaines peuplées de mortels existe une communauté d'agents économiques ordinaires au travail, avec leur parcours, leurs embauches, leur sociabilité, leurs hiérarchies et leurs conflits ; ordinaires à ceci près qu'ils sont pris dans un univers où la quête du profit atteint une intensité inhabituelle. Une organisation poussée du travail financier, une communauté intégrée autour de valeurs marchandes poussent les individus qui y entrent à « penser profit ».

Observer sociologiquement les institutions et les comportements économiques, c'est-à-dire faire œuvre de sociologie économique, invite à un dialogue avec les sciences économiques – et de plus en plus avec une de leurs branches, la théorie financière – lesquelles ont depuis longtemps constitué la finance en objet de science et produit des résultats intéressants pour comprendre tant le fonctionnement des marchés financiers que leur rôle dans le système économique d'ensemble [3]. Les sciences économiques s'intéressent moins aux pratiques concrètes et aux modalités institutionnelles de reproduction de ce commerce étrange que sont les marchés financiers qu'aux enjeux moraux et politiques de telles institutions (efficace ou inefficace, moral ou immoral). La plupart des énoncés économiques produits

---

3. Pour une introduction à cette littérature, voir ARTUS, *Anomalies sur les marchés financiers* et AGLIETTA, *Macroéconomie financière*.

récemment, qu'ils soient favorables aux marchés (économie néoclassique pour qui la rationalité des acteurs conduit à l'efficience des marchés) ou qu'ils leur soient défavorables (économie néokeynésienne pour qui la rationalité des acteurs engendre des bulles et des krachs) accordent une place fondamentale à la rationalité des acteurs. Cette « rationalité » doit être prise dans un sens très précis : ce terme, pour les économistes, ne renvoie ni au caractère ordonné et logique d'un phénomène collectif, ni à son caractère compréhensible, ni à sa moralité (comme ce peut être le cas dans les expressions politiques et journalistiques, « rationalité des marchés » ou « irrationalité des marchés »), mais à un type très particulier de comportement que l'économiste attribue uniformément et unilatéralement aux acteurs de son modèle théorique. Celui-ci suppose que les agents savent, en fonction des contraintes de l'action, instantanément calculer le niveau maximum de leur « fonction objectif », profit pour les entrepreneurs ou « utilité » pour les consommateurs [4]. Une partie des sciences sociales reprend certes à son compte une telle modélisation (en particulier le courant de l'individualisme méthodologique), mais la sociologie et l'anthropologie d'inspiration déterministe voient plutôt la pensée et le raisonnement, économiques ou non, comme un produit, que l'on peut caractériser schématiquement comme un enchaînement temporel, plus ou moins réglé, d'associations qui sont structurées par le langage, par des référents symboliques et par des valeurs. Ces courants ne peuvent que mettre en cause l'irréalisme de la conception économique de la décision comme résultante d'un plan et d'un calcul instantanés, hors du temps et hors d'un univers de sens. Certes, les économistes sont presque tous prêts à admettre que leur conception de la rationalité est irréaliste. Mais, pour eux, le « réalisme des hypothèses » importe peu tant que tout se passe « comme si ». La qualité du modèle économique est évaluée essentiellement par les propriétés et les formes qu'il permet d'engendrer, et sa pertinence par la validité de ses prédictions mesurées grâce à l'économétrie.

4. Les progrès de la science économique ont même entraîné un accroissement des capacités de calcul attribuées aux acteurs de ces modèles : l'*Homo economicus* classique, doté d'une rationalité paramétrique, ne devait trouver le maximum de sa fonction qu'à partir d'une combinatoire des prix, celui de la « théorie des jeux » y ajoute une combinatoire des stratégies de ses *alter ego*, celui des « anticipations rationnelles » tient compte aussi de la combinatoire des théories économiques de ses comparses.

Tant qu'il s'agit d'une construction idéale-typique, qui se connaît comme telle, qui explore l'ordre des possibles idéal-typiques et cherche avant tout à répondre à des questions politiques et morales [5], une telle démarche semble adaptée. Mais l'écart entre les pratiques postulées et les pratiques des agents ordinaires soulève un problème épistémologique bien plus important lorsque leurs auteurs prétendent rendre compte de la « réalité économique » avec le plus de fidélité. Ainsi certains économistes néoclassiques de la *new economic history* peuvent, pour modéliser le comportement des paysans du XVIIe siècle, leur faire résoudre des modèles de maximisation du profit comportant des lagrangiens [6] un siècle avant la naissance de Lagrange. Leur fait-on remarquer le paradoxe qu'ils répondent qu'il ne s'agit que d'une modélisation approximative des modalités probables de décision de leurs acteurs. Faisant cela, ils négligent le rôle de Lagrange et de toutes les avancées de la formalisation mathématique dans l'histoire économique. Cette *new economic history* qui suppose pour la modélisation une rationalité toujours déjà là, sans histoire, quel que soit le développement des forces productives ne fait jamais que pousser sous une forme paradoxale l'anhistoricisme inhérent à l'économie néoclassique [7].

Pour étudier les transformations des forces productives et des modes de production, l'économie néoclassique utilise certes les catégories de progrès et d'innovation [8]. Ces progrès, ces innovations, qui peuvent être pour la science économique extrêmement variés, sont cependant distincts de l'exercice de la rationalité. Les contraintes et les cadres se modifient, mais le mode d'optimisation demeure inchangé. L'analyse néoclassique se coupe ainsi de l'analyse des phénomènes économiques sur lesquels le

---

5. La question suivante, « À quelles conditions de possibilité les plans des agents sont-ils mutuellement compatibles ? », est une des questions fondamentales de la science politique depuis Hobbes, qui traverse toute l'économie politique et à laquelle Arrow et Debreu, avec la formalisation de l'équilibre général, ont donné une réponse.

6. Les lagrangiens sont une technique mathématique – très utilisée en microéconomie – inventée par Lagrange permettant de trouver le maximum sous contrainte d'une fonction de plusieurs variables.

7. Marx comparait certaines des constructions de Smith et de Ricardo à des robinsonnades, qui oublient le caractère historique des propriétés économiques dégagées. *Cf.* MARX, *Introduction générale à la critique de l'économie politique*, *Économie I*, p. 255.

8. Joseph Schumpeter distingue cinq cas d'innovations : la fabrication d'un bien nouveau, l'introduction d'une méthode de production nouvelle, la réalisation d'une nouvelle organisation, l'ouverture d'un débouché nouveau, la conquête d'une nouvelle source de matières premières ou de produits semi-ouvrés. *Cf.* Joseph SCHUMPETER, *Théorie de l'évolution économique*.

plus ou moins haut degré de développement du raisonnement économique, selon les lieux et les périodes, les contextes ou les groupes sociaux, exerce des effets [9].

Ainsi, comme nous le verrons, les marchés financiers présentent la particularité d'avoir connu, historiquement, des innovations qui ont modifié non seulement les contraintes mais aussi le mode d'optimisation des agents : l'adoption de la formule de Black et Scholes pour évaluer le prix des options [10] a par exemple radicalement modifié le mode de calcul et le cours de ces actifs. Aussi la fiction d'une séparation entre exercice de la rationalité et innovation ne peut-elle plus être tenue même d'un point de vue économique.

Un tel domaine d'étude oblige à abandonner la notion statique de rationalité au profit de la notion dynamique de *rationalisation*. Cette notion a été introduite par Max Weber pour analyser le processus historique de développement du capitalisme [11]. Ce concept de rationalisation n'est certes pas véritablement défini dans l'œuvre de Weber [12], mais on peut le caractériser à partir de la définition wébérienne du comportement rationnel en finalité : « Agit de façon rationnelle en finalité celui qui oriente son activité d'après les fins, moyens et conséquences subsidiaires, et qui *confronte* en même temps rationnellement les moyens et la fin, la fin et les conséquences subsidiaires et enfin les diverses fins possibles [13]. » Cette notion de rationalité permet à Max Weber de construire des idéaux-types, dans différents domaines, à l'aune desquels des écarts avec la réalité peuvent être constatés. Ainsi, dans *Histoire économique*, Max Weber comprend la spécificité du capitalisme occidental comme la réalisation de cette forme idéale-typique de la rationalité dans des domaines très différents :

---

9. Tout en restant dans un cadre strictement économique, l'économie n'aurait-elle pas intérêt à tenir compte de ces phénomènes en introduisant dans les programmes d'optimisation, une probabilité plus ou moins forte d'être à l'optimum ?

10. Une option est un titre (payant) qui donne le droit et non l'obligation d'acheter (ou de vendre) un actif déterminé à une date future et à un prix déterminé à l'avance.

11. Voir notamment Max WEBER, *Histoire économique*. On peut d'ailleurs considérer l'œuvre de Max Weber, et en particulier son concept de rationalisation comme une tentative de solution au conflit de méthodes qui opposait l'école historique allemande aux marginalistes autrichiens : les concepts néoclassiques de rationalité peuvent pour Weber avoir dans des conditions historiques déterminées une certaine consistance ; le concept de rationalisation permet de faire la genèse socio-historique de ces conditions.

12. Jean Molino et Emmanuel Pedler « Préface », *in* WEBER, *Sociologie de la musique*, p. 20.

13. WEBER, *Économie et société*, p. 57. La rationalité des économistes néoclassiques est un cas spécifique de la rationalité wébérienne.

> Pour résumer une fois encore ce qui fait la spécificité du capitalisme occidental et de ses causes, voici quels en sont les traits déterminants. Il est le seul régime qui produisît une *organisation rationnelle du travail.* [...] Il n'y a que l'Occident qui connaisse un *État au sens moderne du terme*, doté d'une constitution fondée sur ses principes, d'une administration spécialisée et de droits du citoyen. Il n'y a que l'Occident qui connaisse un *droit rationnel*, mis à jour par des juristes qui l'interprètent et l'appliquent rationnellement. [...] En outre, il n'y a que l'Occident qui détienne une *science au sens où nous l'entendons aujourd'hui* [...]. Enfin, la culture occidentale se distingue encore de toutes les autres par des hommes qui ont un *ethos rationnel de la conduite de vie* [14]...

La notion de rationalisation permet justement de marquer l'écart entre le modèle et la réalité et son évolution. Elle peut être vue, en particulier dans le domaine économique, comme le procès qui oriente vers des actions rationnelles en finalité et, par conséquent, comme un progrès dans la mise en œuvre de l'articulation consciente des moyens et des fins [15]. Le type de rationalisation dépend alors du domaine envisagé [16].

La rationalisation n'est pas un mouvement transcendant qui s'impose uniformément sans contradictions et sans éventuelle résurgence d'irrationalité [17]. Utilisé dans le cas des marchés financiers, le concept de rationalisation ne signifie donc pas un fonctionnement plus efficace et avantageux des marchés pour l'économie dans son ensemble : il permet de décrire cette tendance particulière de mise en adéquation réflexive des fins et des moyens, qui est essentiellement ici la plus grande orientation de l'organisation d'une part, des esprits d'autre part vers le profit. En effet, dans certaines conditions sociales déterminées, des raisonnements concrets, ces enchaînements temporels et structurés d'associations mentales, peuvent produire des résultats proches de ceux de la rationalité des économistes. Encore faut-il, pour produire une telle rationalité, être pris dans un cadre socio-temporel qui la permette et la suscite, posséder les

---

14. Max WEBER, *Histoire économique*, p. 332-333.

15. Weber reconnaît certes la multivocité de la notion de « rationalité » : « Nous aurons à revenir plusieurs fois sur la multivocité du concept de "rationalisation" de l'activité » (WEBER, *Économie et société*, tome 1 p. 63).

16. Comme le remarquent Jean Molino et Emmanuel Pedler, *in* WEBER, *Sociologie de la musique*, p. 20.

17. Dans *Sociologie de la musique*, Max Weber voit dans la mélodie une figure de l'irrationnel qui ressurgit périodiquement face aux avancées de la rationalité harmonique.

compétences culturelles requises, et disposer des supports qui l'enregistrent, écriture (généralement formelle) et, plus encore maintenant, machines calculantes.

Étudier la rationalisation des pratiques sur les marchés financiers permet donc d'appréhender la modification et la transformation des modes de calcul au sein de cet univers et d'échapper à l'alternative du conflit de paradigmes – posé d'ailleurs uniquement par les tenants de l'individualisme méthodologique – du « tout est calcul » et du « rien n'est calcul », c'est-à-dire de l'individualisme méthodologique et du holisme. L'orientation vers le profit n'exerce pas seulement ses effets sur chaque esprit particulier, elle se traduit aussi par l'adoption plus collective de modes de coordination de l'action des individus – en particulier la division du travail – de plus en plus tournés vers la rentabilité. Ainsi, au cours des trente dernières années, transformation des pratiques marchandes et transformation de l'organisation n'ont d'ailleurs pas seulement été simultanées, elles se sont pour une large part suscitées l'une l'autre.

Décrire la rationalisation ne doit pas revenir uniquement à la juxtaposition de deux états différents qui représentent deux niveaux de rationalisation de l'activité financière. Cette caractérisation est nécessaire mais laisse ouverte la question de la transition d'un état à un autre. Max Weber, pour expliquer cette transformation, dans le cas du capitalisme occidental, mobilise des causes religieuses. Les calvinistes du XVIIe siècle, explique-t-il, pour éviter de trouver des signes de leur damnation, mènent une vie ascétique de travail, qui pousse à l'épargne et au calcul [18].

Pierre Bourdieu et ses collaborateurs proposent un modèle général de la rationalisation et de l'émergence du calcul économique :

> Rien n'autorise à faire abstraction de la genèse des dispositions économiques de l'agent économique, et tout spécialement de ses préférences, de ses goûts, de ses besoins ou de ses aptitudes (au calcul, à l'épargne, etc.) et aussi de la genèse du champ économique lui-même, c'est-à-dire de l'histoire du processus de différenciation et d'autonomisation qui conduit à la constitution de ce jeu spécifique, le champ économique comme cosmos obéissant à ses propres lois. Ce n'est que très progressivement que la sphère des échanges marchands s'est séparée des autres domaines de l'existence et que

18. *Cf.* WEBER, *L'éthique protestante et l'esprit du capitalisme.*

s'est affirmé son *nomos* spécifique (« les affaires sont les affaires ») ; que les transactions économiques ont cessé d'être conçues sur le modèle des échanges domestiques, donc commandées par les obligations sociales ou familiales et que le calcul des profits individuels, donc l'intérêt économique, s'est imposé comme principe de vision dominant, sinon exclusif (contre le refoulement de la disposition calculatrice) [19].

Selon Pierre Bourdieu, pour comprendre la rationalisation, il faut tenir compte des étapes de la socialisation et notamment de l'ensemble des dispositions acquises par les individus dans la famille, à l'école et au travail (appelées *habitus*), des caractéristiques et des contraintes de l'univers de concurrence (appelé *champ*) dans lequel ils sont pris, et des ressources qu'ils possèdent pour affronter la concurrence (appelées *capitaux*) [20]. Dans ce cas-là, la rationalisation n'est envisagée ni comme une tendance inéluctable qui s'impose quelles que soient les configurations, ni de manière morale, comme une forme quelconque de progrès ou de régression [21]. La rationalisation est le produit de certaines configurations particulièrement vives de concurrence, tant interne qu'externe, pour l'accumulation d'un bien très calculable et économique : le pur profit (sans interface marchande). En effet, l'entreprise financière, prise dans un univers particulièrement concurrentiel, ne serait-ce que pour des raisons de survie, doit en permanence tenter de le conserver ou de l'accroître. Cette contrainte générale produit en son sein de la concurrence entre différents agents qui imaginent des solutions supposées améliorer le profit de l'entreprise et leur pouvoir particulier. Elle favorise dans les salles de marché une organisation et une réorganisation systématiques du travail, des personnes, et du mode d'accumulation du profit. Elle dessine dans ces salles un espace de concurrence, une petite *société du profit*, qui *pense profit* d'une manière certes très avancée, mais sous des formes différenciées et inachevées.

Ce travail adopte bien souvent pour la commodité de l'exposé des découpages fonctionnels et sépare ce qui est lié. Dans le prologue, nous essayons de retracer les principales étapes

---

19. BOURDIEU, « Le champ économique ».

20. *Cf.* BOURDIEU, « La société traditionnelle. Attitude à l'égard du temps et conduite économique » et BOURDIEU, « L'économie de la maison ».

21. L'usage de ce terme dans le monde du travail et de la sociologie du travail peut avoir des connotations morales (dans le cadre des débats sur le taylorisme).

d'une histoire institutionnelle et sociale des marchés financiers. Ainsi armé, il est possible alors d'envisager le procès de rationalisation, tel qu'il se déroule aujourd'hui dans les salles de marché. La première partie est consacrée à l'étude de l'organisation du travail dans la perspective de l'orientation du collectif vers le profit. La seconde partie s'attache à comprendre la traduction individuelle de ce procès, et analyse, dans leurs relations, les formes concrètes de calcul et les grandeurs de ce monde marchand. Le caractère exceptionnel de cet univers des salles de marché, tourné en permanence vers l'accumulation méthodique du profit, permet de poser cette question de sociologie économique : à quelles conditions sociales et économiques de possibilité, les individus économiques deviennent-ils des *Homo economicus* ?

L'enquête

Ce travail repose sur des matériaux, de nature volontairement différenciée, accumulés au cours d'une année de recherche pour un diplôme universitaire. Les principaux matériaux sont de trois ordres : un travail d'observation participante effectué au cours d'un stage de quatre mois et demi, mené de décembre 1997 à avril 1998 à la table « prêt-emprunt d'actions », dans une salle de marché d'une grande banque française désignée ici par le pseudonyme de Compagnie universelle ; une enquête par questionnaire effectuée dans cette salle, laquelle permet d'obtenir des réponses standardisées susceptibles d'être soumises à l'analyse quantitative* ; une dizaine d'entretiens approfondis réalisés avec des personnes d'autres institutions financières. Des observations plus épisodiques ont pu être effectuées sur d'autres marchés ou dans d'autres salles de marché. Un travail bibliographique et de documentation historique complète ces matériaux.

* 94 personnes ont répondu à ce questionnaire (pour 196 places) soit un taux de réponse de 48 %.

Prologue

Brève histoire de la transformation financière

La description unitaire de l'état ancien de la Bourse, de son organisation traditionnelle, ne doit pas faire croire que celle-ci demeure inchangée de sa naissance au milieu des années quatre-vingt. Mais, si nous persistons à décrire cet état comme état traditionnel, au risque de produire des effets déshistoricisants, c'est que nous voulons mettre au jour les contraintes structurales qui commandent l'organisation de l'état ancien, contraintes dont la modification va donner naissance à l'organisation moderne : malgré les différences entre les époques, et les différentes modalités d'institutionnalisation des pratiques boursières selon les pays, les professionnels de la transaction boursière s'organisent en véritable *profession* (au sens anglo-saxon), voire conservent (ou réinventent) une organisation *corporative*, qui a partie liée avec l'État.

Il ne faut pas tant comprendre la transformation des vingt dernières années comme une dérégulation, une désintermédiation ou désétatisation, que comme une modification de la régulation étatique, c'est-à-dire comme la modification par l'État de la règle du jeu de l'accès aux transactions financières. La description sociologique de cette transformation par l'État des processus d'intermédiation, si elle ne veut pas s'apparenter à un commentaire juridique et réglementaire des décrets et des mesures pris, doit essayer de comprendre ces mesures à la fois comme l'aboutissement d'un conflit d'intérêts entre des organisations, des lobbies, caractérisés par différents types de composition du *capital*, tant en *volume* qu'en *structure* (voire au sein même des organisations, comme la Compagnie des agents de change, entre ceux qui ont intérêt au changement et ceux qui ne peuvent qu'y perdre), mais aussi comme la modification des équilibres au sein de l'État, entre diverses factions de la haute fonction publique. Dans ces luttes, la diffusion des idées économiques et surtout la concurrence extérieure des autres places boursières jouent un rôle d'accélérateur des transformations. Ainsi, c'est, d'une certaine manière, l'ensemble de l'appareil d'État qui est passé d'une méfiance traditionnelle à l'égard de l'agiotage à une croyance, plus ou moins forte selon les agents et la conjoncture, dans les nécessités de l'établissement de l'« équilibre économique » sur les marchés des capitaux.

L'organisation traditionnelle

Certaines opérations financières comme le change sont pratiquées en Grèce dès le Ve siècle avant Jésus-Christ ; les opérations à terme sur le grain, les premières sociétés en commandite existent déjà à l'époque des Romains, vers le IIe siècle après Jésus-Christ ; les titres d'emprunts se sont négociés à Venise, à Florence et à Sienne dès le XIVe siècle [1]. Mais c'est à la fin du XVIe siècle aux Pays-Bas qu'apparaît une accumulation de traits montrant l'institutionnalisation des pratiques boursières. On peut, avec Fernand Braudel et Max Weber [2], dater de cette époque l'institutionnalisation de la Bourse.

Le roman des origines

À Amsterdam, l'ancienne Bourse date de 1531. La nouvelle a été créée en 1601 et le grand bâtiment de la Bourse face à la banque et au bâtiment de la Compagnie des Indes orientales, une des premières sociétés par actions négociables, créée en 1602, date de 1631. Là, d'après Fernand Braudel, les transactions et les spéculations, en particulier sur les titres de la dette d'État et sur les actions de la compagnie, sont organisées par des marchands et, de plus en plus, par des courtiers professionnels assermentés ou non (un millier le sont sur les 4 000 personnes qui peuvent venir) qui se dotent de leurs propres règles.

1. *Cf.* Fernand BRAUDEL, *Civilisation matérielle, économie et capitalisme*, p. 99-101.
2. Max WEBER, *La Bourse*.

À Londres, le Royal Exchange est fondé en 1571, mais ce n'est qu'à partir de 1695 que les titres financiers (titres d'État et actions) commencent à faire l'objet de transactions et, la salle devenant trop étroite, les activités s'installent dans l'Exchange Alley. La Bourse londonienne a d'abord copié l'organisation hollandaise avant de la supplanter rapidement.

La genèse de la Bourse de Paris est un peu plus complexe car elle se fonde sur plusieurs institutions assez différentes. Philippe le Bel avait attribué à une corporation, les « courratiers de change », le monopole – théorique – du change sur les monnaies. Puis, en 1563, était fondée une « place commune des marchands ». C'est à la suite de la banqueroute de Law (1720), qu'un arrêt du Conseil d'État (1724) réorganisa l'accès à la Bourse, redonna aux agents de change (ex-courratiers) le monopole des transactions boursières, interdit les transactions à terme et l'accès de la Bourse aux femmes (celles-ci étaient en effet accusées d'avoir excité la passion de l'agiotage rue Quincampoix, du temps de Law, lors de la spéculation sur les titres de la Compagnie des Indes et de vendre leur corps en échange d'acquisition de titres. Elles seront interdites d'accès à la Bourse en France jusqu'en 1967). La nouvelle Bourse s'installe à l'hôtel de Nevers, rue Vivienne et, pour beaucoup d'auteurs, il s'agit de la véritable naissance de la Bourse de Paris (pour Proudhon, mais aussi pour Fernand Braudel)[3].

Peu à peu, les pratiques boursières, malgré les diverses formes d'institutionnalisation, tendent, au prix de luttes entre différentes formes d'intérêt, à s'institutionnaliser : la Bourse devient une activité *quotidienne* (et non exceptionnelle comme lors des foires), qui s'exerce en un *lieu* qui lui est *exclusivement* consacré. La Bourse permet de confronter l'offre et la demande pour une *classe donnée de titres* et non plus pour n'importe quelle marchandise et la cotation fixe le (juste) prix qui vaut pour l'ensemble des échanges conclus lors d'une période déterminée. La marchandise n'est plus donnée à voir et l'objet de la transaction n'est plus qu'un symbole dont le degré de matérialité s'amenuise avec la complexification des marchés. L'accord porte non pas sur des titres nécessairement possédés mais sur des *promesses* de fournitures de titres ou d'argent à une date donnée.

---

3. Pour plus de détails, *cf.* Fernand BRAUDEL, *op. cit.*, Paul Jacques LEHMANN, *Histoire de la Bourse de Paris*, Jean-Marie THIVEAUD, « Égalité et privilège : le monopole des agents de change (1305-1987) ».

La réalisation de ces transactions sur la place boursière est de moins en moins l'objet d'une activité occasionnelle mais, au contraire, devient une *activité à plein temps*. Les amateurs de transactions boursières sont obligés de déléguer la réalisation de celles-ci aux *professionnels* qui travaillent alors pour le compte de tiers. Les amateurs peuvent alors de moins en moins souvent contrôler la réalisation de la transaction en se rendant sur les lieux de l'échange, puisque l'accès au lieu de l'échange est de plus en plus fréquemment réduit aux seuls professionnels. Ainsi en France, en 1774, est créé un piédestal de trois pieds de haut, le « parquet », pour séparer les agents de change du commun. À l'intérieur de la Bourse, les échanges se font entre des professionnels, qui sont également initiés aux jeux marchands. Les transactions tendent donc à être *symétriques* à la différence des relations marchandes classiques, profondément asymétriques, qui opposent généralement un professionnel du marché et de la marchandise, surtout intéressé – à des degrés divers – par son profit, à un amateur qui acquiert des biens et répond aux règles complexes et diverses qui déterminent la consommation. L'asymétrie est donc reportée sur le marché boursier hors de la place marchande dans les charges d'agents de change où les relations marchandes prennent le plus souvent une forme personnalisée (le bourgeois a « son » agent de change).

Ces règles ne se sont pas imposées toutes seules. Elles s'imposent au cours d'un processus historique où l'État, en intervenant ou en n'intervenant pas, favorise les uns ou les autres : il confirme certaines réglementations, en infirme d'autres, et en impulse d'autres encore. Ces règles font l'objet de transgressions régulières, parfois même par les agents les plus intéressés à leur conservation, ce qui conduit à des critiques féroces et à la réaffirmation de leur nécessité. Mais elles ne sont pas pour autant des formes contingentes, c'est-à-dire indépendantes des spécificités économiques de la relation marchande. Comme le montrent actuellement les théories économiques de l'agence, la qualité de la confiance et de l'information conditionne fortement la nature des transactions marchandes. Dans un univers marchand dématérialisé comme la Bourse, où l'accord porte sur une promesse, la tenue de cette promesse devient un enjeu économique considérable. D'une certaine manière, sous diverses formes, les Bourses ont essayé d'éliminer les parjures et ont compensé la dématérialisation de l'accord (souvent réduit à une simple promesse verbale) par la personnalisation de la relation marchande. Par

« personnalisation » il ne faut pas entendre ici des échanges qui se subordonnent un à un aux règles de l'interconnaissance personnelle. Bien au contraire, ici, c'est l'inverse qui prévaut, puisque pour chaque échange singulier la contrepartie tend, dans une certaine mesure, à devenir indifférente : l'agent de change conclut en principe la transaction avec le collègue qui lui propose le meilleur prix qu'il ait ou non avec lui de bonnes relations personnelles [4]. Il faut entendre la personnalisation des échanges dans un sens plus global, plus communautaire : étant donné le nombre restreint d'agents et le caractère régulier des transactions, c'est la communauté qui connaît personnellement chacun de ses membres et chacun des membres qui connaît l'ensemble des membres de la communauté. Un groupe fermé de professionnels permanents qui travaillent en commun est plus à même de contrôler la qualité de chacun de ses membres qu'un groupe ouvert.

Mais les règles de limitation du groupe et d'établissement de la confiance ne sont pas les seules à influencer la qualité de l'information nécessaire à la réalisation de ces transactions boursières. Comme le montre Fernand Braudel [5], dès l'apparition des premiers jeux de Bourse et des premières spéculations, la maîtrise de l'information est apparue comme étant un enjeu crucial. Les spéculateurs les plus proches de l'information d'État ont pu ainsi en tirer des avantages substantiels pour la réalisation de coups de Bourse. Les professionnels de la Bourse cherchent à s'approprier non seulement l'information d'État mais aussi toutes les formes d'information. À Amsterdam, toujours selon Fernand Braudel, avant que les cours ne soient publiés officiellement, une des tactiques courantes des courtiers était d'aller les annoncer dans les cafés avoisinants en y ajoutant ou en y retranchant quelques centièmes pour déclencher, selon leurs intérêts, des ordres d'achats ou de ventes.

Puisque la maîtrise d'informations privées permet de gagner un avantage substantiel et de faire des coups de Bourse, les agents se trouvent dans une situation d'inégalité vis-à-vis de l'opportunité de gains, inégalité qui apparaîtra bientôt comme

4. Mais il peut y avoir des règles qui limitent cette indifférenciation des échanges au sein de la communauté, comme l'organisation en coteries sur la Bourse d'Amsterdam.

5. Il rapporte que « le baron de Jouasso se vantait de pouvoir gagner cent mille écus dans le jour s'il pouvait apprendre la mort du roi d'Espagne cinq ou six heures avant qu'elle fût publique à Amsterdam », BRAUDEL, *op. cit.*

une injustice, si bien que des mesures seront prises pour classer les informations en informations licites ou illicites. Sans doute la répression du délit d'initié n'a-t-elle pas pris d'emblée les formes qu'elle revêt actuellement (avec la COB, la SEC, etc.). Mais la mise en place de la « *single capacity* » à Londres, qui empêche les membres du Stock Exchange de procéder à des transactions à la fois pour compte propre et pour compte de tiers, a pour objet d'éviter à la fois la tromperie du client – utilisation des ordres du client pour manipuler le marché et établir un profit personnel – et aussi une trop grande inégalité des parties sur le marché – accumulation par l'une des parties d'un surplus de connaissance, connaissance à la fois de ses ordres personnels et de ceux de ses clients.

L'établissement de ces règles ne se fait généralement pas spontanément, c'est-à-dire sans lutte et sans conflits d'intérêts, et sans appel plus ou moins insistant à l'arbitrage du détenteur de la violence légitime, l'État. Mais, pour éviter l'anachronisme, il faut rappeler qu'en ces périodes où celui-ci n'est pas très puissant, le marché est en grande partie « autorégulé », en ce sens que la communauté des professionnels des transactions boursières peut prendre de manière autonome des mesures pour qualifier quelles transactions sont licites et quelles transactions sont illicites. Les membres du Stock Exchange de Londres, constitués en « *private Gentlemen's club* », ont le pouvoir de réglementer leur propre organisation. Ils adoptent ainsi la susdite règle de la *single capacity*, qui officialise la division des professionnels en deux professions, les *jobbers* qui spéculent pour leur propre compte et les *brokers*, qui effectuent un travail de courtier. Ce processus d'autorégulation n'est que partiel et dépend de la place de l'État, fort différente dans chaque pays. On peut rencontrer selon les périodes et les pays une multitude de cas : un État qui prend des mesures avec ou sans effets, un État qui consacre ou refuse l'autorégulation adoptée par les courtiers, ou un État qui n'intervient pas dans les relations marchandes.

Comprendre le rôle ambivalent de l'État vis-à-vis des marchés financiers revient à prendre en considération plusieurs phénomènes : la liaison économique fonctionnelle entre le développement de l'État et le développement des marchés financiers, la méfiance des agents de l'État à l'égard des puissances dont l'origine est exclusivement financière, et le processus de construction de l'État qui conduit à l'extension de son domaine de législation et d'intervention. Dans les Bourses étaient alors principalement négociés des titres de la dette d'État, et l'État d'Ancien Régime pris dans la contradiction entre son extension et les formes traditionnelles de son financement émettait un nombre très important de titres, sans commune mesure avec les rares petites sociétés par actions de l'époque. En Angleterre, pour financer son déficit permanent à un taux d'intérêt assez faible, l'État invente progressivement (entre 1688 et 1756) le mécanisme de la dette consolidée, de l'emprunt perpétuel composé d'emprunts réguliers divisés en titres cessibles et négociables sur la place financière. L'État dépend donc rapidement, pour son refinancement à bon marché, de la pérennité des institutions qui l'assurent et ne peut prendre trop de mesures qui défavorisent les transactions boursières.

Cette alliance objective entre les Bourses et l'État est renforcée par le fait que les Bourses dépendent tout autant de l'État que l'État dépend des Bourses. En effet, la dette publique fournit au marché des titres à la fois plus abondants, plus stables, et plus sûrs que les titres peu nombreux des nouvelles sociétés par actions. La dette publique permet en fait une véritable professionnalisation et institutionnalisation des activités boursières [6]. D'un point de vue historique, il ne faut pas voir la dette publique – et ceci est autant valable pour l'Ancien Régime que pour les années quatre-vingt – comme un *mécanisme d'éviction de l'épargne privée*, mais plutôt comme un mécanisme d'apprentissage de nouvelles formes d'intermédiation financière, qui bénéficie d'abord dans un premier temps essentiellement à l'État, mais qui rejaillit dans un second temps sur les formes de financement des entreprises privées, persuadées par l'offre d'épargne et l'innovation financière ainsi créées qu'elles peuvent elles aussi profiter de ces mécanismes de financement à meilleur marché (c'est-à-dire plus standardisés et dépersonnalisés).

Cette dépendance mutuelle entre le financement du déficit public et le développement des marchés financiers ne doit pourtant pas faire croire que l'État et les marchés financiers, unis par cette interdépendance, assisteraient avec complaisance au développement concomitant de l'une ou de l'autre forme. Ce serait faire fi de la diversité de sentiments que les agents nourrissent à l'égard de l'État ou à l'égard des puissances de l'argent.

Bowen montre bien à quel point le développement de ces nouvelles formes d'enrichissement rapide a pu provoquer des

---

6. C'est le point de vue de Karl Marx, *cf. Le capital*, *Économie I*, p. 1217.

réactions de rejet au sein des élites au pouvoir ou susceptibles d'y prétendre[7] : dès la fin de la « Glorious Revolution », hommes de lettres et hommes d'État se mettent à critiquer les *brokers* (les courtiers) et plus encore les *jobbers* (spéculateurs professionnels à leur compte). George White s'en prend à « cette espèce d'insectes appelée *stock-jobbers* », Daniel Defoe écrit un pamphlet intitulé, *The Villany of stock-brokers detected ?* Mais c'est au cours des années 1760 que les critiques deviennent les plus virulentes, avec les difficultés économiques consécutives à la Guerre de Sept ans, de nombreuses faillites financières et le krach de la Compagnie des mers du Sud. Thomas Mortimer écrit un pamphlet intitulé *Every man his broker* (1761) et les critiques se multiplient non seulement dans les journaux mais aussi à la Chambre des Communes, critiques venant aussi bien du parti « de la terre » (*« country » party*) que des idéologies politiques radicales. Ces essayistes se penchent sur le « mystère » des profits des professionnels de la Bourse et ne trouvent à les expliquer que dans la tendance de ceux-ci à manipuler les cours et à tromper le client. On croyait ainsi que les *stock-jobbers* agissaient dans le cadre d'associations secrètes, les « *juntos* », pour manipuler les prix et, d'après Defoe, les *brokers* agissaient avec « la plus grande intrigue, le plus grand artifice et la plus grande facétie que qui que ce soit à l'air honnête pourrait jamais rencontrer ».

Pour ces hommes de pouvoir, dont le statut, sous l'Ancien Régime, selon la fraction du pouvoir à laquelle ils appartiennent, dépend de l'ancienneté du nom (noblesse), de la charge (noblesse de robe), de la fortune (classe moyenne établie), ou de la qualité de leurs manières et de leur éducation (hommes de lettres, juristes, etc.), la fortune accumulée par les professionnels de la Bourse n'est pas seulement scandaleuse parce que ces spéculateurs l'obtiennent par tromperies et moyens délictueux, mais aussi parce que ces professionnels, par la rapidité avec laquelle, lors de spéculations heureuses et de divers coups de Bourse, ils acquièrent une fortune, transgressent l'ordre social, contreviennent aux formes de mobilité économique et sociale tolérées, et prétendent, du seul fait de leur nouvelle fortune, à des positions auxquelles ils ne devraient pas avoir droit. Ainsi, pour mieux critiquer le rôle pervers du *jobber*, les

7. H.V. Bowen, « "The pest of human society" : Stockbrokers, jobbers and speculators in mid 18th century Britain ».

essayistes le représentent souvent comme un paria des dernières classes de la société qui, par diverses tromperies effectuées lors des transactions de Bourse, peut accumuler une grande fortune et occuper une place usurpée au sein des hautes classes de la société [8].

À la fin du XVIIIe siècle et au début du XIXe, l'appareil d'État en expansion est enfin à peu près en mesure de faire respecter ses propositions et on assiste à une convergence entre des agents de l'État, soucieux de moraliser ce lieu de spéculation, et des agents de la Bourse, les plus anciens et les plus insérés dans la profession, pour limiter l'accès au groupe et rendre la profession plus honorable.

En Angleterre, une grande partie des règlements du Stock Exchange est sous le contrôle de la Banque d'Angleterre, laquelle est progressivement nationalisée. En 1773, une souscription est lancée pour la construction d'une nouvelle Bourse à Londres, et celle-ci s'appelle finalement le Stock Exchange et non comme prévu le « New Jonathan's » en souvenir du Jonathan, nom de la brasserie qui abritait les transactions au sein de l'Exchange Alley. En 1820, les statuts réorganisent la Bourse, et redéfinissent la division du travail entre *jobbers* et *brokers*, qui restera à peu près inchangée jusqu'en 1983.

La Compagnie des agents de change et son monopole

En France, les agents de change s'instituent, sous la houlette de l'État, en véritable corps organisé. Le décret du 19 mars 1801, le Code de commerce de 1807 et l'ordonnance de 1816 consignent les nouveaux droits et devoirs de cette communauté qui détient le monopole des transactions boursières. L'article 76 du Code de commerce définit les agents de change « comme ayant seuls le droit de faire les négociations des effets publics et autres susceptibles d'être cotés ». Et la Compagnie des agents de change, communauté de l'ensemble des membres, relève exclusivement du ministère des Finances et non du ministère du Commerce. Elle est, d'après une définition de la Cour de cassation en date du 16 février 1885, « une corporation privée instituée par la loi dans un but d'ordre et d'intérêt publics ». À la chambre syndicale élue par la compagnie sont dévolus des

8. Voir notamment EM, « Letter on credit », *London Magazine*, 1772, rapporté par BOWEN, *op. cit.*

pouvoirs de représentation (par l'ensemble des membres) et des pouvoirs disciplinaires (par le ministère des Finances).

Le nombre d'agents de change est fixé par les ministère des Finances. C'est un *numerus clausus* officiel et reconnu. Pendant très longtemps le nombre de charges d'agent de change a été de soixante (à Paris). Ce sont des officiers ministériels nommés par le ministre des Finances. Aussi, pour devenir agent de change, faut-il acquérir une charge (ou en hériter), avoir effectué un stage dans une charge d'agent de change, être inscrit sur une liste d'aptitude professionnelle, soumettre son dossier à la chambre syndicale des agents de change pour devenir titulaire de la charge ; et là, enfin, être nommé « officier ministériel » (mais révocable) par le ministre des Finances. L'État délègue une partie de son pouvoir aux membres du corps en confirmant les membres qui, lors du processus de cooptation appelé examen, jugent de la qualification des prétendants aux groupes fermés des agents de change. D'une certaine manière, le rôle de cette représentation des agents de change auprès de l'État est de maintenir et d'accroître son pouvoir d'État, c'est-à-dire, le pouvoir d'administrer et de régler de manière autonome les droits et les devoirs des membres de la Compagnie des agents de change, à la fois en son nom propre mais aussi au nom de l'État, c'est-à-dire en rajoutant à la force du nom propre de l'institution le pouvoir spécifique du nom de l'État.

En échange du monopole de négociation conféré, les agents de change doivent se soumettre à un certain nombre de règles : ne pas être soi-même la contrepartie de ses propres clients, ne pas exécuter des ordres pour compte propre, présenter des garanties financières, adhérer aux divers organismes de Bourse. Ils sont responsables financièrement sur leurs biens propres des opérations qui leur sont confiées et, si jamais cette garantie n'est pas suffisante, la solidarité des membres joue. Il existe d'ailleurs une caisse de solidarité – créée en 1822, officialisée par le décret du 7 octobre 1890 rendant la solidarité obligatoire – gérée par la chambre syndicale et alimentée par un prélèvement sur les courtages, qui permet de faire face au défaut d'un des membres. Les agents de change doivent tarifer leurs opérations en fonction du taux minimum du courtage en vigueur, taux du courtage qui est fixé par la chambre syndicale et approuvé par le ministre des Finances.

Non seulement les transactions licites sont dévolues exclusivement à une classe particulière d'agents, mais celles-ci doivent avoir lieu dans un cadre spatio-temporel précis, puisque « les agents de change et courtiers ne peuvent s'assembler ailleurs qu'à la Bourse, ni faire de négociations à d'autres heures que celles indiquées, sous peine de destitution et de nullité des opérations » (arrêté du 27 prairial an X, art. 3) et selon une procédure précise.

À la Bourse, les transactions ont lieu à la criée selon un processus de *fixing*. Le coteur commence à proposer un prix pour un titre donné. Les agents de change, en fonction des ordres d'achat et de vente (« à cours limité », c'est-à-dire pas plus ou pas moins d'un certain prix, ou « au mieux », c'est-à-dire au prix du marché) qu'ils ont accumulés dans leurs carnets d'ordres, déclarent leur volonté d'acheter ou de vendre en criant le bras tendu, « je prends » avec la paume en dedans ou « j'ai » avec la paume en dehors. Acheteurs et vendeurs s'échangent alors des titres au cours donné : un acheteur interpelle un vendeur (ou l'inverse) et lui demande ou propose une quantité de titres à échanger. Comme il y a beaucoup de bruit, les parties doivent crier et confirmer plusieurs fois la quantité à échanger avant de l'inscrire sur le carnet d'ordres et de recalculer la quantité restante de titres à vendre ou à acheter. Si, à la suite de cette procédure d'échange, il existe encore des agents non satisfaits, c'est-à-dire si des cris « je prends » ou « j'ai » se font encore entendre, alors le coteur, employé de la chambre syndicale des agents de change, augmente ou diminue le prix d'un « pas » de cotation et de nouveaux échanges ont lieu au nouveau prix. Ce processus continue jusqu'à ce que, pour un prix donné, il n'y ait plus d'agents de change insatisfaits, c'est-à-dire qu'il n'y ait plus de cris « j'ai » ou « je prends », ou que le coteur estime que le nombre de personnes insatisfaites est minime. Ce prix est le cours du jour et il s'applique à l'ensemble des transactions contractées lors de la phase de discussion du prix. En général, la cotation ne dure pas plus de trois minutes. Le coteur passe alors au titre suivant.

La Compagnie des agents de change, soucieuse de respectabilité, présente l'activité d'agent de change comme une exécution, au sens où l'agent ne fait qu'exécuter les ordres, exécution mécanique, mathématique et probe [9]. L'ensemble des règles qui

9. « La Bourse qui paraît chaotique est érigée sur un faisceau concordant de principes rigoureux qui en assurent la probité : la loi, aussi bien que la Compagnie des agents de change sanctionnent éventuellement le moindre écart. (...) la cotation à la criée, sous ses aspects agités, est

régissent les transactions n'empêche pas les infractions, mais au contraire précise l'ordre des infractions possibles et les sanctions qui leur sont éventuellement associées. Comme les infractions sont difficiles à contrôler et que ni l'autorité de marché, qui dépend des agents de change, ni le gouvernement, qui préfère déléguer son autorité, n'ont forcément intérêt à intervenir, l'infraction n'est pas toujours une exception qui confirme la règle, mais elle peut devenir le mode de fonctionnement du marché pendant des années avant d'être officialisée. Le marché à terme, interdit jusqu'en 1885, constitue, sous la forme du règlement mensuel [10], dès la première moitié du XIXe siècle, le mode majeur de conclusion des échanges. Le principal reproche formulé à l'encontre des agents de change est leur manque de respect pour les ordres des clients. Essentiellement intéressés par l'importance des courtages (et éventuellement par le produit de spéculations personnelles illicites), les agents de change peuvent pour une certaine classe de clients (les « gogos », les petits porteurs, etc.), par collusion avec leurs pairs (échanges d'ordres) ou par la multiplicité des cours de cotation [11], exécuter l'ordre non pas au « juste » prix, mais à un prix qui diffère de celui dont ils se prévalent et grossir le courtage fixé par la chambre syndicale de la différence [12].

Le statut d'agent de change, qui cristallise à un moment donné les rapports de forces, n'a pas été imposé puis conservé sans luttes, contre d'autres forces qui avaient intérêt à d'autres formes de régulation et d'autres formes d'organisation du marché. Son monopole a été contesté, dès son origine, par les banques, principales forces intéressées par l'organisation du marché. La Caisse des dépôts et consignations et la Caisse d'amortissement, principales compagnies bancaires de l'époque, quelques années après

mathématique », Compagnie des agents de change, 1969, *La Bourse, forum de l'économie*, Informations et conjonctures.

10. Sur un marché à règlement mensuel, on ne règle les transactions et on ne livre les titres qu'à la fin du mois. C'est donc un marché à terme, c'est-à-dire un marché qui porte sur des marchandises livrées dans le futur. Le terme est ici d'un mois maximum.

11. Si en général il n'y a qu'un seul *fixing* (ou cotation) par jour, sur certains titres il y avait parfois plusieurs cotations par jour, voire avec l'ensemble des marchés parallèles, une cotation en continu, c'est-à-dire une multitude de transactions à des prix différents et une forme d'inégalité devant les prix.

12. « Vous écrivez à votre agent de vous acheter des actions de la banque au cours du jour. Dans la même Bourse, lesdites actions ont fait 4,100, 4,110, 4,120 ; l'agent, à quelque prix qu'il ait acheté, vous cote au plus bas, 4,100 et garde la plus-value. Qu'avez-vous à y voir ? C'est ce qu'on appelle, dans une sphère infiniment plus obscure, *faire danser l'anse du panier* », PROUDHON, *Manuel du spéculateur à la Bourse*.

la confirmation par Louis XVIII du monopole des agents de change (11 février 1820), s'étaient plaintes au roi des conséquences néfastes de l'organisation des transactions boursières sur la rente [13]. Elles reprochaient aux agents de change de donner l'avantage à leurs clients sur les ordres venant de la caisse, et comme elles n'étaient pas assurées que leurs ordres fussent traités en priorité (« au mieux ») sur le marché de la rente d'État, elles réclamèrent un accès direct au marché financier, en essayant de faire nommer par le roi un commissaire spécial chargé des affaires de la caisse d'amortissement. La Compagnie des agents de change a réagi très vigoureusement et très rapidement contre cette tentative d'immixtion du grand capital financier dans le domaine des transactions boursières et, trouvant un allié dans le parti ultra pour qui la grande banque avait trop un air de libéralisme, a réussi à maintenir le *statu quo* dans les mêmes termes qu'en 1816. Cette méfiance à l'égard du capital se poursuivit jusqu'à la suppression des agents : en 1895, un des rares agents de change proposé par un agent démissionnaire et refusé par la chambre syndicale l'est pour cause « d'attaches avec un établissement de crédit [14] » et, en 1978, Roger Sitri, agent de change, se plaint de la mise en place des SICAV, lesquels, même s'ils facilitent l'accès des petits porteurs au marché boursier, favorisent surtout l'arrivée des grandes banques de dépôt sur le marché [15].

Contestés en haut par le grand capital, les agents de change sont aussi contestés en bas par tout un petit peuple de professionnels ou d'aspirants professionnels de la Bourse, qui essayent d'assurer à plus bas prix les mêmes services que les agents de change. Le statut, les prérogatives et l'appellation de ces professionnels officieux de la Bourse varient selon les époques. Proudhon distingue trois catégories : les remisiers, les courtiers marrons, et les coulissiers. Les remisiers avaient leur propre clientèle, qu'ils conseillaient, et transmettaient des volumes importants de transactions aux agents de change, en échange d'une « remise ». Cette profession, longtemps illégale, a été officialisée et placée sous la tutelle de la chambre syndicale. Les courtiers marrons et les coulissiers faisaient en général le même travail que les agents de change mais sans autorisation. Les

13. Jean-Marie THIVEAUD, *op. cit.*

14. Patrick VERLEY, « Les sociétés d'agents de change au XIXe siècle ».

15. Roger SITRI, *J'ai ou je prends, La Bourse des valeurs à travers les âges.*

courtiers marrons, mal connus, concurrençaient les agents de change pour tous les types de titres, tandis que les coulissiers étaient originairement spécialistes de la rente et des titres interdits aux agents de change (valeurs étrangères et promesses d'actions de sociétés non constituées), et n'ont que progressivement concurrencé les agents de change sur les actions et les obligations. Dans la mesure où l'accès au lieu de cotation, le « parquet », était réservé aux seuls agents de change et à leurs employés, la cotation des valeurs par ces professionnels officieux avait lieu dans la « coulisse », c'est-à-dire hors du parquet. D'ailleurs, ces transactions illégales n'avaient pas seulement cours à la Bourse elle-même, lors des très courts horaires d'ouverture (deux heures pour les actions, une heure pour la rente...), mais éventuellement en d'autres lieux. Zola mentionne ainsi dans *L'argent* la petite Bourse du soir qui se tenait boulevard des Italiens [16]. Pour la science économique moderne, ces professionnels officieux avaient un comportement de « passager clandestin » : ils utilisaient une information produite par les agents de change – le prix résultant de l'offre et de la demande, établi par ces derniers – sans avoir à en supporter les coûts. L'activité de ces professionnels restait donc dépendante de celle des agents de change, alors que l'inverse l'était beaucoup moins. Même si la Compagnie y perdait globalement, du fait de cette concurrence « déloyale », chaque agent croyait pouvoir gagner des opportunités de transactions et de gains avec ce groupe de professionnels beaucoup moins assujettis aux règlements. Et, comme le montre Proudhon en 1856, la tolérance à l'égard des courtiers non agrémentés peut s'expliquer comme un moyen pour la Compagnie de limiter la concurrence en son sein et de la reporter en dehors des limites protectrices du statut de ses propres agents :

> La tolérance des agents de change paraîtra peut-être plus inexplicable que celle de l'autorité : ce sont leurs attributions qu'on usurpe, une concurrence au rabais qui s'exerce contre eux, des droits de courtage dont on les frustre. Et on sait combien les compagnies de

16. « Cette Bourse se tenait [à huit heures] alors sur le boulevard des Italiens, à l'entrée du passage de l'Opéra ; et il n'y avait là que la coulisse opérant au milieu d'une cohue louche de courtiers, de remisiers et de spéculateurs véreux. Des camelots circulaient, des ramasseurs de bouts de cigare se jetaient à quatre pattes, au milieu du piétinement des groupes. C'était, barrant le boulevard, un entassement obstiné de troupeau, que le flot des promeneurs emportait, séparait et qui se reformait toujours », *in* ZOLA, *L'argent*, p. 401.

> privilégiés sont jalouses de leurs prérogatives. [...] Non contents de tolérer les coulissiers et les courtiers sans mandats, ils chargent volontiers les premiers de leur acheter de la rente, et ils font une remise aux seconds, qui ont besoin de leur intervention pour certains marchés où le concours des agents de change officiels est nécessaire. On se demandera peut-être pourquoi, lorsque le chiffre des titres négociables a plus que décuplé, le nombre des agents de change est resté le même. Ils ne sont que soixante aujourd'hui, comme en 1830, comme en 1815, comme en 1724. Sans doute la Compagnie, fort accommodante pour les petits empiétements, le serait infiniment moins s'il s'agissait seulement de doubler les offices. Un gouvernement pourra-t-il sans danger indisposer la corporation, toucher à l'arche sainte du plus vieux monopole [17] ?

Tolérance, suppression ou absorption, ces trois formes de régulation de la concurrence « déloyale » ont été, en fonction de la conjoncture, des intérêts des différents groupes, et de leur rapport de forces, successivement expérimentées. En 1858, les coulissiers sont condamnés par la justice et disparaissent pendant quelque temps. Pour mieux asseoir leur monopole, les agents de change, en 1866, décident de publier les cours (la « cote »), faisant ainsi de leurs cours les cours de référence. À partir de 1885, la coulisse est peu à peu reconnue. En 1898, elle est légalisée, et les coulissiers peuvent négocier l'ensemble des titres du « hors cote ». De multiples mesures, en 1932 et en 1942, rapprochent, les coulissiers des agents de change, mais c'est finalement en 1961 que la coulisse est définitivement intégrée dans la corporation des agents de change. Ainsi, au cours du XXe siècle, le mouvement simultané de montée en puissance de l'État, de déclin de la Bourse dans le financement de l'économie (en France du moins), et la cristallisation de la position des agents de change jouent en faveur d'une mise en conformité du déroulement des transactions boursières.

Une communauté de marché

À l'intérieur de la place marchande, entre les intermédiaires, le commerce des papiers tend dans une certaine mesure à se faire selon l'idéal-type des relations marchandes rationnelles et impersonnelles décrit par Max Weber [18] : marchandage pour

17. PROUDHON, *op. cit.*, p. 65-66.
18. Max WEBER, *Économie et société 2*, p. 410-412.

l'établissement du prix, éthique de l'inviolabilité des promesses, simultanéité et successions de transactions éphémères, indifférence de la contrepartie au moment précis de la transaction. Cependant, puisque cette éthique est si importante pour permettre une succession rapide d'échanges importants, les personnes qui assurent les transactions ne sont pas indifférentes, et les agents de change ont réussi à imposer, pendant deux siècles, la fermeture de leur groupe comme garantie de l'effectivité de cette éthique. Pour cela, la communauté des intermédiaires qui assurent l'échange reste dans une large mesure une communauté personnelle, de même que les relations que ces intermédiaires entretiennent avec les commanditaires sont aussi des relations personnelles de clientèle.

La charge d'agent de change est elle-même une entreprise où se forment (ou se maintiennent) des liens personnels entre les personnes qui y travaillent. Outre leur statut d'officier ministériel, les agents de change sont aussi des commerçants inscrits au registre du commerce, disposant des mêmes droits et tenus aux mêmes devoirs. Ils peuvent donc avoir des employés, qu'ils choisissent en fonction de leurs propres critères et non en fonction de règles de la communauté. En 1987, les charges comptent en général entre 10 et 200 employés, pris dans une hiérarchie assez complexe : fondés de pouvoir, qui assistent les agents dans la gestion des portefeuilles confiés à la charge, commis principaux et commis teneurs de carnet, qui assurent l'exécution matérielle des ordres sur des groupes de cotations annexes, et le secrétariat ou *back-office* qui effectue la comptabilisation des opérations et la confirmation des opérations, sans compter toutes les personnes affectées aux « petites » tâches, (grouillots qui apportent les ordres, téléphonistes, etc.).

L'accroissement du nombre de valeurs à traiter a imposé de déléguer une partie de la cotation des titres à d'autres groupes de cotations que celui de la corbeille et à des commis pour l'exécution des ordres. À la corbeille proprement dite étaient cotées les « quarante plus belles », les valeurs les plus actives de la cote, ancêtres du CAC 40. Seuls les agents de change en personne pouvaient accéder à la corbeille. Outre celle-ci, il existait quatre groupes de cotations où les agents de change déléguaient leurs droits de négociation des titres boursiers à des commis. Ainsi le pouvoir que l'État déléguait aux agents de change n'était pas un simple pouvoir de négociation : c'était aussi un pouvoir de délégation, délégation qui continuait à porter la marque de ses maillons, puisque les commis étaient soumis au pouvoir disciplinaire de la chambre syndicale. Même s'il existait une formation interne – un CAP de banque et Bourse délivré par le centre de formation bancaire, pour former les commis –, il semble que la plupart des commis étaient recrutés par relations dans les charges d'agents de change, qu'ils ne se soumettaient pas en grand nombre à une formation délivrée et contrôlée par la grande banque, et qu'ils étaient formés sur le tas.

Thierry, *trader* à la BPP, une petite banque d'affaires (1 300 salariés en 1997), a commencé en 1960 comme employé de la banque W, avant de devenir commis de banque pour la BPP sur le marché de l'or. Issu d'une famille ouvrière de neuf enfants, le bac en poche (ce qui est assez rare pour l'époque), il entre dans la banque « par hasard », c'est-à-dire par un jeu inattendu de relations. Son exemple, pour la banque d'affaires certes, donne une idée de la manière dont pouvait se faire le recrutement à cette époque : « J'ai été jusqu'au bac et puis comme je... pouvais apparemment pas aller plus loin et qu'il fallait que je travaille donc je suis venu dans la banque par hasard parce que le patron d'un restaurant de Paris a été étonné que j'arrête mes études et m'a demandé ce que je voulais faire. Bon, je lui ai dit : "Je veux travailler." Et il m'a présenté au chef du personnel de la banque W. »

Cependant, malgré les diverses formes de rappel du rapport de leur dépendance, il ne faut pas croire que les commis ne faisaient qu'exécuter des ordres, sans aucune marge possible d'autonomie. Comme le montrent les souvenirs de Thierry, les relations de domination traditionnelle qui existaient dans les charges d'agents de change laissaient aux différents acteurs une marge de négociation, d'interprétation et de redéfinition des règles : « Je vois par exemple les gens qui travaillaient, quand on parle de la criée, le brouhaha, c'étaient des commis de Bourse qui avaient des oreilles, qui exécutaient et puis qui en exécutaient aussi pour leur compte. [...] On le faisait, oui, mais on le faisait à petite échelle, bien entendu ! On achetait cent napoléons, on avait gagné, je sais pas dix francs, et puis on les revendait. Vous voyez, cela fait mille francs, quand même ! Mais, oui, on le faisait. Mais c'est formellement interdit maintenant. »

Souvent issus des classes populaires ou de la petite bourgeoisie, en même temps qu'ils connaissent une très forte mobilité économique, avec les salaires et les primes versés et le produit de menues spéculations, ces commis ont la possibilité de connaître une mobilité statutaire et de gravir les échelons des charges de l'agent de change. Mais, à l'époque, le groupe d'agents de change était déjà assez fermé pour que l'accès d'individus dénués de liens de parenté avec les membres du groupe paraisse exceptionnel.

Cette situation est le produit d'une évolution historique longue. Le métier d'agent de change, relativement ouvert sous le Second Empire, tend à se refermer ensuite [19]. Signe de cette institutionnalisation, la durée moyenne d'exercice s'allonge et le recrutement, qui, par le jeu des faillites et des cessions encouragées par la très forte hausse du prix des charges, s'effectuait hors des liens de parenté pendant la première moitié du XIXe siècle, cède la place à un recrutement familial [20]. Même si la profession d'agent de change reste plus ouverte en 1914 que celle de notaire, le groupe se referme de plus en plus sur la communauté familiale, et ce d'autant plus qu'avec l'élévation du prix des charges la famille est sollicitée comme réservoir de sous-commanditaires apporteurs de capitaux, et qu'avec l'accroissement de l'activité dévolue aux charges, consécutive à la multiplication des titres et des échanges, elle constitue un réservoir de main-d'œuvre pour l'occupation des divers postes (en particulier celui de fondé de pouvoir) ce qui favorise les successions.

Après une période en quelque sorte « anomique », caractérisée par l'imprécision des transactions licites et illicites, une forte mobilité sociale collectivement ascendante, mais avec une forte probabilité d'être individuellement descendante, la communauté des professionnels des transactions boursières se cristallise en une communauté stabilisée, hiérarchisée, organisée, dans la typologie wébérienne, sur le mode de la domination traditionnelle : l'État confirme une grande partie des règles internes de fonctionnement et garantit plus efficacement le monopole ; même si elle permet aux membres des classes populaires élevés au rang de commis de connaître une mobilité économique rapide, la communauté est un tout hiérarchisé, où l'ordre des carrières possibles est fixé. Tel les grands corps de l'État, cette corporation, par son mode de fonctionnement, inculque à chacun de ses

19. Patrick VERLEY, *op. cit.*

20. « Le poids des successions en famille s'accroît beaucoup : 30 agents sur 129 sont parents de leur prédécesseur entre 1870 et 1914, le plus souvent frères, neveux, beaux-frères ou cousins avant 1890, puis de plus en plus fils ou gendres », VERLEY, *op. cit.*, p. 142.

membres une communauté de vues, de conceptions et de pratiques, véritable opinion commune des docteurs (*doctorum communis opinio*). Pour les salariés de la couche inférieure de cette communauté professionnelle, qui sont structurellement tenus à l'écart des positions dominantes (sauf pour ceux qui ont des relations de parenté avec les agents de change ou qui réussissent à en contracter), l'adhésion au groupe et l'imposition de l'ordre légitime se font grâce à l'adhésion collective à l'esprit « maison ». « Avant, il y avait l'esprit maison, regrette Thierry. On gagne de l'argent pour la maison, on en aura peut-être un peu. On en aura peut-être, mais l'année prochaine, j'aurais du boulot, et je sais que la maison sera bien solide et j'en aurais l'année d'après, etc. Maintenant, c'est un petit peu différent, c'est plus le côté mercenaire. Je suis là, j'ai, mettons, un million de salaire par an, je travaille deux ans. On me propose de venir travailler chez soi à un million et demi, on s'en va. C'est de l'argent. Et alors l'argent, c'est le nerf de la guerre. On peut pas non plus critiquer trop. Mais il n'y a plus cet esprit maison. »

Les perspectives de promotions économiques ou statutaires assurant l'adhésion des couches inférieures à l'ordre monopoliste des professionnels de la Bourse, la communauté des professionnels peut fonctionner comme une communauté intégrée de travail, une communauté d'initiés, qui peut s'opposer avec d'autant plus de force aux amateurs. Chaque jour, l'ensemble de la communauté se retrouvait en un même lieu pour exécuter le même genre de transactions. La sociabilité au travail et peut-être encore plus la sociabilité hors travail favorisent le sentiment de commune appartenance de l'ensemble des membres : « On allait après la cotation en face de la Bourse, ça s'appelait *Chez Galopin*. Ça existe toujours. Et puis, on buvait un petit coup. [...] Parce qu'avant on était tous dans le même bain et puis on faisait notre... chacun faisait son boulot, gagnait un peu d'argent pour sa maison. Mais il n'y avait pas d'animosité, tandis que maintenant c'est différent, les marchés sont bien mieux arbitrés, il y a beaucoup plus d'intervenants, beaucoup plus de gens hyperpointus qui travaillent sur des logiciels... »

Par commune initiation, il faut entendre non seulement une commune connaissance des règles de fonctionnement des jeux boursiers, mais aussi une formation commune de l'intuition du cours à venir. La pratique quotidienne du marché permet à la longue aux professionnels de reconnaître, non pas à tous les coups mais le plus souvent, les grandes caractéristiques des courants acheteurs ou vendeurs : comme le rappelle Thierry, les agents de change « avaient pas des diplômes comme maintenant. [...] Ils avaient le sens du marché, ils savaient. Il y a quelque chose, il suffit pas de faire des grandes études, il faut sentir le marché, il faut sentir quand les gens veulent acheter, on sent quand c'est un courant acheteur et un courant vendeur... ».

La connaissance du cours à venir, ne s'appuie pas seulement sur l'observation des formes de l'activité et de l'opinion des pairs sur la place boursière mais sur la connaissance directe et concrète du carnet d'ordres, liste de l'ensemble des ordres passés dans la charge d'agent de change. Comme le remarque Proudhon [21], « l'agent de change connaît par avance par les ordres qu'il a reçus, quelle sera la physionomie du marché : *il voit dans les cartes*, et il peut les biseauter au besoin ». Sur un marché physiquement très resserré, où tout se joue dans quelques kilomètres carrés entre la Bourse et les Champs-Élysées, où les rencontres entre les membres se font quotidiennement, à la fois dans le cadre professionnel et surtout hors de ce cadre, dans les restaurants et les brasseries de la rue du Quatre-Septembre, la Bourse est véritablement un marché à l'information, à la bonne et à la mauvaise rumeur, à la meilleure prédiction de l'ensemble des prédictions possibles de l'intervention des autres joueurs :

« – Donc c'était un marché [le marché de l'or] qui se réglait entre nous. Franco-français. Donc c'était qu'est-ce qui faisait l'arbitre de ce marché, c'était la Caisse des Dépôts qui était le gros intervenant.

– *Donc quand on avait une idée sur la Caisse, ça allait ?*

– Oui, oui, quand la Caisse vendait, on disait, il faut vendre. Quand elle achetait, il fallait acheter. Et c'était comme cela. Voilà. » (Thierry.)

Dans ce contexte-là, l'agent de change, loin d'être un simple exécutant chargé de la seule exécution des ordres de Bourse, est aussi un marchand qui vend et qui achète de l'information à ses clients et qui l'échange selon des modalités complexes d'une part avec les collègues de sa charge, d'autre part lors des rencontres plus ou moins ritualisées avec certains de ses pairs. Un travail historique de détail permettrait de mieux comprendre la relation entre l'agent de change et son client, et de voir dans quelle mesure et avec quelles formes, selon le client, qu'il soit selon la catégorisation de Proudhon, un « prudent » ou un « habile », ou

21. *Op. cit.*, p. 134.

plus encore selon la taille des ordres qui sont passés, c'est le client qui informe l'agent de change (sur l'état futur des cours) ou l'agent de change qui informe le client, ou de voir mieux encore comment l'agent de change, structurellement initié aux jeux de l'échange, s'informe de son client pour l'informer, c'est-à-dire réussit à donner sens aux impacts sur le cours de l'information révélée par son client et à l'en informer moyennant finances, à savoir des courtages importants et réguliers.

Bien que fonctionnellement intermédiaire des échanges la corporation des agents de change, forme traditionnelle hiérarchisée et intégrée de communautarisation professionnelle, assure paradoxalement la socialisation rationnelle des intervenants finaux sur le marché financier. Par le rôle qu'elle joue dans la circulation payante de l'information « payante », bien plus qu'intermédiaire, elle est peut-être le centre de ce marché, mais au prix d'une forte dépendance à l'égard des conditions du marché, conditions physiques, géographiques et matérielles de l'échange et conditions juridiques, c'est-à-dire au prix d'une forte dépendance à l'égard du bon vouloir de l'État qui a permis et voulu une telle institutionnalisation monopolistique.

Les étapes de la transformation

Le domaine de validité de la proposition de Marx – « le pays le plus développé industriellement ne fait que montrer à ceux qui le suivent sur l'échelle industrielle l'image de leur propre avenir [22] » – est sans doute des plus étendus en ce qui concerne les transformations financières. Comme au XVIIe siècle, lors de la transformation des marchés financiers, un des pays les plus développés montre la voie en procédant à des innovations financières et en déclenchant une transformation de l'ordre financier, et les autres suivent. Conséquence de ce suivisme, les modalités d'innovation et de transformation des marchés ne sont pas les mêmes lorsqu'elles ont lieu dans un pays « leader » et dans un pays « suiveur ».

22. Karl MARX, *Le capital*, *Œuvres I*, p. 549.

Aux États-Unis, marchés dérivés et calcul stochastique

Les transformations des marchés financiers, en particulier leur « globalisation » et leur « unification », sont des phénomènes difficiles à décrire, car, elles reposent sur des éléments disparates, de nature différente et appartenant à des champs disjoints. Tout d'abord, l'évolution interne des échanges et la transformation de la régulation du capitalisme marchand jouent un rôle global, au sein duquel trois événements – trois rationalisations à l'intérieur de leur domaine d'appartenance –, la modification par l'État des règles de courtage minimal, l'émergence des marchés dérivés et l'invention de nouvelles techniques, jouent un rôle d'accélérateur.

En toile de fond de ces transformations, se déroule au cours des années soixante et soixante-dix une lente mais importante transformation de la régulation des rapports de domination au sein du *champ* économique international : du fait du développement de la vie matérielle et des échanges de tous ordres entre nations, le capitalisme oligopolistique national au sein duquel la domination repose plus sur des rapports politiques et personnels entre les groupes (intermédiation bancaire personnalisée, imbrication du privé et du public, faible rôle du marché financier dans la réallocation des places dominantes), cède la place (avec la fin du système de Bretton Woods, la conclusion des rounds du GATT, etc.) à un capitalisme transnational plus concurrentiel dans lequel le marché joue un rôle beaucoup plus central dans le transfert des titres et donc des positions dominantes.

Les États, en tout premier lieu les États-Unis, par les mesures qu'ils prennent, les lois qu'ils votent et les accords internationaux qu'ils contractent, vont accélérer, parfois à leur insu (fin de Bretton Woods), ce processus de globalisation et de recomposition financière. Ainsi, au début des années soixante-dix, les autorités américaines ont considéré que la situation des courtiers à Wall Street relevait du monopole de fait, monopole qui, comme l'explique la théorie néoclassique, a des effets négatifs sur le bien-être collectif. En mai 1975, une législation impose la libre discussion des courtages entre les *brokers* et leurs clients. Cette législation, qui supprime les anciennes règles – le courtage minimal – adoptées pour limiter la concurrence (dite déloyale) entre les pairs de la communauté professionnelle, a provoqué une très forte concurrence à la baisse, des faillites, de nouvelles entrées, et une recomposition financière des maisons de titres.

Au même moment, les marchés à terme vont prendre un essor sans précédent. Les marchés à terme sont des marchés sur lesquels on achète un bien ou un titre qui sera livré dans le futur, mais à un prix déjà convenu. Ils ont longtemps été le symbole des forces obscures de la spéculation. En effet, un spéculateur qui anticipe une hausse du cours peut très bien, même sans avoir de fonds, acheter le titre livré dans trois mois, le revendre deux mois plus tard et empocher la différence de cours (si la hausse a bien eu lieu...). Les marchés à terme existaient bien avant les années soixante : ainsi, en France, le règlement mensuel était un marché à terme à échéance d'un mois. Mais, sur ces marchés à terme, soit l'échéance était très courte comme en France et le marché ressemblait fort à un marché au comptant, soit l'activité était limitée car les contrats n'étaient pas standardisés et difficilement transmissibles après une première négociation. Dans les années soixante, sont créés des marchés à terme sur les matières premières et les produits agricoles, où sont négociés des « *futures* » standardisés, c'est-à-dire des contrats, dont le volume, l'échéance, la qualité et les modalités de livraison sont déjà fixés. Les contrats sont donc aisément négociables et ne sont plus personnalisés comme les anciens contrats à terme. Ces marchés sont dotés de chambres de compensation qui facilitent grandement les échanges et permettent de ne pas livrer les matières premières le jour de l'échéance mais de seulement empocher ou débourser la différence avec le cours au comptant par simple rachat (ou revente) à la chambre d'une position équivalente. D'abord créés sur les matières premières, ces contrats sont introduits sur les devises en 1971, les taux d'intérêt en 1975 et les indices boursiers. Ces marchés multiplient les possibilités de couverture, de spéculation et d'arbitrage.

Mais ce sont surtout les marchés d'options standardisées qui vont bouleverser les pratiques sur les marchés financiers. Il existait déjà des marchés d'options ou d'« opérations à primes », mais, comme celles-ci n'étaient pas standardisées, le volume de transactions était relativement faible. En 1973, le Chicago Board of Trade (CBOT) lance un marché d'options d'achat sur les actions ; en 1977, il y ajoute les options de vente. À partir de 1973, les marchés d'options négociables portant sur les actions au comptant se multiplient aux États-Unis puis en Europe, suivis par les marchés d'options portant sur des devises (1981), sur des contrats à terme de taux d'intérêt (1981), des contrats à terme d'indices boursiers (1983). Le bref résumé de l'histoire de la création de ces marchés sur les actions, et plus encore sur les contrats à terme [23], permet de voir la difficulté d'imposition de ces nouveaux marchés. En effet, à la suite du krach de 1929, les États-Unis avaient mis en place une législation complexe réglementant les instruments financiers ayant pour effet d'éviter les opérations de spéculation et compartimentant le secteur financier pour éviter les propagations de faillites. En 1936, le *Commodity Exchange Act* avait ainsi interdit le commerce des options portant sur les produits agricoles dans les Bourses de commerce. Le CBOT, représentant des intérêts boursiers, réussit en 1973, après modification, à obtenir avec quelques difficultés l'accord des autorités, (la CEA – Commodity exchange authority – et la SEC – Security exchange commission – qui est l'équivalent de la COB), en contournant la réglementation de 1936. Mais, malgré le succès du marché, l'ancienne législation sur les options est confirmée en 1974 et, lors de l'introduction des options sur les contrats à terme (1982), chaque Bourse a eu uniquement le droit d'introduire une seule option.

Avec ces quelques éléments historiques, on peut voir le produit d'une lutte, similaire à celle décrite par Bowen pour le XVIIIe siècle, entre les factions les plus économiques (financières) de la classe dominante et les factions les plus politiques. Ces dernières, soucieuses de maintenir l'ordre public dans toutes ses composantes, font la différence entre l'ordre marchand acceptable, ordinaire, celui tout simple, à leur portée, qui se fait au comptant, et les instruments de la « dérive », qui permettent par leur effet de levier une prise de risque extraordinaire, un bouleversement considérable des positions et éventuellement des crises qui, comme celle de 1929, peuvent déstabiliser l'économie des États-Unis, et avec elle sa classe dominante.

Du point de vue des professionnels, le marché des options offre non seulement un nouveau marché, c'est-à-dire des nouvelles places (intermédiaires, négociants, etc.) et de nouvelles opportunités de gains, mais aussi influe sur l'ensemble de la finance, en offrant de nouvelles possibilités de couverture et d'assurance. Mais c'est la complexité de la tarification optimale de ces nouveaux produits, qui va contribuer à modifier la morphologie des intervenants sur le marché, car quasiment en même temps que l'ouverture du CBOE (Chicago Board Option Exchange), Black et Scholes font paraître un article dans lequel

---

23. Yves SIMON, *Les marchés dérivés. Origines et développement.*

ils proposent une formule d'évaluation des prix des options, formule fondée sur les résultats du calcul stochastique.

Une option est un titre qui confère le droit (mais pas l'obligation) d'acheter dans le cas d'un « *call* » (ou de vendre dans le cas d'un « *put* ») une quantité donnée d'un autre titre appelé généralement sous-jacent à une date donnée et à un cours donné. Le problème qui s'est posé aux théoriciens est un problème d'arbitrage, à savoir de déterminer le niveau optimal de la valeur de l'option (ou de la « prime ») en fonction du cours du sous-jacent. Avant de devenir un problème canonique de la théorie financière d'aujourd'hui et un problème digne de respect pour la science économique, il a, semble-t-il, été le plus souvent abordé par des personnes en marge de leur propre champ scientifique. Louis Bachelier, mathématicien français, dans sa thèse intitulée *Théorie de la spéculation*, proposait dès 1900 un modèle de tarification de ce genre de produits fondé sur ce qui s'appellera plus tard le calcul stochastique, avec probablement une certaine avance sur son temps [24]. Mais le sujet étant trop iconoclaste pour sa discipline d'appartenance : il n'eut que la mention « honorable », il a éprouvé certaines difficultés à obtenir un poste à l'université de Besançon et son travail tomba dans l'oubli jusque dans les années soixante. Les théories du MEDAF (modèle d'évaluation des actifs financiers), développées pour les actions d'abord par des théoriciens un peu en marge comme Markowitz, commencent dans les années soixante à intéresser les économistes qui cherchent à l'étendre aux options. Même Samuelson a proposé un modèle partiel de tarification des options. Mais c'est Merton, mathématicien passé à l'économie, et surtout Black, informaticien passé à la finance et Scholes, le seul à avoir fait son doctorat en finance, qui trouvent une solution au problème de la tarification. Bien qu'une grande partie de la théorie financière soit issue du paradigme de « Black et Scholes », ces deux derniers ont eu beaucoup de difficultés à faire accepter leur article par le *Journal of Political Economy*, qui le trouvait trop spécialisé [25].

Pour les professionnels de la finance, en particulier ceux qui étaient au centre du marché et qui vendaient à des clients des options, la formule de Black et Scholes constitue une

---

24. Pour une histoire « interne » de ces théories, on peut consulter Christian WALTER, « Une histoire du concept d'efficience sur les marchés financiers ».

25. *Cf.* BERNSTEIN, *Des idées capitales*, p. 225.

Aperçu sur la formule de Black et Scholes

Cette formule utilise alors les développements récents de la théorie mathématique du calcul stochastique, en particulier le lemme d'Ito, établi dans les années cinquante. Elle suppose que le cours d'une action suit un processus stochastique continu de Gauss-Wiener. Pour trouver la solution, Black et Scholes cherchent à constituer un portefeuille sans risque à partir d'une quantité définie de sous-jacent et d'options portant sur ce sous-jacent. Après mise en œuvre des outils complexes du calcul différentiel stochastique (pour fixer les idées, niveau bac + 4, bac + 5 en mathématiques en France aujourd'hui), ils en déduisent une formule qui, même si elle est plus simple, demande la connaissance d'un certain nombre d'outils mathématiques d'un bon niveau : logarithmes, exponentielles, et surtout lois normales (niveau bac + 2 aujourd'hui). Le prix d'une option dépend d'un certain nombre de paramètres : du prix d'exercice, de la date d'échéance, du taux d'intérêt en vigueur, de l'évolution du cours du sous-jacent, de la tendance de ce dernier, de la tendance de sa tendance et de sa volatilité. Dans les salles de marché modernes, ces paramètres s'expriment généralement en lettres grecques qui ont un sens immédiat pour la plus grande partie des *traders* qui s'occupent de ce genre de produits. Thêta représente la valeur temps, delta la dérivée première de l'option en fonction du cours du sous-jacent, gamma la dérivée seconde et véga (qui n'est pas une lettre) l'effet de la volatilité du sous-jacent.

Cette théorie n'est pas parfaite, elle repose sur de nombreuses hypothèses qui ne sont pas vérifiées (absence de dividende, constance du taux d'intérêt et de la volatilité du sous-jacent, continuité du cours...). Certaines imperfections ont pu être levées mais le problème le plus épineux est, semble-t-il, la constance de la volatilité et son estimation. Les praticiens préfèrent généralement à la méthode de la volatilité historique, la méthode de la volatilité implicite qui permet d'établir par une inversion numérique quelque peu tautologique de la formule de Black et Scholes la valeur de la volatilité supposée anticipée sur le marché à partir du prix de marché de l'option : mais cette méthode permet de mieux comparer les différentes options entre elles.

rationalisation sans précédent de leur pratique. Comme le montre le témoignage de Bernstein, la tarification des options était jusqu'à l'utilisation de cette formule une opération largement subjective :

> Nous ne disposions pas dans nos transactions sur le marché des options de gré à gré de référence théorique. Les seules considérations qui étaient prises en compte de manière explicite étaient le temps et le taux d'intérêt. [...] Lorsque le prix de l'action est égal à 60 $, l'option [dont le prix d'exercice est de 50 $] valait au moins 10 $, et généralement plus pour tenir compte de la possibilité que le

prix de l'action atteigne un prix encore plus élevé (à moins que l'option ait été sur le point d'expirer). Dans une telle situation, l'option était dite *dans la monnaie*. L'option était dite *hors de la monnaie*, lorsque le prix de marché de l'action était inférieur au prix d'exercice ; dans ce cas, l'option n'avait aucune valeur intrinsèque. Dans le monde des options hors de la monnaie nous naviguions en eaux troubles et nos négociations avaient un ton moins systématique. Nous étions heureux de profiter de spéculateurs aussi peu sophistiqués que nous mais plus avides [26].

La formule de Black et Scholes, publiée en même temps que s'ouvrait le premier marché d'options listées, a tout de suite eu un très gros succès. Avec la gestion « delta neutre » – technique qui élimine le risque de cours en achetant delta actions en couverture dès que le cours du sous-jacent de l'option vendue augmente –, elle ouvre la possibilité à un commerce sans risque de cours et limité au seul risque de volatilité, à la « gestion de vole » sur les nouveaux marchés des options. Elle invente en quelque sorte la technique dont les intermédiaires spécialisés avaient besoin. Six mois après la publication de l'article, Texas Instrument vendait des calculatrices spéciales qui permettaient de « trouver la valeur Black et Scholes », et Merton, l'un des héros de cette invention, sembla un peu désemparé devant le succès d'une telle démocratisation : « Ce fut un grand choc que d'entendre tous ces opérateurs sur les marchés d'options parler de manière routinière de ratio de couverture, de delta, d'équations aux dérivées partielles et d'équations différentielles stochastiques. Qui aurait pu imaginer que les gens parleraient un jour comme ça [27] ! »

Cette rationalisation des pratiques doit être comprise non comme une aventure intellectuelle faite simultanément par quelques centaines d'opérateurs, mais comme le résultat des contraintes spécifiques au champ de la finance et de celles spécifiques aux entreprises qui y accèdent. La commune surveillance des pratiques du voisin, la quête méthodique des moyens nouveaux de gagner, la peur de passer à côté des opportunités de gain découvertes par les autres membres du champ ont sans doute contribué à cette instrumentalisation de la formule et la croyance dans la rationalité de cette nouvelle technique a dû ajouter son effet propre dans sa diffusion : « Les opérateurs

---

26. BERNSTEIN, *op. cit.*, p. 208.
27. Propos rapporté par BERNSTEIN, *op. cit.*, p. 227.

savent maintenant utiliser la formule et ses variantes. Ils l'utilisent tellement que les prix de marché sont généralement proches de ceux donnés par la formule même lorsqu'il devrait exister un écart important, par exemple dans des situations où il existe une forte probabilité qu'une OPA vienne mettre fin à la vie des *warrants* ou des options [28]. »

Mais l'un des effets peut-être les plus structurants de cette invention réside paradoxalement dans son imperfection. En effet, cette formule d'arbitrage comporte un grand nombre de défauts, liés notamment au caractère trop restrictif des hypothèses, et l'amélioration de la formule apparaît non seulement dans les milieux universitaires, mais aussi dans les entreprises ayant accès au marché, comme une promesse de gains financiers. Cette nouvelle configuration disqualifie en quelque sorte la connaissance pratique du marché, connaissance faite d'expérience, de culture de marché et de culture économique (au sens de l'objet) et qualifie la connaissance théorique, connaissance des relations formelles, qui, dans un paradigme donné, relient nécessairement différentes classes de titres. Les agents porteurs de cette nouvelle culture scientifique, qu'ils soient pour les uns capables de mettre en œuvre la formule avec succès, pour les autres capables d'importer dans leur entreprise d'appartenance la dernière de ses modifications ou, mieux, capables de l'amender encore, trouvent une place dans ces entreprises. Ils imposent par le seul fait de leur présence un nouveau critère de la qualification légitime sur ces marchés spécifiques et de plus en plus sur l'ensemble des marchés financiers. Comme les options se développent à quelques années d'intervalle sur les différents marchés financiers, à l'imbrication croissante des différents marchés s'ajoute la connaissance commune de certains produits, requise de plus en plus sur ces marchés, ce qui entraîne la disqualification des cultures particulières, des savoirs pratiques spécifiques à ces marchés.

Différents éléments, américains et internationaux, étatiques et locaux, techniques et politiques, s'entrelacent, s'interpénètrent et se confortent pour donner naissance à un nouvel état des marchés financiers, unifiés, imbriqués, mais aussi délocalisés, internationalisés, déclinés sous des formes extrêmement diverses et de plus en plus substituables (comptant et terme, sous-jacent et dérivé, organisé et gré à gré), peuplés de professionnels, qui doivent

---

28. Propos rapporté par BERNSTEIN, *op. cit.*, p. 226.

acquérir et afficher un nouveau savoir des marchés, savoir complexe, rationalisé, standardisé et universel, savoir d'école qui concurrence de plus en plus l'ancien savoir, pratique et concret, ensemble d'opérations non systématiques, locales et complexes de tri et de mobilisation des informations singulières pertinentes.

En France, une transformation sous la houlette de l'État

Si la transformation des marchés aux États-Unis se fonde sur des bases très différentes, et si elle demande pour sa réalisation une difficile et progressive levée des réticences étatiques, en France, la transformation des marchés se déroule essentiellement sous la houlette de l'État. Débutant en 1978, elle se réalise essentiellement entre 1986 et 1988, sur une période très courte. Elle est d'autant plus radicale que différentes transformations, techniques et légales, se superposent et leur quasi-simultanéité marque plus franchement la rupture entre l'ancien ordre marchand et le nouveau. Devant le succès de la nouvelle organisation marchande du leader (américain), la haute finance bancaire, intéressée par les perspectives de profit, les membres de la haute fonction publique favorables à l'amélioration de ladite efficience marchande et les membres de la communauté des professionnels de la Bourse effrayés par la concurrence des Bourses étrangères se concertent et s'entendent pour promouvoir une réforme qui transforme le marché à un rythme que l'organisation traditionnelle de ce dernier n'aurait pu, sans cela, soutenir.

Le rôle déterminant de l'État dans la promotion et l'application de la réforme n'est pas spécifique à une quelconque tradition jacobine de l'État français puisque, en Angleterre, au même moment, l'État organise une réforme encore plus rapide et brutale, appelée par les intéressés eux-mêmes le « big-bang ».

La lutte contre le monopole et la non-négociabilité des courtages ont été un aspect de la réforme française, mais celle-ci prend place dans un contexte plus large de transformation et de rationalisation du marché financier français. Le gouvernement socialiste, renonçant après quelques essais mitigés en 1981 à mener une politique économique et financière fortement interventionniste, s'est résolu, à défaut d'intervenir directement dans les circuits financiers, à « améliorer » les marchés financiers pour diminuer le coût de l'investissement. Le but général de ces réformes était de permettre aux divers intervenants d'accéder aux différents marchés, en particulier au marché des titres monétaires, jadis réservé aux seules banques, le tout dans un cadre d'internationalisation et de levée du contrôle des changes. La réforme des Bourses a pu ainsi se fondre dans le cadre de cette grande rénovation [29] et a été présentée comme un moyen de lutter contre le déclin de la place financière de Paris et la concurrence accrue de la Bourse de Londres soudainement réveillée par le « big-bang » (un grand nombre de transactions sur les titres français s'effectuaient effectivement sur la place de Londres et constituaient un manque à gagner pour les intermédiaires parisiens). « Malgré une discontinuité des décisions, toutes les réformes s'inscrivent dans une logique globale dont les grandes lignes sont dessinées dans le rapport de la Commision Pérouse de septembre 1980 sur la "modernisation des méthodes de cotation, d'échange et de conservation des valeurs mobilières" [30]. » Cette réforme comporte principalement trois volets : la création de marchés dérivés organisés, l'informatisation des cotations sur les marchés des actions et la réforme de la Compagnie des agents de change.

La loi du 11 juillet 1985 instaure le MATIF (marché à terme des instruments financiers), qui ouvre le 20 février 1986. Sur ce marché sont cotés des contrats à terme de diverses échéances, en particulier le contrat notionnel de dix ans (contrat fondé sur obligations assimilables du Trésor, c'est-à-dire des titres de la dette d'État). Le 10 septembre 1987, le MONEP (marché d'options négociables de Paris) ouvre ses portes et dote la place parisienne de son marché organisé d'options. Sur ces deux marchés, symboles de la modernité, les cotations s'effectuent paradoxalement à la criée. Mais le processus de cotation à la criée institué est très différent de celui auparavant en vigueur à la Bourse de Paris. En effet, cette cotation n'est plus un *fixing* (ou fixage) et une cotation dominée par les ordres des clients, mais une cotation en continu, effective tout au long de la journée, dominée par les prix. Pour ce faire, MATIF SA, chambre de compensation, a institué des teneurs de marché (*market-makers*) qui proposent à tout instant une fourchette de prix à l'achat et à la vente pour un titre donné. Elle a donné non seulement cette position statutaire à des entreprises (sociétés de Bourse, banques...), mais aussi, pour améliorer la liquidité, à des individus, les négociateurs

29. Avec, par exemple, la création du second marché en 1983, pour agrandir la sphère des échanges financiers.

30. P.J. LEHMANN, *Histoire de la Bourse de Paris*, p. 103.

individuels de parquet (les NIP[31]) équivalents des « *locals* » anglo-saxons, qui spéculent pour compte propre et proposent en permanence prix d'achat et prix de vente. Un certain désordre a marqué la naissance de ces marchés, puisque l'usage du puissant effet de levier qu'ils permettaient a provoqué des dérèglements financiers : la COGEMA connaît de très lourdes pertes sur le MATIF par l'intermédiaire de ses agents de la charge Buisson et de son remisier Aletti ; la trésorerie de la chambre syndicale des agents de change accumule un déficit de 600 millions de francs consécutivement à une gestion spéculative des fonds, en particulier sur les nouveaux marchés dérivés. À cet apprentissage douloureux du nouveau risque de marché, favorisant une réglementation plus draconienne qui tente d'éliminer les aventuriers au fort risque d'insolvabilité (hausse du dépôt nécessaire pour accéder directement au marché), se surajoute l'apprentissage, méthodique et organisé, du mode de fonctionnement de ces nouveaux titres.

Le témoignage de Thierry montre qu'il a existé une période où les besoins de personnes porteuses de la connaissance du fonctionnement de ces nouveaux marchés ont été tels que les principaux détenteurs ont fait l'effort de vulgariser ces savoirs aux personnes issues de la communauté traditionnelle des professionnels de la Bourse : « J'ai eu de la chance, c'est que je suis arrivé sur le marché obligataire au moment où il a commencé à se développer et, par exemple, quand on a introduit le marché à terme en France, les gens qui travaillaient sur le marché obligataire, personne ne savait comment cela fonctionnait. Donc on a appris. Moi, je suis retourné sur les bancs de l'école et c'était le professeur Simon de Paris-Dauphine qui donnait des cours à la BIPE. [...] À la BIPE, il y avait une salle des marchés école et c'est là que j'ai appris comment fonctionnait le marché à terme, comme tout le monde, quoi. Bon, après les gens qui ont été formés par exemple, qui arrivent maintenant, c'est des gens qui ont été formés pendant leurs études et voilà. La plupart des gens à ce moment-là, on savait pas ce que c'était. » Il a ainsi existé une période où les besoins étaient tels qu'une certaine partie du personnel non diplômé de la communauté ancienne a pu, sous

31. Les NIP ont eu un destin singulier. Souvent d'origine sociale assez populaire, ils ont connu pour certains une réussite financière considérable. Toutefois, l'informatisation des marchés dérivés au début 1998 supprime leur statut et conduit à une grève. *Cf.* Olivier GODECHOT, Jean-Pierre HASSOUN, Fabian MUNIESA, « La volatilité des postes ».

réserve d'une solide bonne volonté scolaire, acquérir assez de compétences pour pouvoir se maintenir malgré la transformation des marchés et de la communauté.

L'informatisation de la cotation se déroule à partir du 22 juin 1986. La Bourse de Paris a acheté le logiciel canadien CATS, l'a adapté et l'a rebaptisé CAC, cotation assistée en continu, utilisant ainsi un sigle qui se confond avec celui de la Compagnie des agents de change. Seul un petit nombre de valeurs au début est coté électroniquement, mais il se généralise rapidement à l'ensemble des valeurs (5 au début, 107 à la fin de 1987, toutes les actions du RM et 2 400 obligations en 1989), tant et si bien que, le 15 juillet 1987, la corbeille autour de laquelle se réunissaient les agents de change qui cotaient les « 40 belles » est démontée pour aller rejoindre le musée de la Bourse.

Les échanges financiers se déroulent de plus en plus dans les salles de marché sur le modèle des salles de change qui se sont créées à la fin des années soixante. Il semble que l'organisation de l'accès au marché par l'intermédiaire de ces salles de marché, salles extrêmement bruyantes, soit due à la volonté de reconstituer à l'intérieur de ces salles éparpillées dans les immeubles des *brokers* et des banques, une ambiance de marché, c'est-à-dire un lieu où, comme sur les marchés à la criée, le bruit et l'agitation peuvent faire office pour les *traders* de véritables *stimuli* sensoriels, et un lieu sans cloison, où la mutuelle surveillance des différentes positions est reconstituée, permettant à chacun dans sa confrontation avec ses collègues de confirmer et de conforter l'idée qu'il se fait de l'« opinion du marché ».

L'informatisation modifie d'ailleurs complètement les relations de travail au sein de la communauté des professionnels de la Bourse. Aux relations physiques de ses membres lors des séances journalières se substituent les relations à distance médiatisées par l'interface électronique. La sociabilité entre les membres est alors beaucoup plus ténue et abstraite. La surveillance mutuelle, la fraternisation professionnelle et le degré d'intégration de la communauté diminuent fortement. Plus exactement, on passe d'une sociabilité de profession (entre pairs confrères et concurrents) à une sociabilité d'entreprise où la relation avec le client (qui était déjà forte avant), avec les différentes personnes occupant les diverses fonctions (qui peuvent être hiérarchisées) l'emporte largement sur les relations avec l'intermédiaire avec lequel est conclue la transaction (le plus souvent réduit à n'être qu'un simple numéro sur l'écran de passation des ordres).

L'informatisation modifie aussi fortement la division du travail. Sur le parquet, aux côtés des agents de change, des fondés de pouvoir et des grands commis qui assuraient la cotation des titres, s'agitaient un grand nombre de petits commis, de téléphonistes, de grouillots qui apportaient ou transmettaient les ordres de la charge de l'agent de change au lieu de la transaction. Avec l'informatisation, il n'y a plus de rupture entre le lieu d'accueil du client et le lieu de l'exécution de son ordre, mais la possibilité, au contraire, de supprimer un grand nombre de maillons de cette ancienne chaîne marchande et de les remplacer le plus souvent par un ou deux postes : un commercial, qui démarche le client, et un négociateur qui passe les ordres de Bourse dans le système CAC, désormais côte à côte dans la salle de marché. L'informatisation, en automatisant et uniformisant une grande quantité d'informations, favorise aussi l'industrialisation du *back-office*, ce secteur chargé de réaliser « matériellement » (règlement et livraison) les transactions que les agents de change concluent tous les jours verbalement. Une partie des tâches subalternes qu'exécutaient quotidiennement un grand nombre de subordonnés non diplômés peut être réalisée par l'informatique, ce qui a conduit à des licenciements importants.

L'informatisation signifie aussi l'acquisition de matériel informatique, extrêmement onéreux, et de personnel susceptible de maintenir ou d'améliorer ce matériel. Cet élément devient d'autant plus crucial que la rapidité informatique et logicielle d'exécution devient un facteur de profit. Diminuant le coût unitaire des transactions en supprimant une partie de l'interface humaine, elle augmente aussi le capital nécessaire pour accéder au marché et contribue à l'élévation des coûts fixes et du seuil de rentabilité, et favorise ainsi une nouvelle forme de limitation de la concurrence.

La suppression de la Compagnie des agents de change parachève légalement les deux modifications techniques ou financières mentionnées ci-dessus. La loi du 12 janvier 1988 supprime cette institution. Les charges d'agent de change sont transformées en « sociétés de Bourse », dont le capital est ouvert aux entreprises (notamment aux banques). Celles-ci peuvent exercer un droit de contrepartie (achats de titres pour le compte de la société et non de tiers), et peuvent négocier les courtages sur les blocs de titres puis sur les titres eux-mêmes à partir du 1er juillet

1989. Pendant un certain temps, ces sociétés de Bourse, soumises aux effets déstabilisants de la transformation des règles de la concurrence légale, sont préservées d'un accroissement externe de la concurrence. Elles conservent le monopole de négociation : aucune nouvelle société ne peut être admise avant le 1er janvier 1992 et le *numerus clausus* est maintenu jusqu'au 1er janvier 1996, date à laquelle toute société qui respecte les conditions requises peut alors devenir société de Bourse.

Pour comprendre le sens d'une telle réforme, il faudrait analyser la nature complexe des relations entre banques et Bourses au cours du XXe siècle. Jusqu'à la fin des années soixante-dix, le rôle de la Bourse étant faible voire déclinant, les banques, jalouses du monopole des agents de change dans les années soixante-dix, s'étaient en quelque sorte résignées à cette division du travail financier. D'une part, la loi sur les SICAV et les FCP de René Monory (1978) a renforcé le rôle d'intermédiaire des banquiers sur le marché boursier. D'autre part, l'essor formidable des Bourses et des échanges portant sur les titres du Trésor entre 1983 et 1986 ranima la querelle entre banques et professionnels de la Bourse. « Les banques sont irritées [...] surtout parce qu'elles apportent [aux agents de change] environ 70 % des transactions et qu'elles s'estiment insuffisamment rémunérées de cette contribution essentielle [32]. » En effet, pour limiter la concurrence en son sein, la Compagnie des agents de change a imposé un taux de courtage fixe pour toutes les transactions, qu'elle présente comme un gage d'accès démocratique au marché. Quelle que soit la position, tous les intervenants payaient le même taux de courtage et se trouvaient en position d'égalité. Le courtage minimal à payer pour effectuer une transaction sur la place de Paris était pendant longtemps de 2 francs (il est porté à 10 francs en 1986). Étant donné les coûts fixes lors d'une transaction, les agents de change, avec ce système de courtage fixe, perdaient de l'argent sur les transactions portant sur des petits montants et en gagnaient beaucoup sur les gros (venant la plupart du temps des banques). Il est donc aisé de comprendre pourquoi les banques ont pris parti en faveur de la réforme, non seulement pour diminuer les frais de courtage par l'imposition de la libre négociation, mais aussi pour

32. « Banque et Bourse », Numéro historique du CFPB, Supplément au numéro 533 de *La Revue Banque*, décembre 1992. Pierre Balley est directeur honoraire de la banque BNP, président d'honneur du conseil du marché à terme, et de l'ASFFI.

récupérer la manne du courtage en faisant l'acquisition des nouvelles sociétés de Bourse.

Représentant les intérêts à long terme de la Compagnie, et tout particulièrement les intérêts de ceux qui sont le plus intéressés à la longévité de l'institution (les gros agents de change), le syndic de la Compagnie, conscient de la concurrence de Londres a préféré négocier la réforme plutôt que de subir un déclin qui avait déjà fortement fait fondre les effectifs de la Compagnie au cours des années soixante-soixante-dix. Dans la conjoncture boursière porteuse des années 1982-1987, le statut un peu rigide de la Compagnie pouvait paraître à certains semblable à un carcan, et la possibilité de se faire financer par les banques était vue comme un moyen d'accroître les gains. D'autres y voyaient aussi la possibilité de vendre à bon compte leur charge aux banques. D'autres enfin, pensaient que, puisque les métiers de la banque étaient désormais ouverts aux sociétés de Bourse, il y avait là, la possibilité de gagner son indépendance par rapport aux banques. Pour diverses raisons une majorité s'est constituée pour soutenir le projet de réforme et *L'Année boursière 1987* remarque que « la place, dans son ensemble, ne fut pas surprise par une telle initiative ».

De la même manière que ces déréglementations, ou plutôt ces modifications de réglementation, ont provoqué un grand nombre de faillites et de licenciements aux États-Unis au lendemain de la réforme de 1975 et en Angleterre après le « big-bang » de 1986, la transformation française des marchés financiers a favorisé un certain désordre économique et financier pendant les années suivantes. Un grand nombre de sociétés de Bourse ont été acquises par les banques à un prix résultant de la simple projection du taux de croissance des bénéfices des années précédant le krach de 1987 et la rentabilité de ces opérations s'est, dans de nombreux cas, révélée négative.

Ces désajustements importants entre les espoirs de profits et les résultats effectifs, caractéristiques de ces situations où les agents font l'apprentissage de la nouvelle configuration du jeu et des positions en jeu, n'ont pas touché uniquement les banques, mais aussi et plus encore les anciennes charges d'agent de change devenues sociétés de Bourse. De nombreux opérateurs ont connu des pertes graves entre 1987 et 1990, voire ont fait faillite. Tuffier perd 750 millions de francs, Girardert 230, Rondeleux 200, etc. Le nombre de sociétés de Bourse a diminué et elles ont finalement quasiment toutes été acquises par des banques : en

1991, il ne restait plus que quatre sociétés de Bourse indépendantes. La réforme signifiait ainsi, d'une certaine manière, la prise de contrôle de la banque sur les métiers de la Bourse qui lui échappaient traditionnellement.

Le krach de 1987 a joué le rôle d'accélérateur, d'une part parce qu'il a contribué à ruiner un grand nombre de positions spéculatives détenues légalement ou illégalement par des intermédiaires qui restent malgré leur professionnalisation plus facilement haussiers que baissiers. D'autre part, le krach a provoqué un effondrement du volume des transactions au cours des mois qui ont suivi, ce qui a entraîné une très forte diminution des revenus issus du courtage. Thierry se souvient : « La révolution, elle s'est faite vraiment quand il y a eu le krach d'octobre 1987 ! Alors, c'est là où dans les charges d'agent de change, tous les commis se sont retrouvés sur le tapis ! [...] Parce qu'ils avaient beaucoup joué à découvert ! Ils avaient pas l'argent et ils achetaient des actions ! Normalement, quand on achète une action en règlement mensuel, on doit déposer 20 % de montant de garantie. Et là, ils déposaient rien ! Ben, quand il y a eu le krach, il a fallu payer. Et, dans le parking de la Bourse, il y a eu plein de Mercedes, de Porsche, etc. à vendre pas cher ! Ils ont vraiment dérouillé ! »

Vers les salles de marché de la finance ordinaire

Parmi les conséquences nombreuses des transformations de la finance ordinaire, il faut souligner tout d'abord une augmentation du nombre de ses membres, une élévation du niveau scolaire de ceux-ci, une (re)professionnalisation des activités, et une tendance à la dualisation du secteur.

Il est, pour l'instant, difficile de d'évaluer le nombre actuel des professionnels de la Bourse. D'une part, les catégories sont floues et changeantes, et restent largement dépendantes de l'organisation de la division du travail à l'intérieur des entreprises ; d'autre part, le nombre de professionnels est trop faible pour faire l'objet de comptabilisation statistique par l'appareil d'État. Certes, l'ancienne Compagnie des agents de change a fourni parfois des statistiques sur ses effectifs (salariés compris) : au milieu des années cinquante, elle comptait autour de 4 000 personnes sous son autorité, plus de 5 500 après la fusion avec les coulissiers en 1961[33]. Les effectifs étaient toutefois alors sur une pente déclinante.

Avec la dissolution de la corporation, l'établissement de statistiques devient plus délicat. Il est possible d'utiliser l'*Annuaire des salles de marché*, annuaire destiné aux professionnels, pour essayer d'estimer le nombre de salles de marché et de professionnels de la Bourse, ou tout au moins le nombre de ceux que l'éditeur et les entreprises sollicitées désirent afficher[34]. Un tel décompte[35], qui ne peut prétendre à l'exactitude, donne une idée de l'importance de cette population. Entre 300 et 400 entreprises détiennent au moins une salle de marché au milieu des années quatre-vingt-dix. L'effectif total des salles de marché est au minimum de 6 000 à 7 000 personnes. L'évolution globale depuis la fin des années quatre-vingt semble indiquer une hausse des entreprises et des personnes concernées par cette forme d'organisation.

GRAPHIQUE 1. – *Évolution des effectifs dans les salles de marché et du nombre d'entreprises en détenant*

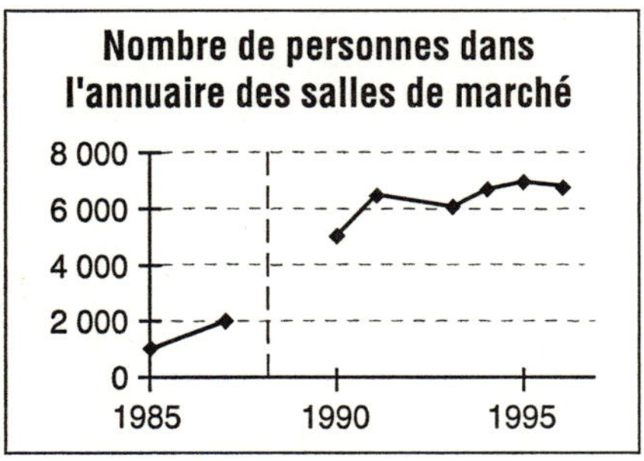

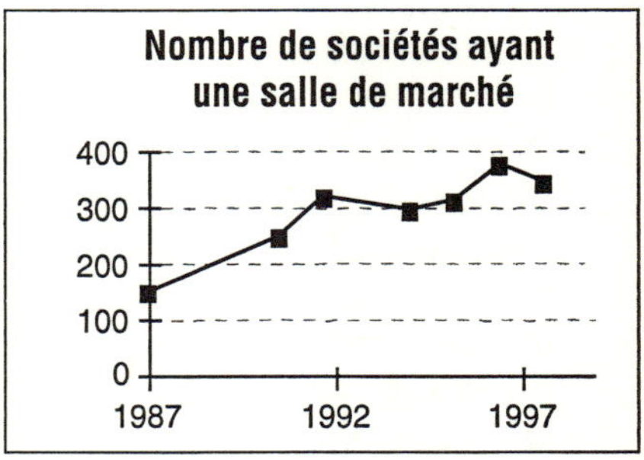

33. Source : *L'Année boursière* n° 1, 1963.

34. D'une salle de marché à l'autre, l'entreprise mère ne fait pas figurer la même quantité de personnel ; selon qu'elle veut s'afficher ou rester discrète, selon qu'elle est petite ou grande, elle va donner non seulement la liste de tous les *traders* et de tous les vendeurs mais aussi celle du secrétariat et du *back-office*, ou bien elle va désigner uniquement la liste des principaux responsables de la salle en question.

35. Il s'agit d'un décompte approximatif : le nombre de personnes sur une page de l'index des personnes est en moyenne de 50, chiffre qui est ensuite multiplié par le nombre de pages de cet index. Pour les années 1985 et 1990, l'annuaire ne se présente pas de la même façon que les autres années. La série n'est donc homogène qu'à partir de 1990.

Sur la base de ces annuaires, il est possible de connaître l'évolution de certaines caractéristiques sociales [36]. Les femmes, qu'on peut repérer à partir des prénoms, restent, malgré la suppression de la discrimination sexuelle légale pour les métiers de la Bourse depuis 1967 et la transformation des métiers qui déstructurent la communauté masculine traditionnelle, très minoritaires. Elles constituent 12 % de l'échantillon en 1990 et le plus souvent dans des positions subordonnées : 4 femmes sur 11 travaillent au *back* ou au *middle-office*, 2 sur 11 s'occupent de la trésorerie. La féminisation progresse assez fortement puisque, en 1996, 19 % de l'échantillon est constitué de femmes. Signe de ce renouvellement, aucune des femmes présentes dans l'échantillon 1996 n'était mentionnée dans l'annuaire de 1990. Le renouvellement de cette communauté est d'ailleurs favorisé par un assez fort *turn-over* : puisque 57 % des personnes de l'échantillon de 1990 avaient disparu de l'annuaire de 1996 et, dans l'échantillon de 1996, seuls 26 % des membres apparaissaient déjà en 1990. Un autre signe de cette transformation est le déplacement du centre de gravité des lieux d'exercice. Traditionnellement, la plupart des charges d'agent de change étaient situées rue Montmartre, rue Réaumur, boulevard Poissonnière, avenue de l'Opéra, rue Vivienne ou rue du Quatre-Septembre, etc., c'est-à-dire essentiellement dans le IIe arrondissement de Paris, et éventuellement dans le IXe, le VIIIe et le Ier. Les grandes banques avaient leur siège dans le VIIIe et le IXe arrondissement. Cette proximité physique favorisait l'intégration de la communauté traditionnelle, puisqu'en dehors même des rencontres prévues dans le cadre du travail et en marge de celui-ci, notamment dans les restaurants qui entourent le palais Brongniart, la probabilité d'une rencontre inopinée, comme celle de Saccard avec l'agent de change Mazaud, au tout début de *L'argent* de Zola, était assez élevée. La part des personnes travaillant dans des salles de marché des arrondissements autour de la Bourse passe ainsi de 79 % dans l'échantillon de 1990 à 65 % en 1996. Avec l'informatisation, avec toutes les transformations du marché qui font passer d'une circulation personnalisée et communautaire de l'information profitable à une circulation standardisée et modélisable de l'information, l'intérêt de rester tous en un même lieu diminue très fortement, et ce d'autant plus que le prix du mètre

36. Deux échantillons aléatoires au cinquantième ont été tirés pour les années 1990 et 1996, soit 97 personnes pour 1990 et 139 personnes pour 1996.

carré est élevé dans le centre pour ces nouvelles installations gourmandes en espace. L'intérêt d'un déplacement vers les quartiers d'affaires comme La Défense, vers Londres (pour des raisons fiscales) ou même vers la province grandit d'autant plus.

L'augmentation de la population financière et son profond renouvellement ont été accompagnés par une transformation des compétences requises et une élévation du niveau de diplôme. En France, les formations à la pratique financière se sont multipliées à partir du milieu des années quatre-vingt, tant dans les universités, dans les écoles de commerce que dans les écoles d'ingénieurs. C'est l'ESSEC, *challenger* d'HEC, qui a innové en ouvrant en 1986 un mastère intitulé, « Techniques financières » et qui accueille dès la première année vingt-cinq élèves. HEC ouvre son mastère « Finances internationales » en 1987, mais n'accueille que six élèves, et ce n'est que dans les années 1994-1995, qu'elle produit autant de diplômés que l'ESSEC, tandis que celle-ci ouvre en 1995, un deuxième mastère d'« Assurance-Finance ». Ces deux grandes écoles de commerce ajoutent ainsi à leur prestige traditionnel, celui apporté par ces formations à l'américaine qui produisent une grande partie des diplômés présents dans le monde de la finance (les MBA). Très onéreux (70 000-75 000 francs l'année), non seulement au regard de la formation universitaire, mais aussi au regard du coût habituel des années de scolarité générales des écoles de commerce, ces mastères attirent essentiellement des diplômés d'écoles d'ingénieurs de second rang qui « achètent » quasiment le label HEC ou ESSEC associé au mastère.

Patrick, fils d'un directeur de caisse d'épargne de Montpellier, est vendeur depuis trois ans dans une grande banque parisienne. Dès son adolescence, il se passionne pour la Bourse. Il fait une taupe mais rate les grands concours. Il entre dans une ENSI (École nationale supérieure d'ingénieurs), déjà persuadé qu'il va changer de voie. Il se désintéresse de la formation qu'il y reçoit et s'occupe pendant sa scolarité de la *Junior Entreprise*. Pour se reconvertir, il choisit le mastère de HEC. Il est déçu par cette formation : le côté théorique trop poussé lui donne l'impression de revenir en classe préparatoire (« j'avais l'impression de revenir en prépa à faire des intégrales »). Patrick fait preuve en quelque sorte d'une « bonne volonté économique », c'est-à-dire que ses investissements scolaires sont vus comme des sacrifices nécessaires pour obtenir une position économique honorable, sacrifices qui n'entraînent ni conversion ni adhésion à l'ordre et aux valeurs scolaires. Sa déception le rend encore plus lucide sur la véritable plus-value apportée par la formation :

« Moi, je me considère pas comme HEC. Moi, j'ai fait que le mastère. Mais, bon… Je savais que les gens raisonnaient comme cela, donc, je l'ai fait parce que je savais que les gens raisonnaient comme cela. Mais, moi, au fond de moi-même, ben, j'aurais pu très bien m'en dispenser. Mais je savais que les gens sont comme ils sont… Et il faut agir en fonction de ce qu'ils pensent. C'est malheureux mais, bon… Si tu te cantonnes à ce que tu penses, ben, tu ne réussis pas souvent. Donc, voilà, quoi ! »

Maël, *trader* dans la même banque depuis un an, a un parcours proche de celui de Patrick, même si le sens de son orientation vers la finance est complètement différent. Son père, décédé, était directeur régional des affaires sociales d'une entreprise de service public et sa mère institutrice et infirmière. À seize ans, il participe à un club d'investissement. Après son bac, il hésite entre la filière taupe et la filière commerciale. C'est la taupe qu'il choisit et il entre à l'HEI (école d'ingénieurs du groupe B à Lille). Il n'est pas très content de l'enseignement qu'il reçoit à l'HEI et surtout des stages qu'il effectue en entreprise qu'il trouve trop « politiques ». À la fin de son école, il entre au mastère d'HEC. Les professeurs étaient, selon lui, vraiment bons et ce qu'il a appris lui a servi. Comme Patrick, Maël s'achète grâce au mastère une reconversion dans la finance, mais il le fait avec des dispositions fort différentes. La finance de marché est le moyen pour lui de prolonger des connaissances théoriques et surtout une forme scolaire de confrontation avec les autres. Détestant les relations de pouvoir entre personnes, qu'il nomme ici « politiques », Maël aime une forme de confrontation abstraite avec la communauté semblable à la confrontation pure avec un niveau général et abstrait qui se déroule dans l'ordre scolaire républicain.

Il semble donc que les écoles de commerce aient pris de l'avance sur les écoles d'ingénieurs pour fournir des spécialistes des nouveaux métiers de la finance. D'autres écoles ont réagi rapidement comme l'ENSAE : au début des années quatre-vingt, la voie dominante à l'ENSAE était la voie statistique ; à la fin des années quatre-vingt, c'était plutôt la voie économique. Au cours des années quatre-vingt-dix, la voie « Finance » exerce un très fort attrait, puisqu'en 1996 la moitié des élèves ont choisi la voie « Finance-Actuariat » en troisième année.

Au contraire, les polytechniciens, qui n'ont pas besoin d'acquérir des compétences spécialisées dûment certifiées par l'institution, ont pu être là au bon moment, comme le montre la forte présence des promotions du milieu des années quatre-vingt dans la banque, pour occuper quasiment en même temps que les spécialistes d'HEC les nouveaux postes « juteux » et d'importance dans la nouvelle organisation des salles de marché.

L'augmentation de la population, son renouvellement profond et l'élévation de ses qualifications scolaires sont des facteurs qui ont beaucoup favorisé la professionnalisation qui se déroule actuellement. Certes, on assiste à deux mouvements contraires en matière de professionnalisation. D'une part la transformation de la Bourse entraîne une transformation de ses métiers traditionnels, qui sont des métiers purs d'intermédiaires : les nouvelles règles de fonctionnement favorisent plutôt une désintégration ou une moindre intégration de la communauté professionnelle. D'autre part, les nouveaux savoirs, les nouveaux intérêts, les nouvelles formes d'organisation de la finance favorisent l'émergence de nouveaux métiers, et donc une professionnalisation d'une grande partie des activités autrefois effectuées par des amateurs : professionnalisation de l'investissement, du choix du portefeuille, de la spéculation, de l'arbitrage, etc.

La transformation du marché, l'extension, quantitative et qualitative, de la communauté professionnelle contribuent à une déprofessionnalisation, c'est-à-dire à une déstructuration de l'ancienne communauté professionnelle *et* à une reprofessionnalisation, c'est-à-dire à une restructuration de la communauté professionnelle dans des cadres différents, ceux des grandes institutions financières, cadres relativement éloignés de celui des professions libérales : statut de salariés, importance du contrôle par la hiérarchie, moindre contrôle par les pairs, etc. En revanche, une des caractéristiques du nouveau modèle professionnel est la tendance générale à l'élévation du niveau et des compétences requis. Ceci ne veut pas dire que, dans l'ancien temps, les professionnels n'avaient pas de compétences techniques et pratiques qui leur permettaient de dominer leur client lors de leurs relations avec lui et de spécifier la nature de la prestation fournie, mais, dans le nouveau régime boursier, ce qui distingue les compétences nouvelles, c'est que celles-ci s'acquièrent et s'énoncent dans des formes plus proches de celles de la science et de l'école.

Il faut toutefois ne voir dans ce dernier mouvement qu'une tendance, qui peut subir des exceptions ici ou là. En effet, ce qui caractérise ces nouveaux marchés, c'est que les entreprises qui opèrent dessus, aiguillonnées par la concurrence, cherchent des salariés dont les caractéristiques et les compétences tendent à être adaptées à celles demandées sur le marché. Si la révolution des marchés dérivés a pour effet d'élever le droit d'entrée, ceci n'est pas vrai pour toutes les fonctions et pour tous les marchés. Les cycles d'apparition et de disparition des différents types de gains sur les différents marchés entraînent un cycle (de cinq à dix ans) des qualifications les plus opportunes sur le marché au cours duquel on assiste à la qualification des uns et à la disqualification des autres. C'est ainsi que, au milieu des années quatre-vingt, certains segments des marchés financiers, comme le change ou les places sur les criées en continu des nouveaux marchés dérivés ont pu ouvrir leurs portes aux membres des classes populaires.

Steve était vendeur d'ECU sur le change à Londres dans les années quatre-vingt. Issu d'un milieu populaire, il entre dans le monde de la finance par relations et il y connaît une mobilité « économique » fulgurante et gagne, au milieu des années quatre-vingt, un million de francs par an. Attiré aussi un temps par la bohème artistique, il entretient des relations très ambivalentes avec le marché, mélange d'amour et de haine. Il se présente comme « *social comedian* », et a le don de sortir et d'amuser ses clients banquiers qui, du coup, adorent « traiter » avec lui. Il « se tue » quasiment à la tâche puisque à la fin des années quatre-vingt, il est atteint d'une grave maladie de foie (due à l'alcool) et fait une dépression nerveuse. Après deux ans d'arrêt de travail, il retourne sans enthousiasme à la City, et là il est rapidement disqualifié d'une part parce que sa technique de vente n'est plus payante, d'autre part parce qu'il n'arrive plus à comprendre les produits, devenus plus complexes. La mobilité sociale qu'il a connue, renforce chez lui une certaine lucidité pour l'analyse de son entourage et en particulier des cycles de qualification et de déqualification. Il décrit ainsi comment un marché dominé par les « *public school boys* » dans les années soixante-dix s'est fait infiltrer par des « *East-end boys* » [37] :

37. L'entretien est en anglais et a été traduit assez littéralement. Des expressions idiomatiques anglaises ont parfois été conservées entre parenthèses.

« Il [un vendeur des classes populaires] était très agressif et il marchait très bien à cause de son agressivité, tu sais. C'est ce dont tu as besoin pour avoir du succès sur le marché. Tu as besoin d'une vision claire du but (*clear-side of goal*). Tu as besoin de beaucoup d'agressivité et c'est ce que beaucoup de gars des *public-schools* (*public-school boys*) n'ont pas. Ils sont brillants et ils peuvent parler comme cela à d'autres gars des *public-schools*. Mais c'est les gens, qui ont connu l'école de la rue, de basse origine (*with a poor background*), qui ont ce désir de gagner. Et tout à coup ils étaient... avant, ils pouvaient conduire à un taxi ou quelque chose de ce genre... Je sais pas, son père était un maçon, blablabla... ou un commerçant sur un marché (*market-trader*), vendant des fruits ou des légumes. Et, tout à coup, il est attrapé et il entre. D'une manière ou d'une autre, son cousin y entre aussi... Il y avait toute une famille à HM, des beaux-frères. Ils étaient tous des mauvais garçons (*street fighting boys*), mais ils étaient vraiment très bons. [...] En fait, je me rappelle maintenant, un des... genre le chef des tâcherons (*the head of the back-room boys*)... c'était Harry son nom, vraiment un vieux Londonien. Et il est entré, et il a fait entrer son fils, et l'ami de son fils et blablabla... Et c'était comme le début de l'infiltration des gars de Londres au sein d'un marché qui était dominé par la bourgeoisie (*middle class*) et les gars des *public-schools*. Dès qu'ils ont pu réaliser qu'ils pouvaient y entrer, qu'il y avait une entrée et qu'ils pouvaient le faire... Et ce n'est que dans un second temps que les gars des *public-schools* et de la bourgeoisie se sont rendu compte que ces gars des faubourgs (*back streets*) de Londres étaient bons parce qu'ils étaient agressifs. Et ils les ont poussés sur les marchés. Et ils étaient bons pour se crier les uns sur les autres et faire des bons prix... »

Par-delà des mouvements de reprofessionnalisation des différents postes sur les marchés financiers, il est possible de considérer que c'est la gestion de l'épargne qui est de plus en plus professionnelle. Certes, cette transformation de la finance a pu être présentée et analysée par des économistes ou par des membres du *champ* de la finance comme une « désintermédiation ». Ce concept permet certes la description de la suppression de nombreux intermédiaires qui permettent aux personnes offrant et demandant des capitaux de se rencontrer. En particulier, il décrit essentiellement le passage d'une organisation financière où le financement des investissements était assuré essentiellement par les banques qui, en prêtant aux entreprises, transformaient l'épargne des ménages déposés sur les comptes, à un état où les entreprises se financent non pas en se faisant accorder un prêt personnalisé par une banque mais par l'émission de titres anonymes sur le marché financier. Toutefois, laissant croire que, dans le nouvel état de la finance, il n'y a plus besoin d'intermédiaires, ce concept induit en erreur. En réalité, la transformation des marchés a accéléré le déclin de l'intervention directe des particuliers et la professionnalisation de la gestion des titres.

Le taux de détention des titres directs comme les actions et les obligations par les ménages a certes légèrement augmenté au cours des années quatre-vingt, mais l'acquisition de titres financiers se fait principalement lors d'occasions exceptionnelles bien déterminées : héritages, actions de sa propre entreprise acquises dans le cadre des règles sur la participation aux bénéfices, réponses à des mesures bien diffusées dans les médias comme les dispositions fiscales favorables (par exemple le plan épargne actions de 1992), ou les privatisations, (où l'État en vendant – ou bradant – les titres à un prix inférieur à celui prévu par tous les analystes financiers semble quasiment garantir aux petits porteurs la plus-value immédiate). En revanche, l'acquisition quotidienne de titres hors de ces moments exceptionnels est sans aucun doute en déclin (même si elle peut se réveiller à la toute fin des grands mouvements de hausse comme en 1986-1987, 1997-1998) et la part des ordres directs des particuliers dans l'ensemble des ordres traités en Bourse est devenue extrêmement faible (la liberté du courtage défavorise d'ailleurs les petits ordres). L'épargne financière prend une forme de plus en plus médiate, en particulier sous la forme de SICAV et de FCP (et maintenant de fonds de pension), qui ont connu grâce aux *stimuli* fiscaux une très forte croissance : les particuliers délèguent la gestion de leurs biens à des professionnels, le plus souvent de la banque, qui bénéficient non seulement par leur volume de prix de gros pour leurs transactions mais aussi d'un niveau de connaissances et d'information sans commune mesure avec celui des particuliers.

L'irruption des professionnels de l'investissement sur les marchés financiers américains est, pour Ritchie P. Lowry, le changement structural majeur de la seconde moitié du XXe siècle sur ces marchés [38]. Il rapporte que sur le marché, dans les années soixante, deux tiers des transactions étaient ordonnées par des particuliers et un tiers par les institutions tandis que, dans les années quatre-vingt, le rapport s'était totalement inversé et que sept millions d'actionnaires ont abandonné le marché américain dans les années soixante-dix (dans une conjoncture plutôt baissière).

La professionnalisation des investissements financiers favorise le développement des nouveaux métiers de la finance, comme celui de *traders*, de vendeurs, mais aussi de gérants de portefeuille. Elle gonfle la communauté des professionnels de la Bourse (jadis constitués des seuls intermédiaires) et modifie sa structure. L'investissement financier jadis effectué pour des raisons et selon des procédures extrêmement diverses tend au sein de cette communauté soumise à la concurrence et à l'évaluation à s'uniformiser [39]. La professionnalisation contribue aussi à la dissociation de l'univers financier, en deux domaines, appelés ici, la finance ordinaire et la finance extraordinaire.

D'une certaine manière, la haute finance, activité financière qu'on peut définir comme ayant pour objet la maîtrise ou la modification du pouvoir sur les entreprises, s'est toujours distinguée de la communauté des professionnels des petites transactions. Mais le gonflement de cette communauté, qui se désintéresse le plus souvent totalement de la maîtrise du pouvoir sur les entreprises pour se focaliser uniquement sur les plus-values, ainsi que l'apparition de lois et règles déontologiques visant à séparer la finance extraordinaire (ensemble des grandes opérations, émissions de titres, OPA, etc.) de la finance ordinaire (transactions quotidiennes) renforcent cette dualisation du champ de la finance.

Malgré l'internationalisation des marchés, qui agrandit d'un coup une communauté autrefois confinée au seul espace national, la haute finance reste encore fortement dépendante des rapports de personnes, où l'économique, le politique, le symbolique, voire le familial ne sont jamais complètement séparés. Mais la séparation de la haute finance et de la finance ordinaire

---

38. Ritchie P. Lowry, « Structural changes in the market : the rise of professional investing », *in* Adler et Adler, *op. cit.*

39. Ce phénomène, bien connu par les économistes, est généralement décrit comme un mimétisme et formalisé dans le cadre de la théorie des jeux. (*Cf.* Artus, *Anomalies sur les marchés financiers* ; Orléan, « Contagion des opinions et fonctionnement des marchés financiers ».)

ne signifie pas l'absence de liens entre elles. D'une part, la haute finance a besoin d'une finance ordinaire active pour réaliser ses opérations à faible coût et avec discrétion, opérations décidées en haut lieu mais dont l'exécution (la négociation de chacune des transactions nécessaires à sa réalisation) est déléguée le plus souvent à des agents de la finance ordinaire. D'autre part, la finance ordinaire vit partiellement des opérations réelles ou supposées des opérations de la haute finance (les rumeurs d'OPA alimentent continuellement l'écran d'information du *trader* ordinaire, qui s'en sert pour essayer de réaliser des spéculations ou des arbitrages juteux). Organisées dans des banques, ces salles de marché dépendent le plus souvent hiérarchiquement de personnes, les dirigeants de la banque, qui appartiennent à la haute finance. Par des règles répercutées en cascade à chacun des échelons qui limitent la taille des positions des membres de la finance ordinaire, les membres de la haute finance s'assurent que la finance ordinaire reste bien ordinaire, c'est-à-dire non seulement que les risques de catastrophe financière soient réduits au minimum, mais aussi que la somme des opérations conclues par les *traders* ordinaires ne modifie pas, à l'insu de la direction, les rapports de propriété qui lient les entreprises les unes aux autres, et, partant, les rapports de domination dans le champ de l'économie.

La communauté traditionnelle qui assurait les échanges marchands est complètement bouleversée en quelques années à partir du milieu des années soixante-dix : la suppression des règles corporatistes, l'apparition de produits nouveaux, la mise au point de formule mathématique de tarification, l'informatisation conduisent à un renouvellement profond de la communauté professionnelle et de ses caractéristiques sociales ; les membres de cette communauté sont plus jeunes, plus nombreux, plus diplômés, plus professionnels et aussi plus souvent confinés dans les tâches ordinaires de la finance ordinaire. Cette révolution sociale au sein de la communauté des professionnels de la Bourse découle pour une grande part de l'intervention massive de l'État dans le sens d'une redéfinition des règles de l'échange financier et aussi, à plus long terme, des modifications de la gestion de la concurrence au sein du champ économique. Dans l'état ancien, la communauté des professionnels de la Bourse jouait certes un rôle fonctionnel important mais avait un rôle économique limité, peut-être semblable pour le champ économique à celui des notaires dans le champ de l'agriculture. En l'espace de quelques années, la Bourse, cette institution étrange, réservée jadis aux seuls initiés, s'est transformée de chambre d'enregistrement en noyau de l'activité économique, s'imposant ainsi au plus grand nombre et touchant, par le biais des médias, même les ménages qui en sont les plus éloignés.

I

Organiser le profit

Si depuis 1986-1987 la permanence de certaines caractéristiques et de certaines contraintes permet de considérer la nouvelle organisation de la finance comme un nouvel état caractérisé par son opposition à l'ancien mode de transaction financière, il ne faut pas pour autant croire que la transformation des marchés et de l'organisation des entreprises financières soit achevée. De même que « la bourgeoisie ne peut exister sans bouleverser constamment les instruments de production, donc les rapports de production, donc l'ensemble des conditions sociales [1] », la nouvelle organisation de la finance est caractérisée par un rythme rapide de transformation de la division du travail.

Durkheim, soucieux de prendre ses distances avec l'économie, a essayé de mettre au jour les causes de la division du travail, qui ne se réduisent pas à des causes économiques. Même si, à ses yeux, la division du travail a une fonction ou joue un rôle dans la vie morale, il refuse de la considérer comme un but [2]. Les véritables causes de la division du travail social sont l'augmentation de la densité et du volume des sociétés. Une telle analyse vaut peut-être au niveau de la société, mais, s'il est vrai que l'organisation et l'accroissement de la division du travail dans les salles de marché ont été accompagnées par une augmentation de la

1. Karl MARX, *Le manifeste du parti communiste*, *Économie I*, p. 164.

2. « Nous ne pouvons employer celui de but ou d'objet et de parler de la fin de la division du travail, parce que ce serait supposer que la division du travail existe *en vue des résultats* que nous allons déterminer », *De la division du travail social*, p. 11.

densité et du volume, il est difficile de voir dans cette double augmentation les causes de cette division. Aussi faut-il faire avec Marx la distinction entre la division du travail dans la manufacture et la division du travail dans la société et remarquer que les causes et les modalités de l'une et de l'autre ne sont pas les mêmes :

> La division manufacturière du travail suppose l'autorité absolue du capitaliste sur des hommes transformés en simples membres d'un mécanisme qui lui appartient. La division sociale du travail met en face les uns des autres des producteurs indépendants qui ne reconnaissent en fait d'autorité que celle de la concurrence, d'autre force que la pression exercée sur eux par leurs intérêts réciproques, de même que dans le règne animal la guerre de tous contre tous, *bellum omnium contra omnes*, entretient plus ou moins les conditions d'existence de toutes les espèces [3].

Dans les entreprises capitalistes occidentales, la division du travail est en grande partie ordonnée et imposée par les personnes qui détiennent ce pouvoir avec un but précis : l'augmentation rationnelle du profit. Ceci ne veut pas dire que toutes les décisions soient rationnelles ni optimales, mais généralement le « sens visé » lors des modifications de l'organisation du travail est soit la diminution des coûts, soit l'augmentation de la production, dans les deux cas pour augmenter ou maintenir le niveau de profit.

Si la tendance principale de la direction de l'entreprise économique est d'organiser le travail selon des méthodes qui lui paraissent à un moment donné les plus rationnelles, ceci ne veut pas dire que l'organisation scientifique du travail réalise nécessairement les buts qu'elle se fixe. La tendance générale à la division du travail, à l'industrialisation et à la parcellisation – qui, selon Adam Smith, permet un accroissement de la production pour les trois raisons suivantes : accroissement de l'habileté de chaque ouvrier, gain de temps, spécialisation des machines [4] – a marqué le pas depuis les années soixante dans l'industrie devant les dysfonctionnements qu'elle engendre (coût administratif, coûts sociaux, etc.), mais elle connaît avec l'informatique un nouvel élan dans les services, en particulier dans la banque et les assurances. La sociologie du travail depuis les années trente n'en

---

3. Karl Marx, *Le capital Livre I, Économie I*, p. 898.
4. Adam Smith, « De la division du travail », *La richesse des nations*, p. 74.

a pas moins montré le caractère illusoire du « *one best way* » de Taylor et a mis l'accent sur le fait que les salariés qui subissaient l'organisation du travail n'étaient pas de simples courroies de transmission mais avaient leur propre pouvoir d'acceptation, d'organisation et de résistance. Pour étudier la rationalisation de l'organisation du travail, il faut donc tenir compte de l'ensemble des contraintes qui s'imposent aux individus dans l'entreprise et de l'ensemble de leurs intérêts à mettre en œuvre cette division du travail ou au contraire à y résister.

Sur les marchés financiers, la première informatisation a permis une relative simplification de la division du travail (avec la suppression des intermédiaires), et la hiérarchie y est très peu importante. D'une certaine manière, les premières salles de marché contenaient surtout des opérateurs autonomes côte à côte, liés en quelque sorte par les seuls liens de solidarité mécanique. Sa poursuite s'accompagne actuellement par une progression de la division du travail pour des raisons assez diverses. Celle-ci permet, comme dans la fabrique d'épingles décrite par Adam Smith, d'augmenter le nombre de marchés couverts et le volume des transactions. Elle favorise le développement de nouvelles spécialités de maintenance ou de développement (informaticiens, recherche et développement), etc. Enfin, il est possible que la parcellisation des tâches, en dépossédant les opérateurs salariés de leurs compétences, augmente le pouvoir des banques sur un marché du travail, où le rapport de forces est, phénomène rare, très largement en faveur des salariés depuis le milieu des années quatre-vingt.

Qu'on considère la division du travail dans la société (à la manière de Durkheim) ou dans l'entreprise, les effets qu'elle produit ne sont pas uniquement économiques. Comme l'explique Durkheim, elle produit une certaine forme de solidarité [5] qui n'est d'ailleurs ici pas seulement positive, étant donné la fréquence et la violence éventuelle des conflits. L'exemple d'une salle de marché de dérivés sur actions de la Compagnie universelle, où s'est déroulée une enquête d'observation pendant quatre mois, permet de comprendre la double organisation du travail et des personnes que nécessite l'*organisation du profit*. En effet,

5. « Mais si la division du travail produit la solidarité, ce n'est pas seulement parce qu'elle fait de chaque individu un échangiste comme disent les économistes ; c'est qu'elle crée entre les hommes tout un système de droits et de devoirs qui les lient les uns aux autres d'une manière durable », *in* DURKHEIM, *De la division du travail social*, *op. cit.*

l'organisation du travail ne se limite pas uniquement à l'organisation des fonctions et des tâches mais consiste aussi en une mise en adéquation (supposée) des personnes et des postes par le recrutement et l'incitation financière au travail.

1

Le travail financier

L'impact supposé des activités financières sur l'évolution économique, la nouveauté des métiers et du monde de la finance, l'étrangeté des pratiques et du vocabulaire au regard du monde courant ont contribué à accréditer la présentation dramatisée et exotique que les opérateurs financiers font d'eux-mêmes ou que les médias font de ceux-ci. Cette mythologie des *golden boys*, à laquelle ont contribué tant les succès de l'euphorie financière des années quatre-vingt, que l'ampleur du krach de 1987 ou encore que les films comme *Wall Street*, la presse et les médias télévisés qui trouvent dans ces professions un sujet particulièrement spectaculaire (et donc très vendable dans le *champ* actuel du journalisme et du reportage télévisé), est loin d'être sans effet. Elle a favorisé au cours de ces années-là la naissance d'une vocation pour les métiers de la finance chez de nombreuses personnes qui exercent dans les salles de marché [1] ou dans leurs marges (aspirants frustrés, confinés dans des positions subordonnées).

Elle semble remobiliser la mythologie des premiers temps de la bourgeoisie conquérante du début du XIXe siècle qu'a tout particulièrement critiquée Marx, celle où l'argent, capacité illimitée d'achat et donc d'exercice de la domination, passe pour la première forme de puissance dans le monde [2]. Ce mythe

1. 44 % des enquêtés de la salle déclarent avoir conçu le projet (le plus souvent entre 18 et 22 ans) de travailler dans le monde de la finance avant d'y être embauché.

2. « Mon argent ne transforme-t-il pas toutes mes impuissances en leur contraire ? (...) Il est la puissance aliénée de l'humanité » MARX, *Les manuscrits de 1844*, *in Philosophie*, p. 114-116.

fonctionne particulièrement bien non pas tellement parce que l'argent réduit « les valeurs personnelles à des valeurs monétaires [3] », mais plutôt parce qu'il semble réduire la puissance sociale à la fortune monétaire. Dans ces métiers, l'argent semble « facile » et comme au loto, avec une mise initiale très faible, il paraît possible de décrocher le gros lot, d'accéder au petit monde de la richesse, sans avoir à exhiber de quartiers d'ancienneté, surtout dans les années quatre-vingt, époque où sur certains marchés des personnes issues des classes populaires, sans diplômes ni fortune initiale ont pu gagner des sommes considérables.

À ce mythe initial de l'argent-roi s'ajoutent d'autres thèmes imaginaires qui contribuent aussi à l'attractivité du métier de *trader* et qui prennent sens dans les sociétés d'aujourd'hui où l'école joue un si grand rôle : la similarité de l'activité avec le jeu, sa forte composante technique, mathématique ou économique. Si l'on compare la naissance de la vocation dans quatre entretiens réalisés avec des membres de la finance, on constate que la motivation initiale se colore différemment en fonction du capital économique et scolaire possédé et du degré d'adhésion à l'ordre scolaire et à ses valeurs (voire même en fonction de la part respective du capital scientifique et littéraire au sein du capital scolaire).

Patrick, diplôme d'ingénieur et mastère finance HEC, vendeur au Prêt R :

« J'avais toujours cette idée en tête. Même quand je faisais cette école d'ingénieurs, j'avais cette idée en tête… Parce que j'ai toujours été attiré un petit peu par l'image des *golden boys*, gagner beaucoup d'argent très jeune… C'est toujours séduisant… »

Maël, diplôme d'ingénieur et mastère finance HEC, *trader* Prêt R :

« Je pense qu'il y avait le côté mythe du *golden boy*. T'as le côté argent, t'as le côté prise de risque, t'as le côté rapide, le côté technique… »

Christophe, khâgne sciences sociales et HEC, analyste financier chez U :

« Bon, si on parle de mon background. Je pense que j'ai été assez sensible à tout l'univers, toute la mythologie qui a pu se développer autour des *traders*, des salles de marché dans les

3. *Cf.* SIMMEL, *Philosophie de l'argent.*

années quatre-vingt. Je pense que ça, ça a joué. Et autrement, j'ai fait une khâgne… […]

– *Mais tu voulais faire de la finance avant de rentrer en khâgne ?*

– Bon, j'ai donné tout à l'heure une explication en termes de mythologie, et de choses comme cela, parce que c'est un retour que l'on fait sur les choses. Autrement, on ne peut pas dire qu'à cinq ans je voulais faire de la finance. Mais disons que c'est une discipline qui m'intéressait parce qu'elle présentait à la fois des caractéristiques mathématiques, logiques, et puis elle s'insérait dans un tissu économique, des choses comme cela… »

Quentin, agrégé de philosophie, profite d'un congé sabbatique pour devenir *trader* compte propre à la BPP :

« Au début, c'était juste… Comment dire ?… Je savais qu'il fallait que je travaille. J'avais pas particulièrement envie de chercher du travail. On m'a proposé comme cela d'aller dans cette banque. À partir de là, cela m'avait toujours amusé l'idée de… L'idée du *trading*, comme cela, était séduisante. Quand j'étais gamin, j'avais acheté des actions comme ça, pour m'amuser. L'idée de prévoir les choses et de les prévoir plus vite que les autres m'amuse. Cette part ludique, je m'étais dit que ça pouvait être intéressant et après il y a eu quelque chose de déterminant qui est que le contact que j'ai eu avec le chef de salle m'a beaucoup plu. »

Alors que Patrick, dont on a mis en évidence ci-dessus la « bonne volonté économique », son désir de notabilité économique, mentionne essentiellement l'argent, Maël, qui a gardé une certaine forme d'adhésion à l'ordre scolaire, mentionne tous les aspects du mythe dans la naissance de sa vocation, tandis que Christophe et Quentin semblent totalement dénier l'aspect financier au profit de l'aspect technique et économique pour l'un et de l'aspect ludique pour l'autre.

Malgré sa présence croissante, la « vocation financière » n'a pas déterminé toutes les orientations de carrière scolaire et professionnelle de l'ensemble des personnes qui travaillent dans les salles de marché. Au contraire, tous ceux qui n'avaient pas la vocation doivent s'accommoder avec l'image du *golden boy*, qui a aussi son revers : métier très masculin, conflictuel, réduction des valeurs personnelles à des valeurs monétaires, etc. La mythologie du *golden boy* laisse particulièrement peu de place aux femmes. Ainsi Delphine, lors de ses études de finance à Dauphine, s'est plutôt orientée vers la finance d'entreprise et l'analyse financière, plus convenables en quelque sorte pour une femme, que vers la finance de marché, trop impersonnelle et « inhumaine ». Après un DESS d'audit interne, c'est surtout par le jeu des offres d'emploi qu'elle a trouvé finalement un poste de *trader* prêt-emprunt à la BBE :

« J'avais une image assez floue. On a l'image de gens très stressés, hyperspeed tout le temps, sans savoir ce qui s'y passe. C'est vrai que c'est pas un domaine qui m'attirait particulièrement même pendant mes études. J'étais plus attirée par le côté analyse, le côté réfléchi... Je trouve que prendre une décision dans les deux minutes... J'avais l'impression que c'étaient des gens qui n'étaient pas très humains, en fait finalement. Ils ont un côté un peu, comment dire... Mais finalement quand on les connaît, c'est différent. »

Ces exemples montrent comment la vocation pour le métier d'opérateur financier est stimulée par l'adéquation entre les ressources personnelles et les éléments mis en valeur par la mythologie de ce monde professionnel. Toutefois, si la présentation mythologique comporte une part de vérité, si elle constitue pour partie une information sur ces métiers, elle est aussi une déformation et il est assez courant que les débutants qui réalisent enfin leur projet en devenant opérateur financier soient surpris par la nature réelle de l'activité professionnelle. Loin de l'extraordinaire mythologique, ce qui devient saillant pour eux, c'est à la fois l'étrangeté d'un univers qu'ils ne soupçonnaient pas mais aussi le caractère malgré tout quotidien et routinier de ce travail.

Pour ne pas tomber dans ce piège mythologique, où, dans sa forme médiatique extrême, ces guerriers (les opérateurs) s'affrontent en manipulant des puissances maléfiques (l'argent) au moyen de formules magiques (leurs connaissances, leurs techniques et leur vocabulaire), il faut un tant soit peu essayer de restituer le sens que les acteurs donnent à leur action. Pour cela il faut comprendre la logique des activités financières, logique complexe et technique pour les personnes qui n'entretiennent pas de liens avec cet univers-là, et proposer en conséquence une introduction aux activités financières, qui, se centrant pédagogiquement sur les activités du *trader*, métier central des nouvelles salles de marché, se risque dans l'univers hostile des techniques financières, univers rebutant, mais dont il est nécessaire de posséder quelques rudiments pour en entreprendre une sociologie.

Le métier de *trader*

Pour le petit porteur, haussier structurel, celui-là même dont Jean-Pierre Gaillard semble se faire l'avocat dans ses chroniques réjouies par toute hausse, il existe généralement une seule manière de gagner de l'argent : aller chez son banquier, lui demander d'acheter à son nom des actions, attendre la hausse espérée, retourner chez son banquier, lui demander de vendre les actions et empocher les éventuels bénéfices. Ce n'est bien sûr ni la seule manière de gagner de l'argent sur les marchés, ni même la seule manière de spéculer. Le petit porteur aura peut-être remarqué que les transactions qu'il ordonne lui sont facturées par la banque à un prix oscillant entre 1 % et 2 % du coût de la transaction, prix qu'il jugera sans doute beaucoup trop lourd, beaucoup plus lourd qu'une « taxe Tobin » en tout cas. Il aura découvert à ses dépens que la banque gagne de l'argent en pratiquant l'intermédiation, en vendant des biens ou des services (ici le service d'une passation d'ordre) plus cher qu'elle ne les achète.

Gagner de l'argent : les stratégies

L'activité d'*intermédiation* est importante. Elle a été pendant longtemps la source principale de revenu pour les professionnels réguliers des transactions boursières. En effet, les agents de change, véritables courtiers, ne devaient tirer légalement leur revenu que du seul courtage. Les sociétés de Bourse qui les remplacent ont étendu la gamme de leurs activités financières mais elles continuent à donner une place centrale à l'intermédiation, de même que les banques, en particulier pour les produits sur lesquels elles se sont spécialisées.

On peut définir, l'activité d'intermédiation comme une mise en relation d'acteurs financiers de nature et de fonction différentes : les marchés de gros et les petits porteurs, ou les acheteurs structurels et les vendeurs structurels, etc. Ainsi les sociétés de Bourse paient un droit d'entrée et des frais assez élevés pour accéder directement au marché, tant en droits proprement dits payés à la Société des Bourses françaises qu'en installations matérielles (informatiques notamment), en personnel, en frais de tenue de comptes, etc., que le taux de courtage permet, si l'activité est suffisante, de couvrir avec en plus des profits.

La *spéculation*, terme plus générique, a une réputation plus sulfureuse. Prise dans son sens le plus large, elle désigne toute manipulation d'argent ayant pour fin le profit, et donc *de facto* la plus grande partie des activités financières, puisque l'intermédiation, l'arbitrage ou le crédit tombent sous le coup d'une définition si générale. Prise ici dans son sens restreint, elle désigne la stratégie d'acheter ou de vendre un titre avec l'espoir d'une modification future du cours de telle sorte que cela permette une revente ou un rachat profitables. Max Weber décrit ainsi l'activité spéculative :

> Le spéculateur conclut l'achat intéressant parce qu'il espère réaliser l'autre [la vente], dans l'avenir, à la suite de la modification de la conjoncture générale des chances d'achat et de vente, modification qu'il attend. Cela suffit pour dire que son business n'est pas pure affaire d'arithmétique, car son succès dépend de l'arrivée effective de la modification attendue de la conjoncture des prix concernant telle marchandise, et il faut que le spéculateur prenne ici en compte la totalité des circonstances qui favoriseront éventuellement cette modification [4].

Il est aujourd'hui possible de gagner de l'argent non seulement à la hausse mais aussi à la baisse (voire même en pariant sur la stagnation du cours ou sur sa très forte volatilité). Pour spéculer à la baisse, il suffit d'emprunter des titres, de les vendre, et si la baisse survient de les racheter et de les rendre ensuite au prêteur. On peut aussi acheter une option de vente. Dans tous les cas, à la base des stratégies de spéculation, s'effectue une conjecture sur le cours futur, motivée par des considérations de plusieurs sortes : une analyse de la santé des entreprises, un raisonnement sur l'évolution économique, une prolongation de la tendance passée du cours, une imputation du comportement des autres acteurs, une intuition, etc. (voir chapitre 4).

Autant la spéculation est une activité risquée, exposée au risque de cours, autant l'*arbitrage* est une activité qui, dans la mesure du possible, évite le risque ou à tout le moins le risque de cours. Dans *La Bourse*, Max Weber, donne un exemple particulièrement éclairant du genre d'arbitrage auquel se livraient les arbitragistes de l'époque :

4. Max WEBER, *La Bourse*.

> L'« arbitragiste » cherche à réaliser des bénéfices en vendant une marchandise sur une place financière où il est possible à ce moment-là de l'écouler au prix fort, et en l'achetant au même moment sur une place boursière où l'on peut l'acquérir au prix plus intéressant. Son business est donc pur exercice d'arithmétique. [...] Les chances de gain résident pour l'essentiel dans la rapidité de réaction de celui qui profite d'une différence de prix géographique, et comme l'arbitragiste est obligé non seulement de convertir les monnaies en cours sur les places financières étrangères, mais aussi d'avoir en tête les différences d'usage concernant les délais d'exécution, les intérêts à payer, les provisions et courtages et de prendre en compte ces différences tout en effectuant ces calculs à la vitesse de l'éclair, il faut que l'arbitragiste soit capable de prouesses surprenantes en calcul mental ; son travail est des plus éprouvants pour les nerfs.

L'arbitrage « géographique », c'est-à-dire guetter la différence de cours de deux cotations d'un même titre sur deux places financières, reste une des dimensions de l'arbitrage mais il n'occupe maintenant qu'une place mineure aux côtés de l'arbitrage des cours des différentes monnaies sur le marché des changes [5] d'une part, et des créneaux ouverts à cette technique par la multiplication des produits dérivés d'autre part.

L'arbitrage « *cash and carry* » consiste à arbitrer les contrats à terme – contrats portant sur des titres livrés à une date future – et les contrats au comptant – contrats portant sur des titres livrés immédiatement. Si la valeur du contrat à terme sur indice boursier est supérieure à la valeur de l'indice au comptant, il est intéressant de simultanément vendre le contrat à terme et d'acheter au comptant un panier de titres répliquant l'indice ; et, dans le cas inverse, il faut vendre à terme et acheter au comptant. Par exemple, imaginons que le CAC vaut 4 000 au comptant et 4 100 à terme. Le *trader* achète au comptant à 4 000 et vend à terme à 4 100. Si le jour de l'échéance, le CAC vaut 4 200, il perd 100 à terme et gagne 200 au comptant, soit un gain total de 100, si le CAC vaut 3 000, il gagne 1 100 à terme et perd 1 000 au comptant, soit de nouveau un gain total de 100.

5. Voir Neil FLIGSTEIN, « Rhétorique et réalités de la mondialisation ». Le marché des changes présente des exemples simples d'arbitrage : si jamais le taux de change dollar/franc suisse multiplié par le taux de franc suisse/yen diffère du taux de change dollar/yen, une conversion quasi instantanée d'une somme donnée de dollar en franc suisse, de franc suisse en yen puis de yen en dollar (ou dans l'autre sens) engendre des profits.

Quand on arbitre le cours des options, les équivalences sont beaucoup plus complexes. Le 27 août 1991, deux options d'achat d'actions Paribas étaient cotées donnant le droit d'acheter à la fin du mois de septembre une action Paribas au cours de 400 francs pour la première et au cours de 440 francs pour la seconde. L'action Paribas ce jour-là cotait à 425 francs, la première option d'achat à 28,50 francs et la seconde à 5,50 francs. Pour pouvoir dire si la valeur (5,50 francs) de la deuxième option à prix d'exercice de 440 est surévaluée ou sous-évaluée, c'est-à-dire s'il vaut mieux l'acheter ou la vendre, il faut pouvoir la rapporter à la probabilité que le cours le jour de l'échéance soit ou non supérieur au prix d'exercice 440. Les relations mathématiques de Black et Scholes sont justement une modélisation probabiliste stochastique de la relation entre le prix de l'option et le cours de l'action en l'« absence d'opportunité d'arbitrage ». Elles permettent donc de déterminer les options surévaluées et sous-évaluées.

L'activité d'arbitrage est donc l'exploitation systématique des anomalies fugaces des cours. Cette activité tend d'ailleurs à supprimer ces anomalies – les « opportunités d'arbitrage » – par le simple jeu de l'offre et de la demande : en achetant en grande quantité un titre sous-évalué, on fait monter le cours et disparaître la sous-évaluation. Si le cours est « bien arbitré », alors ces petites divergences profitables n'existent quasiment pas. Les cours sont conformes aux « relations d'arbitrage », c'est-à-dire à des relations logiques résultant de l'« absence d'opportunités d'arbitrage ».

Pour terminer ce tour d'horizon des techniques gagnantes, il faut signaler la technique financière simple et traditionnelle du *placement*, en particulier du *crédit*. Dans le cas d'un prêt à taux fixe (obligation, etc.), le rendement de la transaction est fixé d'avance à la différence de la spéculation à la hausse. Mais cette transaction-là est malgré tout soumise à différents risques, risque de défaillance de la contrepartie, risque de taux d'intérêt, risque d'inflation, risque de change si le prêt s'effectue dans une autre monnaie. Il n'existe pas de limite entre placement et spéculation, toutefois on peut considérer que l'achat de titres pour les dividendes et les intérêts s'apparente plus à un placement, alors que celui effectué pour une plus-value s'apparente plus à une stratégie spéculative.

La multiplication des produits et des marchés, l'élaboration de stratégies complexes, la finalité multiple de nombreuses transactions tendent à effacer les limites entre les quatre catégories de stratégies ainsi distinguées. D'ailleurs, pour l'analyse financière, les seules distinctions pertinentes sont les différences de rendement et les différences de risque tant dans leur nature que dans leur distribution. Toutefois, l'utilisation de techniques et de risques différents permet de conserver une catégorisation qui dans une perspective compréhensive a l'avantage de découper des pôles qui schématisent bien les pratiques.

Gagner de l'argent : une activité

Le *trader*, pour gagner de l'argent, peut donc pratiquer la spéculation, l'arbitrage, l'intermédiation ou le placement. Mais que fait-il vraiment ? Si l'on en croit le site Internet de la Compagnie universelle, il « intervient sur les marchés, identifie et saisit les opportunités d'achat et de vente, et en gère les risques ». À la Compagnie universelle, le *trader* ordinaire est un *trader* qui s'occupe essentiellement d'arbitrage et d'intermédiation. S'il est sur un marché très actif nécessitant un suivi 24 heures sur 24, le portefeuille de titres qu'il gère (le « *book* ») fait les 3/8 financiers et passe de ses mains à celles d'un *trader* sur la place américaine puis à celles d'un troisième sur la place asiatique. Il commence alors sa journée par un rendez-vous téléphonique avec son homologue d'Asie pour connaître les opérations effectuées pendant la nuit et la termine en transmettant de même les informations à celui d'Amérique. Il peut aussi, en ce début de journée, se rendre à 8 h 45 à la réunion de marché de la salle (le *morning meeting*) s'informer de l'exposition aux risques des différentes équipes de la salle et écouter les prévisions des analystes, prévisions certes d'une importance limitée pour lui puisqu'il pratique surtout l'arbitrage, mais toujours utiles à prendre en considération ne serait-ce que parce qu'elles peuvent permettre d'anticiper une révision de la modélisation des cours ou fournir une raison à la rupture des équivalences probabilistes (rumeurs d'OPA, etc.).

Il s'assied ensuite à son poste devant ses deux ou trois écrans d'ordinateur, devant celui de son poste téléphonique avancé (voir schéma p. 104), feuillette la presse financière du matin, *La Tribune*, *Les Échos*, les notes internes, déroule les dernières informations *Reuters* ou *Bloomberg* sur les écrans spécialisés, constate sur un autre écran la composition de son portefeuille, ses bénéfices ou ses pertes. S'il opère sur un marché organisé – c'est-à-dire une Bourse proprement dite, qu'on peut définir comme un marché qui centralise les ordres d'achat et de vente et les confronte de telle sorte qu'un seul prix de transaction à l'instant t en résulte – il commence véritablement sa journée au moment de l'ouverture officielle de la cotation. Sur les marchés organisés déjà informatisés, il suffit au *trader* de cliquer sur l'icône *send* pour envoyer des propositions d'achat ou de vente. S'il est *market-maker*, teneur de marché, il est dans l'obligation de proposer en permanence une fourchette de prix à l'achat et à la vente et il surveille alors étroitement les cinq meilleures offres et cinq meilleures demandes pour voir s'il en est et attend d'être « touché », c'est-à-dire que quelqu'un accepte ses prix. À moins que, pressentant un mouvement dans un sens ou dans l'autre, ou ayant une transaction à conclure pour le compte de tiers, il ne choisisse délibérément de « toucher » la proposition d'un autre *trader* du marché. S'il opère sur le MATIF, non encore informatisé en ce début d'année 1998, il communique par la « boîte » – son téléphone sophistiqué – avec les opérateurs qui travaillent sur le marché à la criée du palais Brongniart. Là-bas le *boxman* transmet son ordre au *flasheur*, qui le transmet au négo qui réalise alors éventuellement la transaction.

Mais le plus souvent les *traders* de la CU exercent leur talent sur le marché de gré à gré où ils commercialisent des options OTC (options « *over the counter* », c'est-à-dire des contrats optionnels non standardisés qui se négocient entre deux personnes en dehors des enchères organisées par les Bourses), ou des produits plus complexes, options exotiques et produits structurés profilés sur les désirs du client. Sur le marché de gré à gré, il n'existe aucun dispositif de centralisation des ordres ni d'unification du prix, mais une multitude de relations commerciales simultanées entre des duos de contractants se déroulant par téléphone ou par courrier électronique. Si un autre intervenant sur le marché propose de lui acheter une option de vente, soit que celui-ci désire protéger son portefeuille contre une baisse, soit qu'il désire spéculer à la baisse (la limite entre les deux étant difficile à tracer), notre *trader* spécialisé dans la « gestion de vole » (volatilité) lui propose alors un prix après quelques regards lancés à l'interface de son logiciel de *pricing*, lequel, tenant compte de l'évolution du cours du sous-jacent indique à quel prix il doit réaliser la transaction pour ne pas s'exposer aux risques de cours, prix qu'il rehausse alors de la petite marge précieuse qui crée le profit. Le cours de l'action sur laquelle portait l'option d'achat vendue la veille a-t-il connu une forte hausse ? Le *trader* est alors confronté au risque que l'acheteur exerce son droit avec profit le jour de l'échéance. Comment se protège-t-il contre cette évolution ? Le *trader* arbitragiste regarde encore son logiciel. Celui-ci lui indique la quantité (« delta ») d'actions qu'il doit acheter pour annuler le risque induit par cette évolution du cours : on appelle cela la « gestion delta-neutre ».

En plus de l'arbitrage et de l'intermédiation, les *traders* jouissent souvent de la possibilité de pratiquer la spéculation sur un compte séparé que leur accorde la banque, le compte propre. Pour gagner de l'argent en pratiquant ce *trading* « directionnel », sans couverture, il faut être capable de bien anticiper ce qui va se passer dans un futur proche ou lointain.

Damien, *trader* prêt-emprunt, ne s'occupe pas de l'arbitrage des options, mais a pour tâche de prêter et d'emprunter des actions. Il s'est engagé dans une spéculation longue sur « DysneyTunnel ». La banque HH était persuadée que la baisse de ce titre allait encore se poursuivre et voulait en profiter. Mais elle ne possédait aucun de ces titres. Comment peut-elle profiter de son pronostic ? Elle a ainsi proposé à Damien de lui emprunter plus de trois millions d'actions de cette société pendant six mois. Une fois ces titres empruntés, elle peut les vendre immédiatement. Elle ne les rachète que six mois plus tard à un cours escompté inférieur. Une fois rachetés, ces titres peuvent être rendus à Damien le prêteur. Damien a réfléchi, il a tenu compte des nombreux paramètres du contrat, de l'histoire heurtée de ce titre tant sur le marché de l'achat vente que sur celui du prêt-emprunt et il a proposé un prix : dix centimes par mois pour un titre valant 5 à 6 francs. Damien ne possédait pas tous ces titres mais savait qu'habituellement il pouvait les emprunter tous les mois sur le marché des reports pour une durée d'un mois au prix de 1 à 5 centimes par titre. Il gagne ainsi de l'argent pendant les premiers mois (entre 5 et 10 centimes par titre et par mois). Mais, au mois de décembre, en raison de la clôture des comptes des banques, les prêteurs de DysneyTunnel sont moins nombreux et le coût de l'emprunt de ce titre monte à 27 centimes par titre. Damien perd alors 500 000 francs ce mois-là, soit la moitié des gains obtenus jusque-là. Les deux mois suivants sont meilleurs, mais, malheureusement pour lui, au mois de mars, à la veille du terme de son prêt de six mois, avec l'annonce par les banques de la conversion d'une partie des dettes de DysneyTunnel en actions, les anticipations à la baisse se cristallisent, et le taux d'emprunt (dit « taux de déport ») monte à 96 centimes par titre pour le mois sur le marché des reports. Damien est « collé » : il se retrouve dans l'obligation d'emprunter à court terme des actions au prix de 96 centimes par titre alors qu'il les prête à long terme au prix de 10 centimes par titre. Damien perd trois millions de francs, un montant relativement important au vu de son objectif de profit, fixé par la CU, à 40 millions par an. Visiblement affecté, lui qui affiche volontiers ses exploits financiers en parle avec discrétion avec des proches et soupçonne la banque HH de délit d'initiés.

Lorsque certains *traders* se révèlent particulièrement brillants à cet exercice délicat de la spéculation avec les fonds de la banque, celle-ci augmente la valeur des fonds (la « pose » ou la « limite de pose ») dont elle lui délègue la gestion. Le *trader* peut alors consacrer la plus grande partie de son temps au *trading* spéculatif.

Les *traders* ont donc pour point commun de gérer un portefeuille de titres et de prendre des décisions d'achat ou de vente. Mais d'un poste à l'autre, selon les produits sur lesquels ils opèrent, selon les techniques qu'ils utilisent, selon la liberté que leur accordent leurs supérieurs, ils exercent des charges relativement différentes : *traders* prêt-emprunt, *traders* produits structurés et options exotiques, *trader* compte propre, *traders basket trading*, *market-maker*.

L'architecture des activités financières

« Ils ne sont évidemment pas seuls… Et pourtant ils sont seuls… », remarque David Martin[6], lorsqu'il analyse les modalités de l'accord pour l'échange entre deux *traders* sur des marchés de gré à gré. Accords entre deux personnes individualisées localement responsables d'un portefeuille de titres dont la gestion leur a été déléguée, les échanges financiers nécessitent aussi toute une interface matérielle et humaine, toute une division de travail visible et invisible permettant ces accords instantanés de volonté.

6. David Martin, *À quoi se fier ? Le calcul et la confiance dans les relations interpersonnelles sur des marchés financiers de gré à gré.*

La décomposition du geste marchand en différents métiers

Le commercial (appelé aussi *sales, dealer* ou vendeur) est un peu le double du *trader.* Si le premier est spécialisé dans la gestion des titres, le second développe et entretient des relations avec des clients, des banquiers, des gérants de fonds ou des entreprises qui s'adressent à lui pour acheter des produits dérivés dont la Compagnie universelle est spécialiste [7]. Le présupposé implicite de cette dualisation fonctionnelle est qu'il est difficile, en particulier dans le cas d'un *trading* d'intermédiation – c'est-à-dire une activité où il faut faire affaire avec des partenaires de nature et de fonction différentes –, de concilier à la fois une spécialisation dans les produits, c'est-à-dire les titres, avec leurs prix, leurs risques, leur volatilité, et une spécialisation dans les interlocuteurs, c'est-à-dire les clients, avec leurs besoins spécifiques, leurs places fonctionnelles et aussi leurs habitudes et leur culture. L'outil principal du commercial, c'est le téléphone, qu'il utilise en fait bien plus souvent pour fournir des renseignements sur les prix ou tout simplement entretenir la relation que pour conclure des transactions, et le but qui lui est assigné est de maximiser le volume des transactions entre les clients et la banque. C'est d'ailleurs un travail de longue haleine que de se constituer un carnet d'adresses lorsqu'on est débutant et de l'entretenir lorsqu'on est « *senior* ».

Ludovic vient d'arriver dans la finance à plus de trente-trois ans après avoir travaillé dans l'immobilier. Ce fils de petit entrepreneur qui a fait fortune dans la téléphonie, est passé par Centrale et le mastère finance de HEC, il affiche volontiers son appartenance juive, cause selon lui de son côté commercial, et est finalement revenu à la finance parce que le secteur des actions est le secteur économique « où la visibilité est la meilleure dans les cinq ans à venir ». Il travaille comme commercial sur les pays « exotiques » : la Roumanie et Israël. Pour l'instant, il prend le temps de constituer son « *address book* ». Depuis les quatre mois qu'il est là, il n'a conclu que trois *deals.* Il s'occupe de vingt-sept clients, dont cinq devraient conclure prochainement des *deals* portant sur de gros montants.

Le matin, le commercial se rend assez fréquemment, au *morning meeting.* Il écoute les pronostics des deux spécialistes,

7. Outre le métier de vendeur proprement dit, il y a aussi des équipes de marketing qui sont généralement associées au métier de commercial.

informations utiles pour la construction de l'argumentaire qui incitera les clients à conclure des transactions sur les produits financiers traités par la Compagnie universelle. Le bon commercial connaissant bien le portefeuille de son client s'efforcera de le convaincre qu'une baisse se profile bien en raison d'une « mauvaise clôture » ou de rumeurs de hausse des taux d'intérêt américains et que celui-ci doit impérativement protéger son portefeuille en achetant une option de vente. Une hausse se dessine, pourquoi ne pas en profiter avec des options d'achat ? Protéger de risques complexes à faible coût à la fois contre une hausse du dollar jusqu'à une certaine limite et contre une baisse du CAC tout en garantissant un certain rendement, un produit structuré fera l'affaire ! Meilleurs sont ses conseils, plus il fidélisera ses clients.

Le commercial ne peut que convaincre le client d'engager une transaction mais il ne peut ni prendre des positions directement ni faire des prix sur les produits. Qu'un client l'appelle pour connaître un prix, pour réaliser une transaction ou qu'il le contacte pour lui vendre les produits structurés dernier cri, le commercial doit demander au *trader* spécialisé le prix qu'il cote à l'instant t pour l'annoncer au client. Selon l'organisation, soit la marge de bénéfice est déjà contenue dans le prix pratiqué par le *trader*, soit c'est le commercial qui rajoute une marge et qui vend ce produit au client. S'il doit informer, renseigner, inciter, séduire, convaincre, le commercial doit aussi gagner et fidéliser des nouveaux clients, leur envoyer des brochures de marketing, les contacter, les rencontrer et petit à petit garnir le précieux « *adress book* » si crucial pour son succès.

Pour être soutenus dans toutes les menues tâches quotidiennes, *traders* et commerciaux délèguent le « sale boulot » à des *assistants traders*. Très souvent, ceux-ci ont pour tâche de saisir les tickets ou de calculer des valorisations, d'effectuer différentes tâches administratives ou comptables. Dans l'organisation, une véritable « barrière magique » sépare les opérateurs des assistants : les assistants n'ont pas le droit de « traiter », c'est-à-dire de conclure des opérations. Cette barrière, qui entretient chez les exclus comme chez les inclus l'illusion de l'exceptionalité de cette activité, favorise le désir pour les assistants de devenir opérateur ou tout au moins de connaître de semblables prérogatives, même si la monopolisation exclusive des transactions par les seuls opérateurs est quotidiennement contournée.

Les métiers de marché selon la Compagnie universelle

– *D'après le site internet.*

Trader : « il intervient sur les marchés, identifie et saisit les opportunités d'achat et de vente, et en gère les risques ».

Commercial : « il négocie la vente de produits dérivés et développe un portefeuille de clientèle ».

Ingénieur financier : « il conçoit des montages complexes en anticipant la demande et en répondant aux besoins spécifiques de la clientèle ».

Gestionnaire de *back-office* : « il encadre une équipe chargée de la gestion administrative et de l'enregistrement comptable des opérations de marché ».

Ingénieur recherche et développement : « il applique son expertise mathématique et statistique à la réalisation de modèles financiers ».

– *D'après la liste téléphonique de la salle.*

TABLEAU 1.1. – *Composition de la salle de marché par métiers et par sexe*

Métiers	*Hommes*	*Femmes*	*Total*
Direction, *risk-manager*, responsable commercial	8	0	**8**
Trader	36	5	**41**
Commerciaux – marketing	27	10	**37**
Assistant-trader	8	11	**19**
Ingénieur financier	8	1	**9**
Ingénieur Recherche & Développement	10	0	**10**
Analyse	2	0	**2**
Middle-office, back-office avancé	23	20	**43**
Contrôle gestion	1	0	**1**
Juridique	1	0	**1**
Secrétaire	0	2	**2**
Total	124	49	**173**

Osman a ainsi autorisé Estelle à traiter lorsque celle-ci était assistante. Elle mettait le nom d'Osman sur le ticket et celui-ci restait à côté pour surveiller la transaction. Bastien, vendeur sur le Luxembourg, a aussi été amené à traiter en période d'intense activité lorsqu'il était *assistant-sales*. Paul est *assistant-trader* pour les produits exotiques. Il s'occupe du second marché, car, pour rendre le marché de gré à gré aussi intéressant que le marché organisé, les banques, lorsqu'elles vendent un produit complexe à un client, garantissent à ce dernier la possibilité qu'il puisse le leur revendre. Paul exerce des fonctions de *trader* quotidiennement, et il est véritablement un faisant-fonction, qui jouit d'une partie du prestige ou du rôle du *trader* sans bénéficier pour autant de son revenu. N'ayant d'ailleurs qu'une maîtrise de gestion, il a peu de chances de devenir *trader* à cette table-là, où les *traders* sont tous très diplômés.

Aux côtés de ces spécialistes de la transaction et de ceux de l'assistance, on trouve dans la salle une classe de professionnels caractérisés par leur pouvoir d'expertise. D'une part deux analystes, un économiste et un chartiste exposent tous les matins au *morning meeting* leurs prévisions pour l'évolution future des marchés, et surtout une dizaine d'ingénieurs financiers construisent de nouveaux produits financiers et une dizaine d'ingénieurs recherche et développement (R&D) développent soit des modèles mathématiques pour améliorer l'arbitrage, soit des logiciels pour permettre une évaluation instantanée du prix des produits complexes et des transactions nécessaires pour la couverture.

Taki, X/ENSAE, est devenu ingénieur financier après avoir passé un an de stage comme expert mathématique dans la salle. On lui a fait une proposition alors pour qu'il devienne soit teneur de marché sur produits exotiques, soit ingénieur financier. La situation d'ingénieur financier lui semblait préférable parce qu'il la trouvait plus variée : elle comporte outre l'activité de *pricing*, des aspects juridiques et commerciaux et de suivi de projet. En devenant *market-maker*, il avait peur de devenir « bête ».

Si les ingénieurs financiers sont sans conteste des professionnels de la finance, au point que leur prestige rivalise avec celui des *traders*, les ingénieurs recherche ne se conçoivent pas forcément comme des spécialistes de la finance. Cette alternative est d'ailleurs l'enjeu d'un débat au sein de la petite équipe d'ingénieurs R&D, débat qui contribue à la définition de leur identité au travail. Un des membres se considère essentiellement comme un ingénieur financier, et il raconte avec facilité et aisance l'histoire des théories scientifiques de la finance de Bachelier à Merton, pour montrer à quel point il est passionné par les relations d'arbitrage, tandis qu'un autre se considère surtout comme informaticien (il s'occupe d'ailleurs essentiellement des interfaces iconiques et non de la modélisation algorithmique des relations d'arbitrage) et il évite de mille manières les *traders* et les opérateurs.

La table, unité de partition des activités financières

Même si la séparation des tâches marchandes en différents métiers, est déjà en elle-même une manière de diviser le travail, de limiter la concurrence entre les pairs et d'organiser la solidarité des uns et des autres pour l'accumulation du profit, elle ne suffit pas à elle seule à éviter que les 41 *traders* ne se mettent à exploiter les mêmes types de produits ou que les commerciaux ne démarchent les mêmes clients. À cette première division du travail s'ajoute une division par équipes appelée *desk* qui suit soit la division par produits soit la division par zone géographique. Le « *desk* », la table, fait référence physiquement à un ensemble de bureaux qui se jouxtent les uns les autres et qui constituent une unité géographique dans la salle (même si la coïncidence entre la table et la tablée est plutôt rare).

L'organisation des principaux *desks* recoupe celle des différents métiers : tables de vendeurs, tables de *traders*, tables d'ingénieurs (CUOP/ING, CUOP/DSAI), tables de gestionnaires de *middle-office*. Afin de limiter le gaspillage engendré par une concurrence interne trop forte, le travail est divisé en *sous-desks*. Pour les activités de *trading*, les activités sont divisées par produits, soit par type de produits, soit par nationalité du produit (ou plutôt par devise de tarification), tandis que les activités commerciales sont divisées par nationalité de clientèle.

Chaque *desk* adopte des règles de partage des activités. Bastien travaille au *desk* de vente de la table Belgique-Luxembourg, qui est un *sous-desk* de la table de vente France. Ils ne sont que deux, Bastien est *junior* et son collègue est *senior*. Ils ont établi une règle de partage des clients entre eux. En général, cela se passe bien, notamment parce que le *junior* respecte le *senior*, en particulier son domaine réservé (ses clients). En échange, le *senior* peut lui concéder une partie de ses clients. Il trouve que cette organisation est bien meilleure que celle adoptée chez certains courtiers (« *brokers* ») anglo-saxons où c'est le premier qui décroche qui remporte le client. Le « pire » qui puisse arriver ici, c'est de démarcher le client du voisin parce que cela ruine sa confiance. Mais ici, en fait, vu le faible nombre de

La salle de marché et ses *desks* (en février 1998)

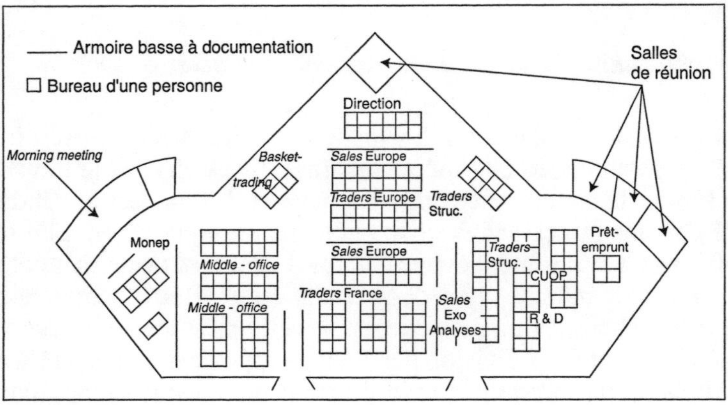

La salle de marché étudiée contient 196 postes de travail. Au mois de février 1998, elle comptait une quinzaine de *desks* d'importance variable (eux-mêmes divisés en sous-*desks*) qui regroupaient 173 personnes auxquelles il faut rajouter une vingtaine de stagiaires. Au fur et à mesure de l'expansion des activités de la salle, celle-ci devient trop étroite et les équipes les plus éloignées du rythme du marché dont la présence *in vitro* est jugée la moins nécessaire sont exclues hors de la salle comme l'équipe de dépannage informatique en décembre 1997.

vendeurs à cette table, cela n'arrive pas. En revanche, les frictions entre les tables sont possibles. La division par pays des clients est floue et le jeu des filiales est complexe. Bastien sait ainsi que certaines des banques italiennes au Luxembourg sont réservées aux commerciaux de la table Italie. Par ailleurs, il démarche des banques du Luxembourg installées en Allemagne.

À observer la partition de l'activité financière, transcrite dans l'organisation par équipes et par sous-équipes, on s'aperçoit que l'autonomie dont jouissent les opérateurs financiers, qui pour gérer les titres – les *traders* – qui pour gérer les clients – les commerciaux – est extrêmement contrainte : tant la classe des titres (nature, devise, échéance, etc.), le type de contrepartie (nature, nationalité, etc.), le montant des transactions, que la nature des stratégies déployées sont définies au préalable. C'est au prix de cette diversification et cette définition des postes et des personnes que la salle réalise concrètement la diversification des risques et évite la superposition des activités financières.

À tous les *desks* d'importance, un chef de *desk* exerce le pouvoir : il contrôle l'activité de ses subordonnés, distribue les tâches, lance des activités nouvelles. Lorsque le *desk* est petit, le chef est aussi un opérateur qui conclut des transactions comme les autres. En général sa position de chef lui permet d'exercer un droit de prérogative, de capter les ordres d'importance et d'échapper à la division du travail de transaction imposée aux *traders*. Ainsi Rémi est chef de vingt-cinq *traders* « compte propre » dans la banque de Thierry, la BPP. Il traite encore beaucoup. Il n'a pas de domaine, de produits, ni de pays réservés et il dit ouvertement s'inspirer des bonnes idées de ses collaborateurs.

Mais, pour un niveau d'activité plus important, le chef de *desk* ne « traite » plus directement. Il est *risk-manager* ou responsable commercial et s'occupe de l'ensemble des activités, supervise, place les bonnes personnes à la bonne place, distribue les primes. Même si elle est attractive financièrement, cette position n'attire pas tous les opérateurs, moins les *traders* que les commerciaux, car elle a pour eux le désavantage d'être en retrait du marché, de son ordre et de son rythme.

L'organisation du prêt-emprunt donne peut-être mieux la mesure de ce qu'est un *desk* et des relations entre les *desks*. L'activité de prêt-emprunt est à l'origine une activité de *back-office*. Le dépositaire de titres dans les banques qui comptabilisait les titres des clients pratiquait à l'origine le prêt-emprunt de titres. Mais, au fur et à mesure que les *traders* de produits dérivés qui spéculent à la baisse font appel au prêt-emprunt, que les transactions de prêt-emprunt de titres deviennent régulières, que la concurrence se développe, que l'affichage des prix joue un rôle croissant, bref que l'activité devient une activité de marché à part entière, l'activité de prêt-emprunt est devenue beaucoup plus proche de celle pratiquée dans les salles de *front-office*, et elle a été en quelque sorte promue du *back-office* au *front*. Mais, tant par le côté intuitif de ses pratiques de tarification que par son rôle de gestion de stock de titres dans les salles de marché, elle garde la marque un peu dévalorisante de sa naissance.

Osman est le *risk-manager* de cette activité. Il a été promu récemment à ce poste à la suite du départ de l'ancien chef dans une autre banque. Il gère non seulement l'équipe de Paris, mais encore plusieurs équipes à l'étranger. En janvier 1998, il y a trois *traders* en poste à Paris : Estelle, « tradeuse » *junior* sortie de Dauphine qui s'occupe du prêt-emprunt de titres européens, Damien, « vieux » *trader* prêt-emprunt de 33 ans débauché de

Aperçu sur le *desk* du prêt-emprunt

L'activité

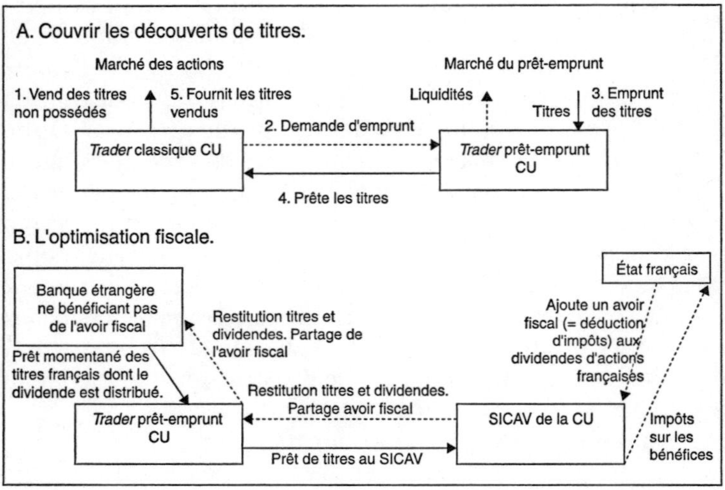

À la Compagnie universelle, l'activité de prêt-emprunt a été développée d'abord pour gérer les « *shorts* » (les découverts sur certains titres) de la salle de dérivés actions. Les *traders* options ont l'obligation de passer par la table de prêt-emprunt pour emprunter leurs titres manquants, et les *traders* prêt-emprunt ont l'obligation de chercher les titres demandés. Ainsi, chaque jour, une dizaine de *traders* passent à la table prêt-emprunt et demandent un prix ou donnent une liste de « *shorts* » à couvrir. Entre la table de prêt-emprunt et les tables de *trading*, ont donc été instituées des relations commerciales forcées à un prix conventionnel, celui du marché.

Outre quelques spéculations et des arbitrages autonomes qui ne servent pas directement la salle, le prêt-emprunt consacre une grande partie de son activité à l'optimisation fiscale. L'État français – comme de nombreux États – pour éviter la double imposition des bénéfices, accorde un avoir fiscal (une déduction d'impôts) aux propriétaires français d'actions, qu'ils soient permanents ou provisoires. Les sociétés étrangères ne payant pas d'impôts en France ne peuvent bénéficier de cet avoir fiscal, elles ont donc intérêt à prêter ces titres juste le temps du détachement de dividendes à des banques françaises, qui en échange rétrocèdent le dividende et une partie de l'avoir fiscal gagné. Lorsque la période du détachement de dividendes approche, Damien démarche ainsi les institutions financières étrangères, leur emprunte des titres, titres que Lilian place le temps du détachement dans les SICAV de la CU, contribuant ainsi à une réduction d'impôts de cette filiale que celle-ci reverse en partie au *desk* prêt-emprunt.

La disposition

Organisation du desk *prêt-emprunt en février 1998*

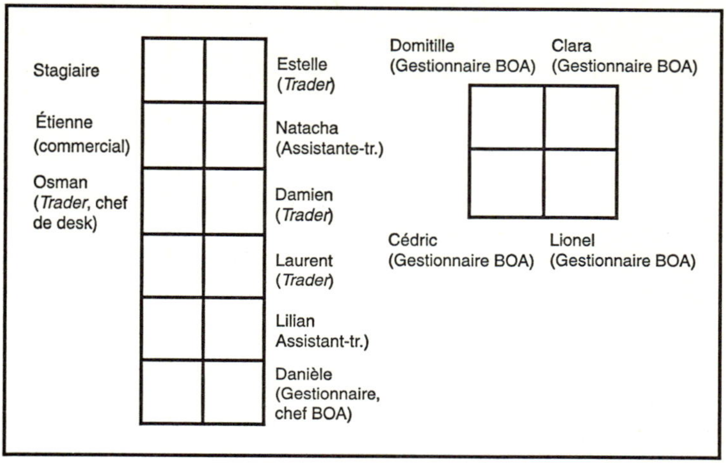

Parisuez, qui s'occupe des titres français, et Laurent, un X curieusement attiré par le *trading* après sept ans d'inspection, qui débute dans cette activité avec des titres français. Contrairement aux *traders* des autres tables, ces *traders* non seulement font les prix, effectuent des opérations de couverture, mais aussi négocient avec les clients, tâche généralement dévolue aux commerciaux. Étienne, commercial sorti de l'EDHEC, fils d'un diplomate, s'occupe essentiellement de mener des opérations de marketing et de trouver de nouveaux clients. Il traite éventuellement une ou deux fois avec ceux-ci, puis il les confie à l'un des *traders*. Natacha, *assistante-trader*, assiste essentiellement Estelle dans ses opérations de *trading* et calcule les résultats comptables (les « valos ») pour l'ensemble de la table. Lilian est devenu *assistant-trader* lorsque Osman est devenu chef du prêt-emprunt. Avant il exerçait au *middle-office* du prêt-emprunt. Outre un peu de travail comptable, à la suite d'un arrangement avec la CUAM (Compagnie universelle Asset Management), la filiale de la Compagnie, il a la latitude de choisir les titres à transférer des SICAV au prêt-emprunt en fonction des besoins de l'équipe.

Aux côtés de l'équipe *front-office*, se trouve une équipe de *back-office avancé*, dirigée par Danièle. Cédric, Lionel et

Domitille sont chargés d'aiguiller les ordres vers le *back-office*, Lionel pour les titres français, Cédric pour les autres titres européens et Domitille pour l'Asie. Ils s'occupent aussi de diverses tâches : gestion du collatéral [8], relations avec les contreparties pour les rappels de titres (les « *recall* [9] »). D'après Cédric, c'est un travail assez ennuyeux qui comporte beaucoup de saisie d'autant plus fatiguante que les erreurs de saisie sont graves. Domitille, issue de la noblesse, a peu de diplômes mais elle possède des ressources mondaines pour charmer le chef de *desk* voire le chef de salle. Elle aimerait devenir assistante, mais comme, d'après les autres, qui la critiquent vivement, elle n'a pas su saisir les opportunités d'ascension en acceptant d'autres postes du *back-office avancé*, elle reste confinée, malgré son charme, dans un poste d'exécutant. Cédric, fils d'un cadre non diplômé, semble être dans une situation de contre-mobilité vu qu'avec son seul diplôme bac + 2 il n'a pu transformer l'ascension sociale de son père. Légèrement frustré par cette situation, il essaye opiniâtrement de monter par voie interne, en changeant régulièrement de poste. Pour être bien vu et faire avancer sa carrière, il fait le choix d'un poste moins intéressant mais qui enrichit sa qualification et il abandonne la gestion du collatéral obligataire à Clara, poste qui est, selon lui, le plus intéressant du BOA (*back-office avancé*), parce qu'on y dispose d'un pouvoir discrétionnaire se rapprochant de celui qu'ont les *traders* (pouvoir de choisir les obligations). Pourtant, ce que ne comprennent pas les autres membres du *back-office avancé*, Clara ne s'intéresse pas du tout à son travail. Elle fait preuve d'une certaine forme d'apathie ; elle se contente d'exécuter les tâches et de faire ses horaires, et ne se mêle pas beaucoup à la vie sociale de la salle de marché (déjeuner, conversations, etc.).

Nous avons fait là un résumé de la division du travail au *desk* du prêt-emprunt, telle qu'elle se présente au mois de janvier-février 1998. Mais déjà à la fin mars, l'équipe de *back-office avancé* subit une nouvelle réorganisation des tâches. De même au *front-office*, Laurent (l'X) est embauché comme *trader* au mois de janvier, ainsi qu'un diplômé de l'ESSEC qui est formé en France avant d'être envoyé au Japon comme CSNE (service

8. En échange d'un emprunt de titres, l'emprunteur verse un collatéral équivalent au montant des titres, soit en devises (collatéral « cash ») soit en obligations (collatéral obligataire).

9. La plupart des contrats de prêt-emprunt prévoient la possibilité que le prêteur puisse rappeler les titres prêtés avant l'échéance.

national dans les entreprises). Les *risk-managers*, gestionnaires de risque, gèrent non pas les risques directs du marché, tâche dévolue aux *traders*, mais les risques de l'organisation de l'équipe et du choix des membres : pour la hiérarchie, une équipe qui perd de l'argent ou qui en gagne peu signifie que son chef a mal choisi ses collaborateurs ou qu'il n'a pas su leur confier des tâches adaptées à leurs compétences. Non seulement la réorganisation du travail est un moyen, comme dans les grandes entreprises bureaucratiques, d'imposer et de maintenir son pouvoir sous des dehors d'augmentation de l'efficacité, mais, du fait des importantes rétrocessions du profit engendré au *risk-manager*, elle est pratiquée régulièrement dans le but d'augmenter le profit. Même si Osman a gardé une certaine distance vis-à-vis du monde de la finance et un certain intérêt pour les activités « spirituelles » (sa femme est une normalienne anthropologue), tout dans son style montre qu'il a adopté les techniques manageriales pour orienter son équipe vers le profit : exactitude, rapidité, voire laconisme, vérification de la bonne exécution des tâches, généralisation des trouvailles de ses collaborateurs, et une manière de ne pas laisser passer la moindre chance d'une meilleure organisation du travail (mise en place des procédures informatiques, des logiciels, des macros, des nouveaux produits financiers, etc.) et d'éviter tout travail s'avérant finalement inutile.

Le front et l'arrière

La division des activités entre le *front-office* et le *back-office* n'est pas spécifique aux marchés financiers. Elle permet aussi dans les banques de réseau de distinguer les activités de guichet et d'arrière-guichet [10]. Dans la salle de marché, un des principes généraux de cette division entre l'avant et l'arrière, le *front-office* et le *back-office*, semble être le suivant : le *front-office* est au contact de l'extérieur et de la variation, tandis que le *back-office* est un service intérieur à l'entreprise qui gère les flux d'activité captés par le *front-office*. À la Compagnie universelle, le *front-office* décide et conclut des transactions sur le marché anonyme ou avec des clients, le *back-office* s'occupe de la confirmation des ordres auprès des contreparties, de la livraison des titres ou du règlement de la transaction, de la compensation sur les marchés à terme (transactions avec la chambre de

10. GRAFMEYER, *op. cit.*

compensation), des appels de marge quotidiens lors de la variation du cours pour certaines transactions [11], de la comptabilisation des transactions permettant de connaître chaque soir la position de la salle, c'est-à-dire les titres dont le *front* est « long » (qu'il possède) et ceux dont il est « *short* » (pour lequel il est à découvert). Ainsi le *front-office*, et plus encore les *traders* et les commerciaux ne s'occupent que de la conclusion d'accords marchands, tandis que le *back-office* est chargé de réaliser matériellement cet accord (échange de confirmations, levée des appels de marge), de réaliser éventuellement certaines clauses de l'accord et de l'insérer dans un « cadre sécurisant » (relations avec les institutions de marché telles que RELIT – système informatique de règlement et de livraison des titres de la Bourse de Paris –, CMF – Conseil des marchés financiers –, etc.) [12].

Comme dans le monde de la banque de guichet décrit par Yves Grafmeyer, les activités de *back-office* sont bien moins prestigieuses que celles du *front-office* et quelque peu méprisées [13]. À la Compagnie universelle, une des raisons de cette opposition n'est pas uniquement due à la différence de prestige culturel, mais elle est aussi liée à la différence de pouvoir économique et politique des deux organisations. Le *front-office* est le « centre de profit », et le *back-office* un « centre de coûts ». Aussi, le montant des primes distribuées, énorme au *front-office*, est-il en comparaison très faible au *back-office*. Ce n'est pas uniquement lors de la distribution des primes, qu'on peut constater que le *back-office* n'a pas les faveurs de l'entreprise, mais tout au long de l'année. Bien des choses, comme les dépannages informatiques, sont plus difficiles à obtenir au *back-office* qu'au *front-office*. Cette faible considération dont fait l'objet le *back-office* à la fois du *front-office* et de l'ensemble de l'entreprise favorise d'ailleurs le retard et la lenteur que lui reproche justement le *front-office*. En effet, le *back-office*, chargé de mettre en place les moyens administratifs et logistiques pour réaliser matériellement

11. Sur le marché du prêt-emprunt, l'emprunteur du titre doit fournir l'équivalent monétaire ou obligataire de la valeur de vente du titre. Les contractants s'engagent aussi à effectuer des appels de marge quotidiens de réajustement en fonction de la variation du cours. De même pour un grand nombre de contrats à terme (MATIF, MONEP), il faut verser un acompte provisionnel avant le règlement le jour de l'échéance. Des appels de marge quotidiens sont effectués pour ajuster la valeur de cet acompte en fonction des variations de la valeur du sous-jacent sur lequel porte le contrat.

12. David MARTIN, *op. cit.*

13. Voir aussi, Michel KARLIN, *Back-offices et marchés financiers.*

les transactions conclues instantanément par le *front-office*, est nécessairement en retard, surtout lorsqu'il s'agit d'activités nouvelles. Ce retard permet d'ailleurs à l'entreprise de ne voir en lui qu'un simple coût et de ne lui verser quasiment aucune prime pour le profit qu'il ne semble ainsi pas dégager.

Le *back-office* est au cinquième étage, juste en dessous de la salle de marché des dérivés sur actions, et, si certains membres de cette salle sont amenés à « descendre au *back* », tandis que les autres « montent au *front* », le déplacement n'est pas que d'un étage : c'est aussi un passage de l'avant avancé à l'arrière arriéré. Car il est de coutume de considérer au *front-office* « qu'au *back*, ils sont un peu limités », et les membres du *back-office* oscillent le plus souvent entre un sentiment d'opposition à la brutalité des relations interpersonnelles au sein du *front-office* et l'envie d'accéder à une position au sein du *front-office* :

« Moi, je suis quelquefois en contact avec des clients du *middle-office* ou du *back-office*, tu vois, c'est des gens qui voudraient aller dans une salle de marché. Mais ils ne peuvent pas. Ils sont tous là à dire, j'aimerais bien faire ce que tu fais… Et bon, et c'est là que tu te rends compte en fait que t'es un petit peu privilégié. » Si cette envie existe, et si le fait de travailler au *front-office*, même dans une position subordonnée, peut être vécu comme une promotion, l'opposition à la manière d'être du *front-office* n'en est pas moins importante. Grégoire, ingénieur des Ponts, qui a d'abord été responsable d'un projet informatique, a passé un an au *front-office* pour mettre en place le logiciel de gestion de la table prêt-emprunt. Il est devenu ensuite responsable du *back-office*. Il n'a pas du tout aimé son passage au *front-office*. Il a été particulièrement choqué par le langage employé, comme les « Tu me fais chier ! », « Tu m'emmerdes ! » qui sont quotidiens… Une fois, il a vu un type parler à Osman comme à un petit garçon. Jamais un de ses chefs ne lui aurait parlé comme cela, affirme-t-il. Et il « aurait claqué la porte ». Aussi diplômé que la plupart des membres du *front-office* (voire plus), il supporte d'autant plus mal le mépris dont il fait l'objet en tant que membre du *back-office*.

La salle du *back-office* est une salle ouverte, un « *open space* » un peu moins grand mais semblable à celui de la salle du dessus. De nombreuses armoires, plus hautes et plus épaisses que celles du dessus divisent l'espace et permettent de le privatiser en sous-espaces individualisés et plus feutrés. Une soixantaine de personnes y travaillent. Les plus jeunes ont le plus souvent un diplôme niveau bac + 2, les plus anciens, de 30-40 ans, assez nombreux ici, sont souvent rentrés à la Compagnie universelle sans avoir beaucoup de diplômes et ils y ont suivi une formation interne. La direction du *back-office* est généralement issue des grandes écoles. Dans la salle, le matériel informatique est moins abondant et moins performant qu'au sixième étage : ici, ils n'ont ni les « Pentiums » les plus récents, ni Windows NT version 3.5, mais en sont encore à Windows 3.1 et au 486. L'ambiance est très calme et feutrée, les membres les plus jeunes avec qui nous avons pu déjeuner parleront d'ailleurs d'absence totale d'ambiance, de froideur et d'ennui, conséquence de la division des tâches et peut-être de la division de population en deux segments assez hétérogènes, les jeunes et les vieux.

D'après Grégoire, son responsable, ce département est en phase d'industrialisation lourde. La Compagnie universelle n'est pas la seule dans ce cas [14]. L'heure est à l'installation de grands logiciels intégrés qui permettent d'accélérer et d'unifier des procédures effectuées par de nombreux logiciels différents et séparés. Le but est aussi de limiter les opérations de saisie et de conversion lors desquelles des erreurs, aux retombées souvent très coûteuses, se produisent de temps à autre. Cette informatisation a pour conséquence une spécialisation des activités du *back-office* par produits (achats d'actions, vente d'options à des clients, compensation...) et les salariés travaillent toute la journée sur des flux financiers décomposés en éléments les plus simples possibles. Travaillant sur des « quarts de flux », souvent, ils « ne comprennent rien » à l'opération d'ensemble. De même que les opérateurs de marché ignorent le plus souvent tout des contraintes du *back-office*, les membres de cette salle ne sont pas portés non plus à exécuter hors des conditions habituelles les demandes des *traders* dont ils ne comprennent pas les tenants et les aboutissants. Conscient des effets éventuellement anti-économiques de la trop grande parcellisation, Grégoire cherche à redonner plus d'autonomie à ses subordonnées – qui d'ailleurs la réclament – pour qu'ils puissent se prendre en charge tout seuls lors de problèmes inattendus. Il n'y réussit guère pour l'instant, d'une part parce qu'il hésite sur l'autonomie à leur laisser, de peur de faire échapper à la hiérarchie des problèmes sur lesquels elle doit statuer, d'autre part parce que souvent ses

14. « Gestion des *back-offices* : vers une logique industrielle », *Banque*, nº 536, mars-avril 1993.

subordonnés, se protégeant derrière le caractère routinier de leur ancien travail, ne se sentent pas autorisés à prendre de l'autonomie pour laquelle ils ne se « sentent pas formés », montrant par là qu'ils sont d'autant plus portés à accepter la domination de la hiérarchie, qu'ils croient que cette domination résulte d'une formation.

Si la division *front-office back-office* est assez ancienne, datant du début des années quatre-vingt dans les premières salles des changes, ce n'est qu'au début des années quatre-vingt-dix que les grandes banques ont adopté une nouvelle organisation pour assurer l'interface entre le *front-office*, organisé par activités, et le *back-office* organisé par produits ou par segments de flux : c'est le *middle-office* [15]. À la Compagnie universelle, il existe deux organisations qui assurent l'interface entre le *front-office* et le *back-office* : ce sont le *middle-office* et le *back-office avancé*, équipes qui toutes deux, au début 1998, se trouvent au sein de la salle du *front-office*, auxquelles on pourrait aussi ajouter les *assistants-trader* qui dans une certaine mesure remplissent un rôle très proche. Du point de vue des activités, il n'y a quasiment pas de différences entre les deux organisations : chaque jour, lorsqu'un opérateur conclut une opération, il remplit un « ticket » à la main, où la trace écrite de l'accord verbal (au téléphone) ou informatique (marché informatisé) est consignée ; les *assistants-trader*, les gestionnaires de *middle* ou de *back-office avancé* saisissent ce ticket dans les applications informatiques, ils calculent chaque jour des « valos », valorisations des transactions effectuées ou en cours, au cours du jour (« *marked-to-market* ») pour permettre aux opérateurs de savoir de combien ils sont bénéficiaires ou déficitaires, ils calculent les niveaux de trésorerie, etc.

Peu différents pour l'activité, le *back-office avancé* et le *middle-office* diffèrent quant à leur place dans l'organigramme et dans la hiérarchie. En effet le *middle-office* dépend du *front-office*, tandis que le *back-office avancé* dépend *back-office*. Toutefois les membres du *back-office avancé* n'échappent pas pour autant à la pression du *front*. Au contraire, comme ils travaillent à leur côté, celle-ci est omniprésente.

Cédric travaille depuis quatre ans dans des fonctions de *back-office* au sens large. Il considère que le *back-office* est un

15. Symbole de la généralisation de ce dispositif, l'article de *Banque*, « *Middle-office* : du milieu vers le centre », mars 1996, n° 568.

« métier de con » car le travail est « ennuyeux » et « on ne comprend rien à ce qu'on fait », à cause de la parcellisation des tâches. Malgré la pression du *front-office*, il préfère être à leurs côtés. On le fait « chier » certes, mais il comprend mieux ce qu'il fait et il acquiert plus de compétences qui peuvent jouer dans son avancement.

Si la différence entre le *back-office avancé* et le *middle-office* est largement une question de label et de pouvoir au sein de l'entreprise, de même la différence entre les fonctions du *back-office* et du *middle-office* n'est pas uniquement fonctionnelle mais elle est aussi en grande partie nominale et géographique. Le *middle-office* – ainsi que le *back-office avancé* – travaille dans la salle de marché aux côtés du *front-office*, et d'une certaine manière, même s'ils sont soumis à la presse du rythme du marché, une certaine partie du prestige symbolique des opérateurs de marché déteint sur eux.

Lionel travaillait au *back-office avancé* du prêt-emprunt depuis six mois. Dans le cadre d'une réorganisation de la salle de marché, une grande partie des tâches du *back-office avancé* revenait au *back-office* tandis que certaines tâches nouvelles, ou anciennes du *back-office avancé* étaient dévolues au *back-office*. Dans le cadre de cette réorganisation, une partie du personnel Compagnie universelle était mutée du *back-office* au *back-office avancé*, tandis que lui, intérimaire, qu'on croyait, d'après lui, prêt à tout accepter, était muté au *back-office* à un poste où il aurait eu à gérer les appels de marge quotidiens (une tâche d'ailleurs auparavant prise en charge par un de ses collègues du *back-office avancé*). D'après lui, c'est un boulot « nul » parce qu'on passe sa journée à solliciter des contreparties qui manquent de bonne volonté et qui jouent sur l'heure. Souvent, elles règlent à 16 heures quand il ne reste plus qu'une heure pour l'enregistrement en « date valeur jour ». Il a donc refusé ce poste et démissionne de la Compagnie universelle. Il ne voulait travailler qu'au *back-office avancé* ou au *middle-office*. Il « va bien se marrer le *back-office* quand il va récupérer une partie des charges du *back-office avancé* », ajoute-t-il.

L'activité financière : une (curieuse) relation marchande

Quand bien même avec l'informatisation la place de la relation d'échange semble occuper moins de place, on ne comprendrait guère l'activité financière si l'on oubliait qu'elle est toujours au minimum une relation entre deux contractants. Si, pour les *back-offices* décrits ci-dessus, cette relation prend la forme d'un échange routinisé et bureaucratisé de confirmation, de règlement, de livraison, d'échange de pièces comptables, juridiques et financières, elle a pour les initiateurs de ces flux la forme plus mystérieuse d'un accord de volontés.

La relation commerciale

L'informatisation des marchés financiers n'a pas supprimé le travail habituel du courtier-conseiller en valeurs mobilières. Étant donné le coût de l'accès au marché électronique des valeurs mobilières, la plupart des institutions financières ou des entreprises, même si elles sont bancarisées et si elles se sont dotées de leur propre salle de marché, doivent passer par l'intermédiaire d'une autre banque, d'une société de Bourse ou autre pour l'exécution des ordres sur le marché organisé. Même s'il est possible de contourner une relation commerciale personnalisée avec l'utilisation du courrier, du Minitel ou d'Internet, une grande partie des transactions sont négociées de vive voix par téléphone. En outre, la plupart des transactions sur les marchés financiers d'aujourd'hui ont lieu sur le marché de gré à gré, en particulier, pour le change, les obligations dans les autres pays, et une grande partie des produits dérivés non standardisés. Sur le marché de gré à gré, malgré une informatisation partielle de la diffusion de certaines informations, comme, en particulier, l'affichage des fourchettes d'achat et de vente sur les pages de Reuters ou de Bloomberg, l'essentiel des transactions se règle par l'intermédiaire du téléphone. Conséquence de cette situation, les *traders* et surtout les commerciaux passent la plus grande partie de leur journée au téléphone.

Les postes téléphoniques n'ont d'ailleurs que peu de chose à voir avec ceux qu'on rencontre chez les particuliers et même dans les entreprises : ce sont des machines (appelée « boîtes ») avec un écran tactile sur lequel est représentée une trentaine de boutons tactiles pour lesquels sont programmés les téléphones des lignes directes des contreparties. Avec les deux téléphones, il est possible d'avoir deux conversations téléphoniques en même temps. L'opérateur peut aussi utiliser le microphone et les haut-parleurs, ce qui rend la salle particulièrement bruyante à certaines heures. Une sécurité sur le téléphone empêche,

Un téléphone (ou boîte) dans une salle de marché

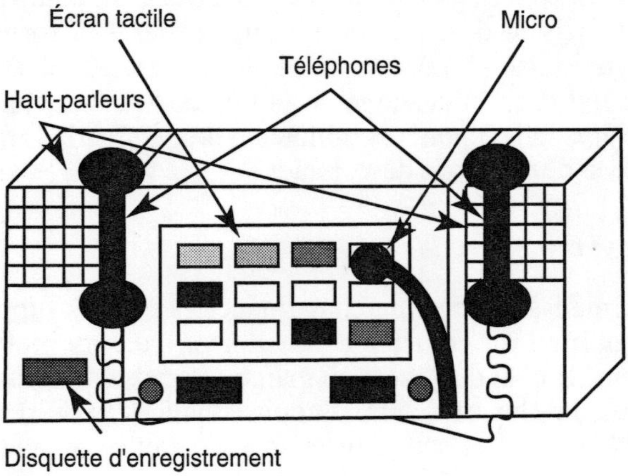

lorsqu'elle n'est pas enclenchée, la contrepartie d'entendre ce qui se dit dans la salle et un disque magnétique enregistre toutes les conversations en permanence, ce qui permet aux opérateurs de vérifier la teneur de l'accord en cas de litige.

La relation commerciale qui s'établit entre les opérateurs des banques et leurs clients oscille entre deux tendances, en fonction de leur rentabilité supposée à une époque donnée. D'une part, la concurrence peut s'exercer essentiellement sur les prix, et dans ce cas l'opérateur donne uniquement les informations nécessaires à la transaction et conclut l'accord :

« Alors on avait une douzaine de lignes et ça dépendait de comment elles étaient actives. Si elles étaient très actives, tu as une boîte ("*voice box*") à chaque bout et tu appuies sur la ligne et tu fais : "J'en donne ('I give') six à sept seizièmes", clic. Tu le marques sur le tableau et puis après le type te répond par la boîte. Et puis si le prix lui va, "le tien ('*yours*') à sept, je paye cela". "Le tien" ("*yours*"), "Le mien" ("*mine*"), ce sont des expressions. "Le tien" ("*yours*") signifie j'achète, et "le mien" ("*mine*"), je vends. » (Steve).

D'autre part, il peut y avoir non pas différenciation du produit telle que l'envisage souvent la microéconomie industrielle, mais différenciation de la relation commerciale et établissement d'une relation personnalisée de confiance. Comme pour le marché de la maison industrielle, où l'origine populaire des vendeurs, homologue à celle des acheteurs, permet l'établissement d'une relation personnalisée harmonieuse qui permet de remporter l'accord [16], l'établissement d'une relation personnalisée avec la contrepartie, supposée différente de celles que la concurrence propose, permet d'établir la confiance et de fidéliser la contrepartie. La relation commerciale est certes différente dans le monde de la finance de celle qu'on trouve dans d'autres univers économiques, puisqu'elle oppose deux professionnels à peu près également initiés aux jeux de la finance, tandis que, sur un marché de biens de consommation, elle oppose le plus souvent un professionnel initié à un amateur profane. Dans la salle et sur les marchés financiers en général, tout le monde se tutoie et s'appelle par son prénom, ce qui favorise l'établissement du contact. Même si d'une banque à l'autre l'origine sociale des vendeurs peut différer sensiblement selon la politique de recrutement, d'une part le travail en salle de marché exerce un pouvoir de transformation des identités sociales et favorise leur uniformisation, d'autre part les conversations d'établissement de la confiance portent sur des universaux, des sujets transclasses sur lesquels on peut soutenir des conversations en apparence désintéressées et grâce auxquels on peut toujours développer, malgré l'éventuel écart initial, la confiance et les affinités : conversations générales sur la finance, les cours, les exploits et les déboires, ou bien sur les universaux habituels, le sport, les impôts, la famille, le sexe, les femmes, etc. Chaque vendeur en fonction de ses propres ressources, de son propre parcours, développe son propre dosage de technicité marchande rationnelle et d'invocation de l'affinité affective. Christophe, analyste financier chez U, a ainsi pu remarquer qu'il y avait deux types de vendeurs, le « vendeur émotionnel » et le « vendeur sophistiqué ». Le premier se « met dans la balance » en s'exclamant « je te dis qu'il faut acheter » ou « parce qu'il faut en acheter, ça va monter ! » et tandis que le second a un langage « qui va se rapprocher de celui des analystes en fait, avec une approche plus technique ». Tout se passe comme si, dans un monde à la fois très rationnel, où c'est véritablement la meilleure offre qui obtient la

---

16. « L'homologie structurale entre l'espace des différents constructeurs et des caractéristiques sociales de leurs agents (les vendeurs notamment), l'espace des produits offerts et l'espace de leurs publics respectifs, a pour effet d'assurer un ajustement (non exempt de discordances locales et partielles) des stratégies commerciales aux attentes socialement constituées des publics correspondants », notent Salah Bouhedja, Pierre Bourdieu, Claire Givry, dans « Un contrat sous contrainte », *Actes de la Recherche en Sciences Sociales*, n° 81-82, mars 1990, p. 35.

transaction, et très concurrentiel, où les prix sont nécessairement très proches, l'établissement de relations personnalisées était une sorte d'irrationalité très rationnelle et très calculée qui permet d'arracher et de pérenniser l'accord.

L'établissement d'une relation personnalisée avec le client ne consiste pas uniquement à établir une certaine familiarité avec lui au téléphone, mais aussi à nouer directement des relations personnelles *de visu* en le rencontrant régulièrement. De temps en temps, Emil, vendeur sur les Pays-Bas et l'Afrique du Sud, va voir ses clients dans leur pays. Là-bas, non seulement il les rencontre sur leur lieu de travail, mais il les invite ou se fait inviter au restaurant et en boîte de nuit. Il existe d'ailleurs des règles assez précises concernant l'invitation au restaurant : lorsque les vendeurs de la Compagnie universelle mangent avec des *brokers* (c'est-à-dire les courtiers), ce sont les *brokers* qui invitent, lorsqu'ils mangent avec des clients, c'est le vendeur qui invite et lorsqu'ils mangent avec des concurrents, d'une certaine manière leurs égaux, c'est tantôt l'un tantôt l'autre.

La politique de développement de l'affect a quand même un coût, en particulier parce que le vendeur est en quelque sorte incité à multiplier les dépenses. Il semble que, par rapport aux sommets que cette politique a atteint dans les années quatre-vingt, les banques ont essayé de la réguler d'une part pour éviter les gaspillages (« Je pense que le métier s'est quand même relativement rationalisé et donc on n'invite pas un client pour l'inviter comme cela ; c'est quand même pour échanger des informations », dit Christophe), et d'autre part pour éviter les atteintes à l'honorabilité de l'établissement que l'exploitation trop intensive des désirs du client peut entraîner : c'est ainsi que, lorsque des clients, en particulier des clients asiatiques, essayent de demander à Étienne, commercial du prêt-emprunt, en plus d'une invitation au restaurant et en boîte de louer les services d'une call-girl, celui-ci fait mine de ne pas comprendre.

Steve, vendeur d'ECU dans les années quatre-vingt, issu d'un milieu populaire, et qui est passé par différents milieux sociaux, notamment la bohème du spectacle, a développé d'après lui des talents de « *social comedian* » – talents de comédien qu'il a su mettre en œuvre avec succès dans les années quatre-vingt pour séduire les clients – incité par sa maison de courtage, qui avait justement choisi une stratégie commerciale de séduction intensive des banquiers. Certains mois, Steve dépensait ainsi jusqu'à 10 000 francs, en restaurants, pubs, boîtes et sorties diverses avec des clients, entièrement remboursés par son patron. Au début de ce travail (et aussi rétrospectivement aujourd'hui), Steve se sent gêné de devoir sortir aussi systématiquement le client : « On a des lignes directes. Et tu les invites régulièrement à déjeuner. Quand j'ai commencé, je me sentais un peu gêné de devoir le faire. Genre, euh, j'invite ce type à manger et puis OK. Mais c'est pas OK. C'est absolument impératif. Tu dois amener ces types déjeuner avec toi. Au début quand tu le fais, c'est génial. Je peux me saouler pour rien. Je peux aller me remplir la panse dans des superbons restaurants pour rien. Parce que je paye avec ma carte de crédit et je récupère la facture du restaurant. Et, chaque mois, tu réunis toutes les factures et tu écris, "blablabla, c'était là", avec qui t'étais, combien ça t'a coûté et ils te remboursent directement sur ton compte. Alors je me souviens d'avoir eu des dépenses comme 1 000 ou 1 500 livres par mois. C'est ce que des gens gagnent chaque mois. Je veux dire, je dépensais ça à divertir les gens. [...] Alors tu les rencontres au déjeuner et puis tu les rencontres après. Ils attendent que tu le fasses parce qu'ils disent, le management dit : "Si c'est pas toi qui le fais, alors quelqu'un d'autre va le faire." Tu dois t'attirer les faveurs de ces gens-là. Tu dois t'en faire des amis, tu dois les sortir, tu dois leur donner ta vie, tu dois leur acheter à boire tout le temps. Parce que si c'est pas toi, quelqu'un d'autre le fera, et alors le client sera ami avec quelqu'un d'autre et il confiera son business à quelqu'un d'autre. (...)

Merde ("*fuck off*") ! Ça suffit déjà de travailler, tu sais... de sept heures du matin à cinq heures du soir. Et puis de nouveau la soirée avec ces gens ! Et puis tu les sors la nuit ! [...] Clubs, pubs, bars, restaurants... Tu dois les sortir, ouais ! »

La valeur de l'établissement de relations d'affinités avec le client par la dépense ostentatoire voire par la débauche ne sert d'ailleurs pas uniquement à capter sa demande mais à se sortir des coups durs en cas de problème et à faire oublier les erreurs manifestes :

« Il y a certaines règles lorsque le marché a bougé, et tu peux accumuler des points ("*bank points*"). Si tu gagnes des points avec des gens, tu peux les accumuler. Et si jamais tu as des problèmes, tu peux utiliser ces points pour te sortir de ce problème. Si tu possèdes un dépôt à deux ou trois points, alors tu peux t'en sortir. Si jamais t'es "*stoffed*", c'est une expression sur le marché qui signifie que tu viens de donner ("*you've given*"), que le marché vient juste de bouger, et que tu t'en n'es pas aperçu, alors tu peux utiliser ces points pour t'en sortir. C'est pas vraiment légal, mais les gens le font. [...] Alors tu fais, "J'ai donné à sept, ah putain de business, et il y a la prochaine offre à cinq..." Et puis tu as tout cet argent-là, t'as dix millions d'ECU à sept seizièmes là, et la prochaine offre est à cinq seizièmes. Alors t'es à un huitième, alors la seule chose que tu peux faire, dans notre position, c'est de rappeler et de s'excuser. "Je suis vraiment, vraiment désolé, hum, peut-être c'est pas à sept seizièmes la prochaine offre." Le banquier fait "OK, ben où est la prochaine offre alors ?" Et tu fais "Je suis vraiment désolé" (pleurnichant). "Je pense que le marché a été catapulté." Là, t'es *stoffed.* Et ça c'est *toute la valeur de distraire* (*entertaining*) *les gens* (souligné par nous). Si tu les distrais, et que tu les amènes manger, jouer au golf, eh bien, ils vont t'aimer, et tu peux les connaître. Et puis, s'ils t'aiment bien, et bien, ils vont juste dire, "C'est pas un problème." »

Même s'il émet des regrets aujourd'hui, le fait qu'il en parle comme d'une période merveilleuse par ailleurs montre qu'il a su s'y complaire et s'impliquer entièrement dans cette nouvelle tâche, où bien des barrières s'estompent, celles entre vie privée et vie professionnelle, entre relations d'amitié et relations professionnelles, entre débauches privées et débauches pour le travail. Lorsque, après un arrêt de travail de quelques années dû au délabrement de son foie et de sa santé psychique, il essaye de retourner sur le marché, il ne trouve plus sa place, parce que la relation commerciale est devenue plus policée et plus régulée.

Dans le cas le plus typique, cette sociabilité externe est donc une sociabilité entre deux contractants aux fonctions organisationnelles et économiques différentes : le vendeur et l'acheteur, le commerçant permanent et le commerçant occasionnel. La forme économique de l'échange déteint sur la forme de la sociabilité. En général pour que l'échange ait lieu, il faut échanger un peu plus que ce qui fait l'objet de la transaction. Toutefois d'autres formes d'échanges peuvent avoir lieu qui structurent d'autres formes de sociabilité, comme dans le cas du prêt-emprunt.

Commerce au prêt-emprunt

Le prêt-emprunt est un marché de gré à gré sur lequel la division *trader*-commercial n'existe quasiment pas. En outre, la relation avec les concurrents est un peu différente de celles que peuvent nouer les vendeurs de produits dérivés. En effet, il est très fréquent que les *traders* des différentes banques s'empruntent entre eux des titres. En outre, comme dans les salles de produits dérivés, le prêt-emprunt a pour fonction d'emprunter des titres sur le marché lorsque les *traders* des autres *desks* ont besoin de titres pour se « *shorter* » (stratégie de vente sans possession du titre), les *traders* prêt-emprunt sont globalement emprunteurs et pour trouver les titres recherchés, ils sollicitent des clients, les prêteurs structurels que sont les gestionnaires de SICAV, FCP et autres fonds de pension. Il y a donc deux niveaux dans le marché, la communauté des *traders* prêt-emprunt de titres, qui constitue un noyau de professionnels permanents du marché, et les autres qui n'ont qu'une relation occasionnelle avec le marché du prêt-emprunt. D'après un annuaire sur le prêt-emprunt de titres [17], il y aurait en France 15 établissements financiers et 38 *traders* qui s'occupent de prêt-emprunt de titres [18]. La communauté des *traders*, les *insiders* du marché, est très resserrée et tout le monde se connaît. Conséquence de cette division du marché en deux communautés, les *insiders* et les *outsiders*, les prix tendent à se différencier en fonction de l'appartenance de la contrepartie à l'un ou à l'autre groupe :

« – *Y'a pas un peu deux prix, un pour le* trader *prêt-emprunt et un pour l'extérieur ?*

– C'est clair que, selon à qui on fait le prix, il va varier légèrement. Si c'est quelqu'un qu'on apprécie et qu'on a conclu pas mal d'affaires, on va être tenté de lui faire un meilleur prix que pour quelqu'un qui vous appelle uniquement pour les valeurs vraiment chaudes et qui veut vraiment travailler avec toi que sur ces valeurs-là, qui va finalement privilégier des relations beaucoup plus entrecoupées… C'est clair qu'il y a une différence… Globalement une valeur a pour tout le monde le même prix. Il y a une petite marge de manœuvre… »

Ainsi, parmi les *traders* prêt-emprunt se développe une solidarité et une sociabilité spécifiques, dont les liens sont quasiment plus forts que ceux qui s'établissent dans la salle de marché.

---

17. SBC Warburg Dillon Read, *The world wide directory of Securities Lending and Repo 1997/1998*, ISL, International securities Lending.

18. L'annuaire ne fait pas clairement la différence entre le « repo », prêt-emprunt de titres obligataires, et le prêt-emprunt d'actions, qui est le seul à nous intéresser. Sur ce dernier il est probable qu'il y ait entre 25 et 30 *traders*.

Damien passe, d'après lui, plus de temps à parler avec des contreparties au téléphone qu'avec ces collègues de *desk*. Cela fait moins d'un an qu'il est à la Compagnie universelle et on sent d'ailleurs qu'il est beaucoup plus à l'aise avec certains de ses interlocuteurs lorsqu'il est au téléphone qu'avec les autres membres de la salle ou même du *desk*. Il prend ses aises, se détend, fait des blagues, raconte sa vie ou la fait raconter à son interlocuteur. Il ne prend d'ailleurs qu'une seule communication à la fois et laisse le deuxième téléphone sonner sans répondre. Ceci énerve tout particulièrement Estelle qui doit à chaque fois prendre pour Damien sa deuxième communication : « Il a deux mains, il a deux téléphones, c'est bien pour s'en servir ! Ça m'énerve ! », s'exclame-t-elle.

Lorsqu'il mène des relations, Damien se réfère à la fois aux grandeurs du monde marchand (la norme de marché) et à celles du monde domestique (l'affinité et la sympathie) : « 1,15, c'est le *prix du marché* ! Je peux faire *un effort* si vous mettez 100 000 de plus » ou : « *I like you yes but I don't want to loose money on my trade* [19]. » Si l'aisance avec laquelle Damien mène les négociations téléphoniques et la constitution de cette relation en une quasi-sphère privée abstraite des contraintes et de l'ambiance de la salle semblent montrer que la communauté d'appartenance de Damien est avant tout cette communauté téléphonique des *traders* de prêt-emprunt, il ne faut pas non plus oublier que cette aisance est une aisance largement feinte, une comédie sur commande pour séduire ou l'emporter dans la relation commerciale. C'est ainsi que Damien peut passer de la jovialité et de la bonhomie courtoises lorsqu'il est « en ligne », à la rage la plus subite lorsqu'il a raccroché. Un jour, après avoir raccroché, il balance violemment le combiné et s'écrie furieux « Qu'est-ce qu'il me fait chier avec son *recall* [20] à la veille du report » ; il extériorise sa situation marchande à la fois pour lui et pour les autres et montre ainsi qu'il a assez de maîtrise pour retenir sa rage pendant tout le temps de la conversation, et que celle-ci est assez forte pour ne pas être apaisée par cette retenue téléphonique, et pour s'exprimer quasiment sans déperdition de force.

---

19. « Je t'aime bien mais, je ne veux pas perdre de l'argent sur ce marché. »

20. Le prêteur a, dans la plupart des contrats de prêt-emprunt de titres, la possibilité de rappeler à tout instant les titres prêtés : c'est le *recall*.

Les rencontres téléphoniques et réelles (au marché des reports, par exemple), le très fort *turn-over* sur ce marché qui empêche un attachement trop vif des *traders* à leur entreprise d'appartenance favorisent le développement de relations d'affinité et des règles implicites de conduite, une quasi-éthique marchande. Celle-ci ne consiste pas uniquement dans la très ferme condamnation du non-respect de la parole donnée (comme l'éthique de marché caractérisée par Max Weber), mais elle condamne aussi le fait de « coller[21] » quelqu'un. Elle fait de l'infliction délibérée d'une perte à un concurrent une atteinte à la dignité de la personne.

Delphine s'est fait une fois « coller » ou « coincer » à cause d'une erreur manifeste et la contrepartie n'a pas accepté d'annuler la transaction.

« – *Ça t'est arrivé qu'on te colle ?*

– Ça m'est arrivé une fois, avec une personne, mais je sais qu'il y en a d'autres qui ont pratiqué ce genre de technique, notamment sur les dividendes. […] Ben, là, c'est parce qu'en fait la personne qui s'occupe d'une base de dividendes s'était trompée de mois et elle avait mis un mois qui n'était pas bon, donc en fait on s'était retrouvé à prêter des titres à quelqu'un qui, en fait, lui, savait très bien qu'il y avait un détachement de dividendes. Et nous on le savait pas. Donc dans ce cas-là ils pouvaient pas être traités, s'il y avait le détachement de dividendes. C'est vrai que très rapidement je me suis rendu compte. Et ça m'a paru louche, et j'ai réalisé qu'il y avait un dividende, j'ai été voir vers lui en fait pour… Normalement on arrive à peu près à s'arranger, enfin, on essaye quand même de coller quelqu'un d'autre. Si l'on raisonne un petit peu à long terme, parce qu'on sait que, sur cette opération-là, on a un manque à gagner évident, mais, si on travaille plutôt avec cette personne, finalement il y a la qualité de la relation qui est plus importante. Si quelqu'un emprunte des titres et qu'il se rend compte par la suite que finalement on les prête et qu'il s'est planté, je vais faire tout ce que je peux d'abord pour essayer de trouver un compromis de solution, qui va l'arranger. […] Pour qu'on reste pas sur une impression de blocage. Et là c'est vrai que ça n'a pas du tout été le cas et c'est vrai que c'est un peu énervant. C'est pas

21. « Être collé » désigne parfois une classe plus générale de situations : il s'agit de toutes les fois où l'on est acculé à des transactions qui entraînent des pertes importantes.

très grave. Mais c'est vrai qu'après on ne veut pas travailler avec lui... »

Comme sanction à ce non-respect de l'éthique du prêt-emprunt, non seulement elle évite de nouer de nouvelles transactions avec cette contrepartie mais elle fait savoir aussi aux autres *traders* prêt-emprunt qu'une telle transgression a eu lieu.

« – *Après, ça s'est su que la personne vous avait collé ?*

– Ah, oui, oui ! Dans ces cas-là, l'information circule assez bien. Moi, j'aime bien la faire circuler parce que, pour moi, c'est vrai que j'apprécie... C'est important de savoir à qui on a affaire, parce que comme c'est vraiment un marché de confiance, quelque part, c'est vrai que c'est pas à son avantage que ça ne se sache pas. »

Les relations entre les *traders* de prêt-emprunt prennent rarement cette forme, et comme le remarque Delphine, c'est un marché « relativement sympathique », parce qu'on « s'y suit d'une boîte à l'autre », parce qu'on a la possibilité, contrairement « au *trading* de jeu à somme nulle » de faire des échanges mutuellement avantageux, et de dépanner quelqu'un qui cherche des titres, tout en faisant des profits. Mais sur ce marché il y a très souvent des tensions, dues pour une part aux rappels de titres, les *recalls*. Ceux-ci peuvent être particulièrement problématiques lorsque le *trader* a reprêté les titres empruntés (c'est généralement le cas) et que ceux-ci deviennent rares sur le marché. Dans ce cas, il peut y avoir un retard de livraison de titres qui est particulièrement difficile à gérer. Les bonnes relations établies entre les *traders* prêt-emprunt peuvent (au prix de leur relative détérioration) servir à faire patienter la contrepartie et éviter la mise en branle de toutes les clauses concernant la non-livraison des titres.

Dans la salle, un *trader* sur produits dérivés qui se retrouvait coincé a choisi délibérément de ne pas rendre les titres à Damien à la date voulue (il peut se le permettre d'autant plus facilement qu'il n'a pas à gérer l'ensemble des conséquences commerciales à long terme de ce retard). Damien était assez contrarié parce qu'il devait les rendre à une contrepartie extérieure. Pour régler le différend, les deux chefs de *desk* des deux *traders* se sont aussi mis de la partie et ils ont fait une petite réunion à quatre pour trouver un arrangement. Finalement, ils ont choisi de retarder la livraison et Damien, en négociant très serré avec la contrepartie extérieure, a réussi à obtenir un nouveau délai.

Invitée à s'exprimer sur ces problèmes de *recall* et de livraison de titres, Delphine considère que le *recall* est ennuyeux mais normal, tandis que le retard délibéré de la livraison de titre est un peu immoral.

« – Le *recall*, on en a tous de temps en temps. Mais moi je prête jamais des titres, si je sais qu'ils peuvent être rappelés. Je me garde un *buffer* maximum. Je supporte pas trop d'avoir un *recall*. [...] Mais je pense qu'on peut relativement bien le gérer, mais c'est un peu désagréable...

– *Et de ne pas pouvoir te rendre les titres au moment voulu, ça t'arrive ?*

– Ça, ça m'énerve. Ça, par contre, je trouve ça inadmissible...

– *Ça t'est déjà arrivé ?*

– Ça nous arrive. Ah, oui ça arrive souvent. Ça nous pose des problèmes. [...] Il y en a qui décident carrément de se mettre *short*, pas trop en France, mais à l'étranger, par exemple à Londres, ils ont aucun état d'âme à se mettre *short* sur quelques jours, et en bénéficier. Donc, ça arrive. Mais on essaye de s'organiser pour éviter ce risque... Il y a des règles de prévoyance pour ça.

– *Et ça t'est déjà arrivé de prendre la décision délibérée de ne pas rendre les titres ?*

– Ça, non. Je trouve que quand on a pris un engagement avec quelqu'un, c'est quand même la moindre des choses de le respecter, quoi. C'est un contrat, c'est les règles du jeu. Ça se respecte. Par contre, c'est vrai que, si quelqu'un doit pas me rendre les titres, si j'arrive à le savoir suffisamment tôt, j'essaye de savoir quand est-ce qu'il compte me les rendre et de savoir comment ça va se passer... »

Dans le cas du prêt-emprunt, le caractère relativement limité de la taille de la communauté des *traders* à temps plein sur ce marché, la conjoncture très favorable à cette activité permettent à la communauté de limiter la concurrence en son sein, avec des normes et des règles de bonne conduite et d'adopter une sociabilité à la fois concurrentielle et affinitaire entre pairs exerçant la même activité. Au contraire lorsque la concurrence entre pairs est beaucoup plus poussée et lorsqu'elle est médiatisée par une interface informatique, la sociabilité se réduit beaucoup plus à des rapports entre des intérêts contraires.

Sociabilité à l'écran

Sur la plupart des marchés informatisés, il n'y a plus de contacts directs avec la contrepartie. D'une certaine manière, la sociabilité avec la contrepartie a été quasiment abolie. Toutefois les opérateurs savent que, derrière les fourchettes d'offres d'achat et de vente, les cinq meilleures offres et les cinq meilleures demandes qui sont affichées à l'écran se trouvent des *alter ego* qui effectuent le même travail. Ils prêtent à ces *alter ego* des sentiments et une conscience, et, dans des discussions autour de l'ordinateur, l'opérateur est souvent amené à verbaliser ce qu'il pense de ce que les autres pensent – situation quasiment identique à celle que suppose la théorie des jeux. Ainsi, cet acte d'assignation d'intentions à des opérateurs virtuels est une sorte de sociabilité virtuelle qui a remplacé la sociabilité avec les contreparties des marchés à la criée d'antan.

Le travail de Patrice, *trader cash and carry* sur les *futures* des indices boursiers suisse, espagnol et allemand, illustre bien certaines caractéristiques de ces nouvelles formes de sociabilité à l'écran. C'est un métier pour lequel les relations d'arbitrage sont simples, mais où, en revanche, il faut être très rapide et très concentré.

Le poste de travail de Patrice

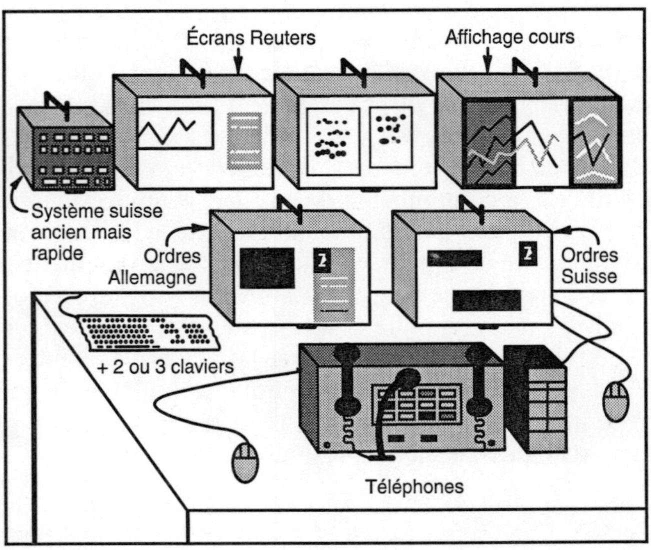

La rapidité de l'équipement joue un rôle crucial, et Patrice et son collègue Igor disposent d'un matériel informatique impressionnant. Patrice ne suit pas moins de six écrans, où toutes les informations nécessaires sont affichées. Il explique d'ailleurs que, lorsque le président de la banque fait visiter la salle à ses invités, c'est toujours eux qu'ils viennent voir parce que c'est là qu'il y a l'équipement informatique le plus impressionnant. Sur l'écran le plus à droite se trouve une station SUN, avec trois fenêtres ouvertes à l'écran, une pour chaque pays, où s'affichent les cours de l'indice boursier en jaune (meilleure offre, meilleure demande et dernier prix de transaction) et les cours du contrat *future* à un mois en rose. Les cours sont matérialisés par des courbes qui se déroulent dans le temps. C'est une interface privée développée par la Compagnie universelle. Les graphiques sont bien plus commodes que ceux fournis par les grandes agences d'information, Reuters ou Bloomberg, ils permettent de visualiser plus rapidement les écarts profitables entre les deux cours, l'indice et le futur, et favorisent l'intervention réflexe. En dessous de cet écran, se situent deux consoles SUN, l'une pour la Suisse et l'autre pour l'Allemagne, avec une interface privée développée par la Compagnie universelle : ce sont des logiciels qui permettent de dupliquer l'indice boursier [22] et de passer très rapidement les ordres collectifs d'achat ou de vente. Une fois que l'ordre – panier d'actions ou montant de *futures* – est prêt, il clique sur un bouton *send* et surveille ensuite dans une autre fenêtre la bonne exécution de ses ordres pour voir s'il est bien parmi les meilleures offres d'achat ou de vente, si on lui est passé devant, ou s'il a été « tapé », c'est-à-dire si quelqu'un a accepté son prix. Cette interface rapide et conviviale a permis à la Compagnie universelle de bénéficier pendant un certain temps d'un avantage certain sur ses concurrents, avant de se faire maintenant rattraper par les autres. En haut des PC diffusent les *news* de Reuters, et dans le coin gauche, un écran avec un vieux système pas très convivial à l'affiche permet parfois de passer

22. L'indice est une moyenne des capitalisations boursières. Lorsqu'on veut passer des petits ordres d'achat ou de vente d'un panier d'actions dont on veut que la composition en actions soit identique à celle de l'indice (*i.e.* CAC), on peut buter sur des problèmes de duplication sachant que les actions ne sont pas divisibles (on ne peut pas y mettre 356,67 Alcatel mais l'on doit choisir 356 ou 357), le logiciel, paramétrable, calcule une solution satisfaisante sinon optimale. Le *future* est un contrat à terme notionnel qui porte sur la valeur de l'indice dans le futur, en général un ou trois mois. Le contrat futur CAC vaut ainsi deux cents fois le montant de l'indice CAC 40.

plus rapidement certains ordres. Parce que le système de routage des ordres sur la Bourse espagnole est « merdique », il doit, pour traiter avec l'Espagne, utiliser le téléphone et ce sont des personnes de la Compagnie universelle basées dans une salle de marché en Espagne qui, elles, passent les ordres sur le système espagnol.

Malgré la pauvreté des informations dont il dispose (sur ce marché, il n'y a pas comme sur d'autres de numéros d'identifiant qui permettent de reconnaître l'identité des offres d'achat et de vente), Patrice arrive assez bien après un an passé sur le marché à reconnaître la stratégie des concurrents.

Je vais voir Patrice le jour de l'échéance mensuelle du contrat à terme sur le SMI (indice Suisse). Pour déterminer quel est finalement le cours de clôture du contrat à terme qui s'achève, la Bourse calcule une moyenne de la valeur de l'indice pendant une demi-heure, entre 11 heures et 11 heures et demie. C'est un moment particulièrement stratégique pour essayer de manipuler le marché et faire coter le marché à la valeur la plus intéressante en fonction de ses intérêts. Deux de ses collègues viennent d'ailleurs regarder comment il s'y prend et lui donnent des conseils. Tout ceci ressemble assez étrangement du point de vue des propos et de la sociabilité à un attroupement de jeunes autour d'un flipper ou d'un jeu électronique. D'ailleurs, à un moment, son collègue du *basket trading* France, un expert de *cash and carry*, apparemment peu diplômé, qui vient souvent se moquer des résultats dérisoires obtenus par ces X, prend la souris de Patrice en main et lui dit « tu tapes là » comme s'il allait exécuter des ordres à sa place.

Pendant toute la demi-heure, Patrice se livre à d'abondants commentaires : « Le mec… il a tapé. » « Le mec, il va le faire coter… » Il suppose qu'il n'y a qu'un seul « mec » qui manipule le marché. Je leur demande pourquoi. Il répond que « c'est évident », que c'est forcément « un mec qui est en train de faire coter le marché ».

Patrice arrive ainsi à donner sens à une série de d'ordres d'achat et de vente, de transactions et de cours, et à trouver une source unitaire d'actions et à assigner une véritable intentionnalité à cet *alter ego* avec lequel il noue une sorte de sociabilité virtuelle. Mais il ne faut pas croire qu'il s'agit pour autant de la situation pure de théorie des jeux où le joueur anticipe ce que l'autre anticipe et calcule l'équilibre de Nash. Le calcul ne va pas si loin et, en général, le partenaire de jeu imaginé est un être relativement limité. En effet, l'autrui imaginé est la plupart du temps un autrui indifférencié, collectif, quelque peu grégaire et amputé, mais éventuellement initié [23].

Patrice parle parfois des « connards » : « Les connards m'ont enfoncé le marché » ou : « Y a un con qui est passé devant moi. » En général, pour nommer les autres sur le marché, est le plus souvent utilisé un terme au pluriel marquant à la fois l'indifférenciation et la masculinité : « Les types », « Les mecs » ; et pour marquer leur caractère grégaire, stupide ou incompréhensible, il est très courant d'employer le comparant « comme » suivi d'un terme dépréciateur : « comme des malades », « comme des fous », etc. Cette manière de parler n'est pas du tout propre à Patrice, mais semble très courante dans les salles de marché :

« Il y a un bruit que des gens achètent comme des tarés des *warrants* Paribas » (Étienne). « Sur Disney, les gens ont *shorté* comme des malades » (Damien). « Vous pouvez aussi bien acheter ou vendre ou faire n'importe quoi ou s'exciter comme des abrutis... », « Je savais qu'ils allaient vendre comme des abrutis », « Ils vont vendre comme des ânes dans un premier temps » (Quentin).

Sans doute la comparaison systématique à la maladie, à la folie ou à toute autre tare amputant la capacité à la rationalité sert-elle, à la fois à se rassurer et à mieux les appréhender, à représenter l'ensemble des comportements des autres qui échappent à la prévision. Malgré la très grande importance du hasard dans l'évolution des cours, et donc dans l'évolution des fortunes et des revers, le monde financier est représenté comme un jeu, une joute, où il faut être le plus fort, c'est-à-dire le « plus intelligent », « avoir le meilleur raisonnement » pour pouvoir « prévoir avant tout le monde » :

« Je crois qu'un des défis de la journée, c'est d'être plus intelligent que les autres. En effet quand je gagne (c'est-à-dire quand je réussis à avoir l'argent de quelqu'un d'autre), je me dis que j'étais plus intelligent que les autres. » (*Trader* interviewé par Nicolas Thomadakis et Zakaria Benjazia).

---

23. Arnold ROSE, 1966, écrit ainsi : « Il y a un grand sujet de conversation, qui revient tout le temps, et qui alimente les rumeurs. Ce sujet, c'est le mythe de "eux" ("*they*") et ce que "eux" ("*they*") disent et font. "Eux" ("*they*") sont les supposés initiés ("*insiders*"), mais personne ne se risque à dire précisément qui ils sont », *op. cit.*

Galbraith[24] a d'ailleurs fait de cette caractéristique du marché un élément de sa théorie des euphories financières. Il remarque que les opérateurs ont tendance à croire que ceux qui gagnent beaucoup d'argent en gagnent parce qu'ils sont plus intelligents. Ils tendent donc à les imiter et à adopter leur nouvelle stratégie d'effet de levier, ce qui favorise le gonflement d'une bulle spéculative jusqu'à son éclatement. Sans rejoindre l'ambition théorique de Galbraith, nous pouvons toujours remarquer que, pour se représenter l'altérité marchande informatisée, l'utilisation de l'image des « types » qui agissent « comme des malades » prend tout son sens en regard d'une stratégie qui tend à essayer de faire croire à soi comme aux autres que le « raisonnement merveilleux » est à la source de tout profit. Si les « autres » agissent « comme des tarés », et sont donc dépourvus de « raisonnements merveilleux », le *trader* peut, si jamais sa prévision à la fin de son raisonnement échoue, se rassurer en mettant cet échec sur le compte de la folie imprévisible des autres.

« Tu peux être le plus intelligent du monde, avoir le meilleur raisonnement, et si le marché il a envie de descendre, il descendra. Et tu peux avoir toutes les bonnes raisons pour qu'il monte, et tu vois, il faudra le suivre… Il faudra dire, non, t'as le bon raisonnement, mais bon, il faut te couper quand même, parce que ça descend. Tu vois. Donc tu luttes, en fait, contre un marché. C'est quelque chose d'invisible, mais qui a toujours raison, donc en fait c'est un peu du surf. » (Patrick.)

Que ce soit donc devant un écran informatique ou au téléphone, le type de relation et de sociabilité – réelle ou virtuelle – entre l'opérateur et sa contrepartie n'est pas indépendant de la forme d'organisation du marché, du type de transaction, mais aussi du degré de concurrence sur le marché.

La transformation permanente du travail

Si les divisions *traders*-commerciaux, ingénieurs-opérateurs, *front-office-back-office* ou même l'organisation de l'activité financière en *desks* dans des salles de marché ouvertes au sein de banques en un lieu d'initiation d'une multitude de relations commerciales à distance, télématiques, informatiques, téléphoniques, avec une pléiade de contreparties semblablement

24. J. Galbraith, *Brève histoire de l'euphorie financière.*

organisées, semblent être des caractéristiques stables de l'organisation du travail au point de définir la finance ordinaire moderne issue du « big-bang », elles ne doivent pas faire oublier qu'au sein de ces cadres relativement stables le travail est en voie de réorganisation permanente. L'impératif de profit et de survie est tel, qu'il ne faut pas laisser passer une occasion de produire plus à moindre coût, de mieux exploiter le filon : développer, réorganiser, spécialiser (et donc diviser) l'activité, exploiter et standardiser les trouvailles les plus efficaces, allant du remodelage stratégique des équipes aux bricolages informatiques et à la généralisation de la plus simple formule de tarification.

Développement

La Compagnie universelle a développé dans les années quatre-vingt ses activités sur les marchés d'options. Avant même qu'elle ne développe des activités de marché, la Compagnie universelle était déjà une banque relativement élitiste dans son recrutement : ainsi, en 1996, elle était celle qui comptait le plus de polytechniciens (89 des 527 X présents dans les grandes banques françaises). Partie de rien dans les années en 1986-1988 [25], la Compagnie universelle a recruté des ingénieurs des grandes écoles pour qu'ils montent un département d'options. C'est comme cela qu'est née la CUO, Compagnie universelle options, département exclusivement consacré aux options.

Outre les intérêts économiques d'une spécialisation dans les options, coupée des autres produits dérivés, ce type d'organisation permet de regrouper dans une même salle une activité qui demande de très fortes compétences mathématiques, d'engendrer une salle très uniforme, composée uniquement de jeunes diplômés des grandes écoles d'ingénieurs comme Polytechnique. Une des caractéristiques historiques de ces salles de marché de produits dérivés à la Compagnie universelle est l'orientation principale vers les opérations de *trading* (au détriment de l'activité commerciale), l'exploitation de créneaux sur les produits les plus complexes, et un personnel très diplômé susceptible de valoriser un tel créneau. Il semble, d'après les souvenirs des uns et des autres, que cette période historique de fondation d'une activité avait le caractère d'une aventure à la fois intellectuelle et financière, et la profession avait un caractère

---

25. Les dates sont un peu floues car ce sont le plus souvent des informations orales.

particulièrement charismatique. Les *traders* des premières années, ingénieurs polyvalents, montaient tous les grands maillons d'une activité financière qui n'existait pas : non seulement ils définissaient les produits, mais ils établissaient (ou importaient) les formules nécessaires pour les arbitrer, ils développaient les logiciels pour les « *pricer* » (tarifer) et ils commençaient à « traiter », voire à démarcher des clients (ce qui est le travail actuellement des commerciaux). Lors des débuts, les relations au sein des salles de marché étaient plus émotionnelles, à la fois fusionnelles au sein du groupe des pairs élus pour cette grande aventure, mais aussi plus conflictuelles entre les *traders* et le personnel subordonné (*assistants-trader, middle* et *back-office*). Ainsi Osman, *risk-manager* de la table prêt-emprunt, me rapporte qu'il y a quelques années des assistantes *traders* pleuraient tous les soirs. Pour le *front*, il fallait que l'arrière suive ; et, pris dans l'intérêt de leur propre activité, il consacrait très peu de temps à fournir les informations nécessaires et admonestait facilement lorsque l'ensemble des actions qu'il croyait déléguées n'étaient pas exécutées. Denis, membre du service des ressources humaines du département des transactions sur actions, ajoute d'ailleurs, qu'« historiquement, les *traders* se sont toujours considérés comme l'élite, à laquelle tout le reste devait être subordonné ».

Un certain nombre de ces *traders* historiques des années 1987-1990 ont d'ailleurs pu ainsi accéder aux postes de pouvoir dans les salles de marché (ou maintenant au-dessus des salles de marché), pouvoir qu'ils ont exercé d'abord de manière autoritaire pour mieux assurer la pérennité de leur situation et de leurs œuvres avant de relâcher la pression. Comme le rappelle Denis, avant, du temps d'Éloi, la salle des options était dirigée « de manière stalinienne ». « C'était la bande des 6. » « Les *traders* n'étaient jamais associés aux décisions. »

Le développement très rapide de ce département d'une dizaine de personnes au départ a entraîné une extension en nombre du personnel, ce qui favorise sa diversification, et des réorganisations qui infléchissent les orientations initiales. En 1989 est acquise la société de Bourse Dubreuil avec sa salle de marché (82 personnes en 1996). Son personnel, le plus souvent issu du monde traditionnel, est intégré dans les bâtiments de l'entreprise. En 1990-1991, le département des options est scindé en deux : un département s'occupant des options de change et les options sur les produits de taux (certificats, obligations, etc.) et un autre des options sur les actions. Le département des options autrefois exclusivement consacré à ce type de produits s'est étendu à l'ensemble des produits dérivés et a adopté une organisation plus proche de celles généralement pratiquées par les autres banques présentes sur le marché. L'évolution du nombre de personnes travaillant dans la salle de marché des transactions sur actions reflète l'accroissement de la place des marchés financiers à la Compagnie universelle : sur la liste téléphonique de février 1995, on compte 64 personnes dans la salle, en septembre 1997, 148 personnes, et en janvier 1998, 173, sans compter le personnel des huit salles de marché à l'étranger (en septembre 1997, il y avait 3 personnes à Francfort, 6 à Genève, 1 à Zurich, 12 à Hong Kong, 5 à Osaka, 32 à Tokyo, 38 à Londres et 33 à New York).

Source d'une part importante du profit de la Compagnie universelle ces dernières années, les salles de marché ne sont pas pour autant intégrées au reste de la banque. Tant en raison de la qualification, de la nature du travail, de son rythme, de l'ambiance, les membres des salles de marché se sentent très différents des membres du reste de la banque. Si, comme ce *trader* qui se plaignait que, lorsqu'on posait une question à un service du reste de la banque, il fallait deux semaines pour avoir une réponse dont on avait besoin dans les vingt minutes, ils déplorent un manque de circulation de l'information et un éloignement excessif, ils ne souhaitent pas en revanche que le fonctionnement et le style des salles de marché se rapprochent de ceux du reste de la banque. L'établissement d'une distance entre la banque et les salles de marché n'est pas dû uniquement aux membres des salles de marché, qui, pour maintenir l'intégrité du groupe et ne pas rompre l'enchantement de la participation aux activités financières, évitent les contacts avec le personnel de la banque, il est dû aussi aux membres du reste de la banque. Ceux-ci évitent les opérateurs de marché, comme l'explique Évelyne, gestionnaire de cadres au département des transactions sur actions, en allant, pour certains, manger, systématiquement dans le restaurant de droite parce que « les gens de MC » mangent plus souvent à gauche, ou s'opposent à eux non seulement parce qu'ils sont indignés par le décalage entre les rémunérations des opérateurs et celles en vigueur dans le reste de la banque et par la suffisance dont font preuve ces *golden boys*, mais aussi parce que ces derniers représentent la forme la plus avancée de la gestion « ultralibérale » des ressources humaines.

Celle-ci combine en effet flexibilité, mobilité, individualisation de la rémunération, intensification du travail, qualification scolaire, et les banques, comme le montrent les travaux d'Yves Grafmeyer[26] et de David Courpasson[27], essayent dans un cadre de concurrence accrue de l'imposer à l'ensemble de leurs salariés, sans que ces derniers reçoivent pour autant en compensation les énormes primes des opérateurs de marché.

Progression de la division du travail

La division du travail, laquelle généralement progresse dans les activités en extension et cède le pas dans celles qui stagnent ou régressent, a été fortement développée dans les salles de marché ces dernières années, et ce mouvement devrait sans doute se poursuivre dans les prochaines années. C'est d'abord au *back-office*, le centre de coûts, que les responsables l'ont introduite pour diminuer tous les coûts de transaction et augmenter d'autant la part du profit dévolue au *front-office*.

Conséquence de cette division du travail, tant au *back-office avancé* qu'au *back-office*, le travail est devenu un travail très routinier avec une part importante de tâches de saisie et d'opérations méthodiques, toujours les mêmes, portant sur des segments de flux financiers. Signe de la subordination au *back-office avancé*, le rythme du travail y est imposé par le rythme de l'activité du *front-office* et les gestionnaires du *back-office avancé* ont très peu d'autonomie pour gérer leur propre temps de travail.

Mercredi 31 décembre. Après la distribution des cadeaux, la plupart des membres de la salle se mettent à jouer au mini-golf avec les sets offerts en fin de matinée. Vers 15 heures, la secrétaire distribue des serpentins, des cotillons, des sarbacanes, des mirlitons et des nez rouges. Les opérateurs s'amusent. Mais pas le *back-office avancé* qui s'occupe de la clôture de comptes en cette journée de règlement livraison sur le marché français d'actions !

Au contraire, les *traders*, même s'ils sont eux aussi soumis à des contraintes temporelles externes, ont une grande latitude pour gérer leur activité à leur guise. C'est ainsi que Damien,

---

26. Yves GRAFMEYER, *Les gens de la banque*.

27. David COURPASSON, « Marché concret et identité professionnelle locale. La construction de l'identité par le rapport au marché » et *La modernisation bancaire, sociologie des rapports professions-marchés*.

trader prêt-emprunt, fatigué par son week-end à Agadir, décide de ne quasiment pas traiter, « plutôt que de faire des bêtises » et passe la journée à lire le journal et à discuter.

La division du travail s'est effectuée dans un premier temps au *back-office* et elle a soulagé une partie des opérateurs du « sale boulot ». Celle-ci est restée invisible au *front-office*, se déroulant à distance dans une autre salle qu'ils ne connaissent pas, n'a guère accru la solidarité morale entre le *front* et le *back*. Au contraire, cela a permis aux opérateurs de déléguer le « sale boulot » à des exécutants avec lesquels ils avaient peu de liens, sinon pour critiquer la lenteur de la réalisation matérielle des transactions conclues quasi instantanément, de maintenir au sein de la salle de *front-office* l'illusion de la multicompétence de l'opérateur et de son autonomie, de favoriser l'appropriation de la plus grande partie du profit et de développer une « solidarité » essentiellement « mécanique » entre les membres. Ceux-ci peuvent ainsi croire qu'ils maîtrisent l'ensemble du processus financier qui génère le profit, qu'ils ne dépendent pour cela de personne, voire qu'ils peuvent le cas échéant recommencer cette même activité, non seulement hors de la banque, mais aussi chez eux dans leur cave avec un ordinateur et un modem. Les opérateurs font pourtant ainsi abstraction des coûts fixes importants dus à l'accès aux marchés, à l'équipement informatique et téléphonique et aux énormes économies d'échelle réalisées grâce à la division du travail.

Cependant la division du travail à l'intérieur du *front-office* tend à réduire sinon le mythe de l'autonomie, du moins sa réalité effective. Tant qu'ils délèguent le « sale boulot » qu'ils peuvent et savent faire, les opérateurs peuvent toujours caresser l'idée qu'ils sont en situation de pouvoir le faire eux-mêmes ou le déléguer ailleurs, mais, lorsqu'ils sont tributaires dans leur travail quotidien de compétences techniques qu'ils ne détiennent pas, leur dépendance augmente fortement. D'une certaine manière, les opérateurs ont contribué autant que les responsables de la banque à la diminution de leur autonomie qui les dépossède sinon du profit du moins d'une grande partie de son origine. Tendus vers la seule réalisation de la transaction financière, ils sont les premiers à déléguer le travail préparatoire à ces transactions : modélisation mathématique des relations d'arbitrage, création des logiciels informatiques d'aide à la décision, et de logiciels accélérant la transaction. Ces tâches autrefois effectuées par ceux qui le pouvaient et qui en avaient le temps, le plus souvent par les *traders* lorsqu'ils commençaient à « traiter » sur un nouveau marché, deviennent des métiers à part entière : « *quant*[28] » (expert mathématicien qui modélise des relations d'arbitrage), ingénieurs recherche et développement en algorithmique, etc. Par exemple, si le *trader*, chef de *desk* des *junk bonds* avait bien développé son *soft* tout seul il y a quelques années, il est revenu, en 1997, à l'équipe recherche et développement la tâche de le lui refaire entièrement.

Sans doute les *traders* sont-ils de plus en plus conscients des effets de l'augmentation de la division du travail d'une part et de la concurrence d'autre part. Noël, délégué national de la CGT à la Compagnie universelle, se souvient qu'un *trader* licencié, qui était venu le voir pour se faire défendre par la CGT, lui avait ainsi raconté qu'un « *trader* était bon parce que son logiciel était bon ».

Comme dans la dialectique du maître et de l'esclave de Hegel, les ingénieurs R&D subordonnés aux *traders*, chargés de répondre à l'ensemble de leurs demandes, sont peut-être amenés en réalisant ce travail à diminuer les compétences et le pouvoir des opérateurs et à accroître leur propre pouvoir en monopolisant une activité de plus en plus cruciale et rentable. Un ingénieur informatique démissionnaire de l'équipe d'ingénierie R&D n'a-t-il pas déclaré à la responsable des ressources humaines, qu'il n'avait « qu'une seule envie, c'est de transformer les *traders* en bourrins qui n'aient plus que "shift F9[29]" à faire » ?

Pour certains postes, la prédiction de cet ingénieur s'est en quelque sorte réalisée : c'est le cas pour le poste de *market-maker* MONEP[30], poste où l'ordinateur réalise automatiquement les transactions sans que l'opérateur intervienne.

Ivan, un ancien de l'ESC Grenoble, est *market-maker* sur le MONEP. Avant l'informatisation du MONEP, il travaillait comme « négo » sur le « *floor* » (le parquet) au Palais Brongniart et il regrette un peu le *floor* où il y avait plus de contacts humains. Maintenant, il a intégré la salle de marché de la CU et il y paramètre le système qui traite automatiquement en fonction des formules de Black et Scholes. Paramétrer, c'est choisir

28. Terme anglais diminutif de « *quantitativ* », spécialiste du compte.

29. Touche de fonction sur un clavier d'ordinateur.

30. Le MONEP est un marché gouverné par les prix et non par les ordres comme le marché d'actions. Des *market-makers* agréés sont tenus d'afficher en permanence pour toutes les options cotées, un prix à l'achat et un prix à la vente. En échange de cette obligation, ils bénéficient de prix d'accès quasi nuls.

chaque jour les paramètres en fonction desquels la machine va afficher les prix d'achat et de vente pour chacune des options listées et réaliser les éventuelles transactions. Cela fait trois ans qu'il effectue ce travail et il trouve que « c'est très chiant ». Il préfère se placer directement sur le marché plutôt que de paramétrer une machine qui se met à sa place. Comme pour se garder un pouvoir discrétionnaire, Ivan préfère « paramétrer large » (pour avoir des fourchettes un peu larges) en début de journée pour voir venir le marché et « resserrer » en milieu de journée.

L'augmentation de la division du travail contribue donc à la modification des salles de marché. Mais celle-ci ne s'impose pas toute seule sans heurts et sans conflits, sans agents de l'imposition et sans facteurs de résistance. Il n'y a pas une seule façon d'informatiser les activités mais plusieurs manières qui favorisent différents membres et différentes formes de pouvoir.

Ainsi, lors de la présentation des résultats annuels de la salle, interrogé sur l'opportunité d'embaucher un deuxième « *quant* », le chef de salle, a parlé en termes assez vagues de la petite équipe R&D de Hugo et non du *quant* Marcello, montrant par là qu'il ignorait tout de l'existence de ce *quant* et des activités de recherche à l'intérieur de la salle. Il est d'autant plus porté à l'ignorer qu'il fait confiance pour la modélisation et l'informatisation à l'équipe d'ingénierie R&D du quatrième étage qui fabrique des *softs* de *pricing*, laquelle, d'après Marcello, est « très bonne en relations publiques » et « très bonne pour faire croire qu'elle est hyper à l'avant-garde », alors même qu'elle serait à la traîne par rapport à l'équipe d'ingénierie R&D du sixième.

Dans le processus d'informatisation des tâches, on peut distinguer trois niveaux, semblables à ceux qu'on trouve dans l'industrie : l'informatisation lourde, intermédiaire et légère, dont le choix met en jeu non seulement différents systèmes informatiques et diverses compétences informatiques mais aussi différentes instances de pouvoir. L'informatisation lourde est mise en œuvre par le département informatique de toute la banque, l'informatisation intermédiaire par celui du département de la finance ou de la salle et l'informatisation légère par les personnes compétentes des *desks*, le plus souvent embauchées pour l'occasion, comme les nombreux stagiaires. Bien que beaucoup plus désordonnée, cette informatique légère permet aux membres du front de contourner les rigidités de l'informatique lourde – difficulté d'utilisation et maintenance trop distante – en transférant les données de gros systèmes sur l'interface courante des sociétés de service, Microsoft Excel. Comme ces différents types de systèmes sont assez peu compatibles entre eux, une grande partie de l'armada de stagiaires embauchés par la salle est affectée à chaque *desk* à la programmation de « macros », petits programmes en Visual Basic, qui permettent de faire automatiquement les suppressions d'informations non pertinentes, les rajouts de valeurs importantes, les copier-coller, les mises en forme (gras et rouge pour les chiffres importants négatifs, bleu pour les positifs, etc.)... L'information et les acquis de cette programmation ne circulent pas d'un *desk* à l'autre, des stagiaires refont chaque mois ce qui a été déjà fait à un autre *desk*, constructions d'autant plus fragiles, qu'elles sont souvent à la merci d'une modification des fichiers sources lors d'une réorganisation de l'informatique lourde. Cette informatisation n'en contribue pas moins à l'approfondissement de la division du travail et à la segmentation des tâches.

On serait tenté de ne pas décrire ce travail quotidien sur Excel, tant il est trivial, mais ce serait oublier une grande part des activités journalières dans la salle. Pour ma part, j'ai dû en tant que stagiaire développer un grand nombre de macros pour Lilian et Damien afin de faciliter l'optimisation fiscale : j'ai dû programmer ainsi un fichier qui rassemble automatiquement l'ensemble des informations sur les titres possédés dans les divers portefeuilles et calculer en fonction du dividende et des ratios prudentiels des SICAV (aucune valeur ne doit dépasser 10 % du montant du portefeuille, pas plus de quatre valeurs au-dessus de 5 %), les valeurs pour lesquelles il y a le plus d'avoir fiscal à récupérer. Avec ce fichier, le *trader* Damien n'a plus à se poser le problème de calcul et de recalcul des valeurs optimales, mais il n'a plus qu'à essayer de trouver sur le marché du prêt-emprunt la valeur indiquée à l'écran.

À mon échelle minuscule, je suis donc – malgré moi – un agent de la rationalisation, un maillon de l'orientation de l'organisation vers le profit. Pour réaliser celle-ci, il faut les grands moyens : développer les activités les plus rentables, créer des créneaux pour spécialistes supposés tellement plus performants, diviser le travail, embaucher les personnes les plus compétentes, automatiser, informatiser, accélérer les vitesses de traitement, et surtout calculer, calculer vite et juste avec les machines calculantes – les ordinateurs, ils ne se trompent jamais –, calculer les contributions des uns et des autres, calculer les prix des titres et les équivalences stochastiques, et localiser les sources de profit qu'on peut accroître. Pour cela, il faut une technologie de gouvernement des personnes.

Les agents de la rationalisation

Une rationalisation technique et mathématique, même si elle permet d'accroître le profit, ne s'impose pas magiquement par la seule grâce de sa « rationalité » théorique. Dans la pratique, pour qu'elle puisse avoir lieu, elle suppose la réunion d'un certain nombre d'éléments. Il faut pour cela un espace concurrentiel qui oriente les individus vers l'adoption et la transmission de raisonnements et de techniques qui améliorent l'adéquation moyens/fins, sans quoi l'amélioration du raisonnement et de la procédure, peu recherchée, peu susceptible de venir à bout des résistances tant de la hiérarchie que de celle des pairs ou des subordonnés, risque au mieux d'être un simple « tour de main » intellectuel isolé qui permet au salarié inventif de mieux s'organiser dans son travail. Du fait de la lutte particulièrement âpre entre les banques pour l'acquisition d'une position dominante dans le champ de la finance, du fait de la concurrence interne – symbolique et économique – entre les membres des salles de marché, les salles de marché sont bien ce type d'univers dans lequel les méthodes améliorant le profit sont sollicitées. Certains agents, dotés de propriétés scolaires et organisationnelles propices, y occupent des positions structurales favorables à la rationalisation des méthodes d'intervention sur le marché, en particulier celle des techniques les plus proches des savoirs scolaires mathématisés : tarification, arbitrage, actualisation, valorisation fiscale, amélioration d'algorithme. Même si la rationalisation est favorisée, elle doit néanmoins pour s'imposer lever les résistances des agents ordinaires de la finance, ceux qui sont le plus pris dans les routines transactionnelles, et qui peuvent être effrayés par les coûts d'acquisition et d'opportunité de la nouvelle technique. Elle doit même, une fois adoptée, se stabiliser dans de nouvelles routines, routines organisationnelles, routines informatiques, et mêmes « routines intellectuelles et corporelles », routines qui pour être efficaces et pour être mises en œuvre rapidement et quotidiennement doivent éviter de poser la question de leur adéquation.

Il est possible de donner un exemple (arithmétiquement simple) de cette sorte de pouvoir dans le cas du prêt-emprunt, même si les opérations ne sont pas des opérations d'arbitrage.

Pour conclure un accord de prêt-emprunt, il faut s'entendre sur de nombreuses données qui vont influer sur le prix final : la durée du prêt-emprunt de titres, le montant de la valeur monétaire échangée contre des titres (c'est-à-dire le collatéral qui peut être aussi obligataire), la rémunération du collatéral prêté en échange de titres (en général au taux du marché monétaire), les seuils de déclenchement et la fréquence des appels de marge en fonction de la variation du cours du titre prêté, la possibilité ou non de faire des rappels de titres, et enfin deux éléments cruciaux, le pourcentage d'avoir fiscal rétrocédé en cas de versement des dividendes et le «*fee* », c'est-à-dire le taux journalier auquel les titres sont rémunérés pour le prêt.

De nombreux facteurs, dont certains sont réglés de manière conventionnelle, influencent donc le coût et le bénéfice des opérations du prêt-emprunt et l'un des enjeux au prêt-emprunt est de rendre *commensurables* les différentes opérations de manière à pouvoir sélectionner les plus rentables de celles-ci et éliminer les moins rentables. La solution adoptée par le prêt-emprunt est de calculer un prix unitaire pour l'ensemble des transactions, qui tienne compte des principaux paramètres (mais pas de tous comme la probabilité du *recall* ou la différence entre collatéral obligataire ou monétaire) selon la formule suivante :

$$\textit{All-in} = \text{Part de dividende restitué} + \frac{\textit{fee}^{*}\ \text{prix}^{*}\ (\text{Date de fin} - \text{Date de début})}{\text{Dividende net}^{*}\ 360}$$

Le prix « *all-in* » (tout compris) tient compte à la fois de la part de dividende restituée au prêteur de titres (partage de l'avoir fiscal) et du *fee* payé pour l'emprunt des titres, et il s'exprime en pourcentage global de dividendes. Cette formule d'analyse du prix est utilisée apparemment par tous les *traders* prêt-emprunt, même si elle n'est pas connue par tous les utilisateurs occasionnels.

D'après Estelle, il ne faut pas la diffuser parce que cela permet parfois de gagner de petits profits. Par exemple, à un prêteur occasionnel qui raisonne uniquement en «*fee* », il est possible de gonfler le *fee*, ce qui lui fait croire qu'il a la chance de tomber sur un bon prix, mais de rendre peu de dividende et de gagner finalement de l'argent pour cette transaction.

Le stagiaire que j'étais avait fait remarquer aux opérateurs, sans insister, que cette formule, en mettant le dividende au dénominateur, n'était plus calculable lorsque ce dernier était nul, ou lorsque le dividende n'était pas détaché lors de la période d'emprunt, qu'il était difficile de comparer ces cas-là aux autres cas où la tarification avec le « *all-in* » est possible et qu'il valait mieux calculer la valeur actualisée de l'ensemble de l'opération. Les opérateurs avaient bien compris la nature de mon objection mais ne trouvaient pas l'enjeu assez important pour modifier leurs techniques quotidiennes. En effet, la procédure de tarification est assez routinière : chaque jour, au téléphone, soit ils demandent un prix à la contrepartie, et rentrent rapidement tous les paramètres nécessaires au calcul (durée, *fee*, part de dividende restitué) dans leur logiciel de calcul (une sorte de feuille de calcul) et obtiennent leur « *all-in* » qu'ils comparent à celui des transactions passées et aux renseignements qu'ils ont sur ce titre, ce qui leur permet de voir si c'est cher ou bon marché ; soit, lorsqu'on leur demande un prix, ils utilisent les paramètres des dernières transactions, les modifient légèrement en fonction de leur appréciation du titre, des risques de la transaction, et donnent leur prix.

Laurent, un X qui a passé sept ans à l'inspection de la banque, a voulu, paradoxalement, venir travailler sur les marchés financiers [31]. Alors qu'il aurait pu choisir, dit-il, des postes dans les options avec beaucoup de mathématiques, il a choisi de venir au prêt-emprunt beaucoup plus simple du point de vue mathématique mais où il y a, selon lui, beaucoup plus de choses à développer. Il cherche peut-être ainsi à ne pas avoir à affronter la dévalorisation de son *capital scientifique* durant ces sept années d'inspection pendant lesquelles il n'a pas dû beaucoup servir. Laurent est venu, d'après Estelle, avec des « idées derrière la tête ». Dès son arrivée, il s'attelle à la vérification de la rentabilité de tous les *deals* conclus, cherche à interrompre les accords qui s'avèrent perdants, et passe pas mal de temps à essayer de bien comprendre les coûts en posant des questions pressantes à

31. Ce phénomène est quelque peu paradoxal puisque Laurent passe en effet d'une position de pouvoir élevée dans l'entreprise à une situation où, même s'il peut gagner beaucoup d'argent, il n'a quasiment pas de pouvoir, avec très peu de personnes sous ses ordres. La puissance d'attraction des marchés financiers est relativement forte et exerce ses effets même sur ceux qui disposent d'un niveau de *capital culturel* et social très élevé. Toutefois le fort décalage entre le mythe et la réalité provoque des frustrations et une certaine instabilité chez ces personnes.

Damien. C'est alors qu'il propose de ne plus calculer le prix « *all-in* » qui a l'inconvénient de ne pas permettre la valorisation des transactions pour lesquelles il n'y a pas de dividende mais d'inverser la formule pour obtenir une expression en termes de « *fee* global » qui tienne compte du dividende restitué, qui évite des problèmes de commensurabilité dus à la nullité du dénominateur :

$$\textit{Fee}\text{ global} = \textit{Fee} + \frac{\text{Part de dividende restitué* Dividende net* 360}}{\text{prix* (Date de fin – Date de début)}}$$

Il me demande si je peux implémenter la formule dans une macro sous Excel, avec son ton impératif de chef de service qui ne permet pas de répondre par la négative. Une fois cette nouvelle règle de tarification calculée automatiquement dans les feuilles de calcul, il a fallu expliquer aux deux *traders* habituels, Damien et Estelle, pourquoi la tarification en « *fee* global » est plus intéressante que celle en « *all-in* » et proposer à ces derniers de l'adopter ce qui n'est pas sans poser de problèmes car, comme lors d'un changement de monnaie (voyage à l'étranger, passage à l'euro), il y a une perte des repères de prix.

Cet exemple, conforté par d'autres cas du même ordre au sein de l'équipe prêt-emprunt, montre, en petit, la manière dont s'impose la rationalisation et les personnes qui la dictent. Il suggère aussi que deux sortes de pouvoirs doivent s'exercer et que deux types d'agents interviennent pour qu'une rationalisation puisse réussir. Véritable détour temporel, ce genre de rationalisation ne peut véritablement être initié par ceux qui, intéressés par les seuls profits immédiats, sont enfermés dans les routines marchandes les plus pressantes. Il est plutôt le fait de personnes hors du jeu marchand, d'une part des détenteurs de pouvoir, chargés de rentabiliser l'organisation et de déceler des niches de productivité, et d'autre part des réalisateurs, stagiaires, ingénieurs, à qui l'on délègue la réalisation technique, informatique ou mathématique. Dans de nombreux cas, toutefois, cette séparation entre pouvoir économique dans l'organisation et compétence scolaire n'est pas si tranchée, et de nombreux agents peuvent se prévaloir de l'un des deux pouvoirs pour mieux assurer l'autre. Dans le cas de l'arbitrage mathématisé des produits optionnels, la mise en place de formules d'arbitrage complexes et l'occupation des postes de *trading* les mettant en œuvre supposent, même s'ils sont cumulés, ces deux pouvoirs :

la domination par la rentabilisation et la domination mathématique.

Outre une division par personnes du travail, situation qui conduit des personnes de la salle à s'adonner à des activités différentes, l'informatisation et les perspectives d'automatisation, la décomposition des flux financiers, les dispositifs de comptabilité analytique interne, la lutte pour l'occupation des segments les plus rentables de l'activité financière favorisent une division des tâches, une véritable *analytique* de l'activité financière. Si une même personne cumule plusieurs activités, celles-ci n'en sont pas moins séparées et séparables, d'un point de vue comptable et analytique. En conséquence, comme chaque tâche devient plus séparable et contrôlable, l'ensemble des propriétés, des qualités et des compétences nécessaires pour la remplir peut être mieux défini. Après l'indétermination des découpages de l'activité financière des premiers temps qui était aussi souvent celle des compétences nécessaires pour occuper les postes, s'ouvre une période où la question de la mise en adéquation des caractéristiques de chaque contenu de travail et des compétences certifiées offertes sur le marché du travail se pose avec beaucoup plus de force.

2

Personnes et organisation des personnes

Organiser et diviser le travail, avec ces découpages de poste, de fonction, ces constructions d'organigrammes et ces définitions de zones de pouvoir, est une opération qui n'est pas seulement productive mais aussi une organisation des personnes, personnes dont les caractéristiques à la différence de celles des postes ne sont pas découpables et détachables. Cette opération d'organisation du travail, par l'entremise du marché du travail, met ensemble des personnes avec leurs propriétés sociales, ébauche entre elles des relations et construit ainsi un espace social particulier avec son homogénéité et ses affinités et surtout ses modalités de concurrence – concurrence qui, dans cet univers financier, porte tout particulièrement sur le partage du profit.

Le marché du travail

Le recrutement des membres de la salle est un élément stratégique dans la recherche du profit, car il s'agit pour les membres dirigeants de la salle qui gèrent non des produits mais des personnes et des postes, de véritables placements dont ils s'approprient une partie des bénéfices, comme si, en développant les bonnes activités et en y plaçant les bonnes personnes, ils étaient la principale cause de ce succès financier. Plusieurs possibilités de recrutement s'ouvrent à eux : doivent-ils favoriser la mutation et la formation internes ou le recrutement externe ? Prendre des *seniors* qui ont déjà une expérience ou des *juniors* ? des détenteurs de diplômes spécialisés en finance ou de diplômes généralistes ? des pairs (pour être entre soi) ou des personnes d'un niveau social inférieur (pour limiter la concurrence).

Étant donné l'importance du *turn-over* et l'expansion des activités, le recrutement n'est pas une question qui se règle comme dans certaines entreprises par un recrutement massif pendant deux ou trois ans et aucun recrutement ensuite. La question se pose fréquemment ; et le risque de départ, la concurrence des autres entreprises pour capter les opérateurs les plus fructueux sont des données que le recrutement doit intégrer. Il doit aussi prendre en compte l'état de l'offre de travail, lui-même fortement influencé depuis des années, comme nous l'avons vu, par la mythologie du *golden boy*.

Le mode de recrutement

La Compagnie universelle a élaboré une stratégie de recrutement relativement construite et suivie, même si elle connaît aujourd'hui quelques inflexions. Elle a fait le choix d'éviter un trop grand *turn-over* en formant elle-même ses propres opérateurs. En conséquence, elle recrute essentiellement des *juniors*, qui sortent de leurs études et qui n'ont pas une longue expérience dans les métiers de la finance, et elle évite d'embaucher des *seniors* qui font trop preuve, selon elle, d'un comportement de « mercenaires ». En effet, une des techniques des « mercenaires » est d'essayer de gonfler au maximum les bénéfices la première année, d'empocher le *bonus* et de partir soit après le premier *bonus* encaissé, soit dès que des pertes s'accumulent, pertes dont la gestion est laissée après le départ aux bons soins du successeur. Une telle politique, l'embauche par débauche, où les meilleurs opérateurs font l'objet d'enchères inflationnistes semblables à celles qui se pratiquent dans le milieu du football, conduit à un taux de *turn-over* très élevé, et à de forts coûts : coûts de recherche, de négociations (primes de débauchage, etc.), coûts de la vacance et de la réorganisation des activités.

Certes, la politique de recrutement de personnes non formées entraîne aussi ses coûts spécifiques en formation interne. Mais la Compagnie universelle, réputée pour son savoir-faire dans le domaine des produits dérivés les plus complexes (les options, les options exotiques et les produits structurés), compense ce coût en sous-payant légèrement les *juniors* par rapport au prix du marché, en vendant en quelque sorte à ces opérateurs, un label de technicité et de savoir-faire « CU » qu'ils pourront à leur tour très bien revendre sur le marché du travail en faisant figurer l'expérience de travail à la Compagnie en bonne place sur le CV. Mais faire cet échange de formation coûteuse, de label de compétence contre des salaires inférieurs, signifie que le départ régulier des opérateurs qui exercent leur droit à faire valoir ailleurs la qualité acquise soit compris dans la politique de recrutement. Effectivement, la Compagnie universelle est plus un lieu de départ qu'un lieu d'arrivée pour les *traders*. Pour limiter la concurrence extérieure, la Compagnie universelle a fortement augmenté la progressivité des rémunérations des *seniors* et « rachète » ainsi au bout de trois ou quatre ans le label de qualification CU vendu lors des premières années. En outre, tous les départs ne sont pas équivalents : la Compagnie universelle a surtout des premiers départs, qui sont moins assurés, moins virulents, plus « propres » que ceux des professionnels du départ. Et, par cette politique, elle dispose d'un personnel d'encadrement, de chef de *desk* et de *risk-managers* qui n'a jamais connu que la Compagnie universelle, et qui reste relativement attaché à l'entreprise qui leur a permis une telle ascension économique, ce qui permet notamment d'éviter les départs collectifs – ceux de toute une équipe – particulièrement onéreux pour l'entreprise.

Dans l'enquête sur la salle de marché de la CU, 79 % des enquêtés de la salle n'ont pas travaillé (en contrat à durée déterminée tout du moins) dans d'autres établissements financiers, seuls 5 % affirment avoir été débauchés et 9 % ont été recrutés par l'intermédiaire d'un cabinet de recrutement. La politique de formation de *juniors* est surtout rentable tant que l'entreprise possède une avance technologique collective par rapport à ses concurrents. Soucieux, comme le rappelait le chef de la salle lors de la présentation annuelle des résultats, de ne développer des activités que dans les secteurs où « la compétence est transmissible », ils peuvent compenser facilement la perte d'un membre en en formant un nouveau. Mais, lorsqu'il s'agit pour elle de devenir une banque de marché plus universaliste, il devient plus intéressant, sur des secteurs où elle n'est pas leader, de débaucher des personnes qui ont déjà accumulé dans les autres banques l'expérience et la compétence, plutôt que de former de manière plus hasardeuse des *juniors* pour une activité qu'elle maîtrise mal. Ainsi, parmi les postes qui s'occupent plus spécifiquement des pays étrangers ou des produits étrangers (en particulier les vendeurs), on trouve un peu plus de personnel débauché.

La politique de formation de juniors dans l'entreprise a pour corollaire, dans cette banque traditionnellement élitiste, un niveau de recrutement particulièrement élevé. La banque a en effet relativement peu embauché de ces opérateurs non diplômés très performants issus des classes populaires, qui excellent dans certaines banques anglo-saxonnes. En outre, un haut diplômé est supposé pouvoir comprendre et apprendre plus vite, se reconvertir plus facilement et mieux s'insérer dans les plans de mobilité en vigueur dans les grandes entreprises. Le coût de la formation est ainsi supposé moindre. Pour diminuer encore ce coût, la Compagnie universelle tend à exiger de la part de ses candidats une formation spécifique en finance, mastère, DEA, DESS ou finance (formation assez professionnalisée de par ses stages et ses rapports de stage), et ce d'autant plus que ce genre de diplômés sont formés en plus grand nombre par les institutions scolaires – sauf peut-être pour les candidats passés par les plus grandes écoles, comme X ou Centrale, supposés pouvoir s'en passer. C'est ainsi que le nombre de détenteurs d'une formation spécifique en finance passe de 0 % pour les plus anciens, à 20 % pour ceux qui ont entre 4 et 6 ans d'ancienneté, à plus de 55 % pour ceux qui ont moins de deux ans d'ancienneté.

TABLEAU 2.1– *Plus haut diplôme généraliste obtenu*

Diplôme d'université inférieur à la maîtrise	11 %
Diplôme d'université niveau maîtrise	11 %
Diplôme d'université niveau DEA et DESS	9 %
« Petite » ESC	13 %
« Grande » ESC + Sciences Po	11 %
« Petite » école d'ingénieurs	5 %
« Grande » école d'ingénieurs	18 %
Diplôme étranger	10 %
Non-réponse	14 %

La conséquence de cette politique est un niveau de diplôme élevé : plus de 65 % des enquêtés déclarent ainsi posséder un niveau de diplôme supérieur à la maîtrise. Beaucoup d'ailleurs reproduisent un *capital scolaire* déjà accumulé par leurs parents, puisque 53 % des pères et 38 % des mères possédaient déjà un tel niveau. D'autres facteurs contribuent aussi à l'établissement d'une telle barrière à l'entrée : l'attrait de ce secteur pousse de plus en plus de diplômés à offrir leurs services y compris pour des positions subordonnées de la salle [1] (comme au *middle-office*), ensuite, les modalités de recrutement, qui de fait donnent beaucoup de pouvoir aux chefs de *desk* favorisent une reproduction scolaire presque à l'identique. Celle-ci fait intervenir plusieurs instances de la banque : la direction de la salle, les chefs de *desk* et le service des ressources humaines.

D'après des responsables des ressources humaines, la procédure est la suivante : le service des ressources humaines centralise les CV qui lui sont envoyés et les ventile dans les différents départements en fonction des besoins en personnel et de l'adéquation des CV. Les chefs de service font passer des entretiens à des candidats qui les intéressent et émettent un avis. Si ce dernier est favorable, le candidat passe un entretien avec les services de la DRH et avec des psychologues. Il existe deux avis émis par la DRH : un avis favorable et un avis réservé. Si l'avis est réservé, normalement, la personne n'est pas embauchée. Cependant, si le service concerné souhaite véritablement l'embaucher, il peut quand même le faire mais sous réserve qu'il prenne ses responsabilités en cas de licenciement. Toutefois il semble possible de déroger à cette procédure de recrutement : Ludovic, centralien dont il a été question plus haut, a été embauché sans passer aucun entretien d'embauche. Relativement âgé à 32 ans, il connaît la plupart des membres dirigeants de cette salle, parce que ce sont des anciens collègues d'études, soit de classe préparatoire, soit de l'École centrale, comme le numéro deux de la salle qui est le chef des commerciaux.

Au total, les chefs de *desk* ont donc un fort pouvoir de désignation de leurs futurs collègues. La direction des ressources humaines, qui connaît mal les salles de marché, les compétences et les caractéristiques qu'il est intéressant d'y posséder, délègue aux chefs d'équipe le droit de déterminer les caractéristiques qui leur semblent pertinentes pour occuper le poste offert. Ils sont donc enclins à reconnaître et à promouvoir celles qu'ils possèdent déjà et qui leur ont permis de devenir ce qu'ils sont.

Tant que la division du travail était peu développée dans la salle de marché, tant que les métiers étaient peu connus et ne

1. Le chef de la salle rappelle lors de la présentation des résultats que « de plus en plus de gens veulent venir à la Compagnie universelle », qu'ils peuvent être très « exigeants et sélectifs » car ils sont « dans une situation de force ».

suscitaient pas des offres spontanées en abondance, les chefs de *desk* se trouvaient en situation de devoir trouver un collègue qui effectue quasiment la même tâche, et le recrutement était pratiquement un processus de cooptation d'un pair semblable à ceux en vigueur dans d'autres milieux comme l'université. Pour ce faire, il fallait qu'ils trouvent quelqu'un qu'ils estiment digne de prendre place dans cette véritable niche et de partager avec eux le profit. Aussi, au début de la salle de marché, le recrutement s'effectuait-il plus par relations, relations d'études mais aussi relations de famille.

Osman ne connaissait rien au milieu de la Bourse. Son beau-frère travaillait déjà à la Compagnie universelle comme vendeur et, en 1990-1991, lui a dit : « Viens, tu verras, on se marre bien. » C'est comme cela qu'il est venu dans la banque, ce qui ne l'a pas empêché d'être recruté conformément au protocole d'embauche défini par les ressources humaines : exhibition de son diplôme d'ingénieur dans le CV, lettre de motivation et entretiens avec le service des ressources humaines.

Du fait de ce recrutement par interconnaissance directe ou scolaire, les écoles des membres fondateurs de la salle de marché deviennent des viviers de recrutement et de reproduction : c'est ainsi que certaines des grandes écoles, dont sont issus des membres fondateurs, sont très fortement représentées comme Polytechnique, Centrale, l'ENSIMAG, l'ESSEC, bien plus représentées que certaines autres écoles de niveau équivalent comme les Mines, les Ponts, ou HEC... Le service des ressources humaines nous a d'ailleurs expliqué que le recrutement de jeunes centraliens était quasiment institutionnalisé avec diffusion régulière de publicité pour les postes, accords avec l'école pour l'envoi de stagiaires, etc.

L'augmentation du nombre de personnes travaillant dans la salle, l'accroissement de l'offre de diplômés spécialisés dans les opérations financières ont sans doute réduit le poids des relations interpersonnelles et de l'« esprit de corps », ou à tout le moins, elles obligent les candidats qui bénéficient de tels avantages à se soumettre aux épreuves plus rigides définies pour un plus grand nombre. Autre signe de cette rationalisation du recrutement, la durée de la mise à l'épreuve avant l'obtention d'un statut « normal » a considérablement augmenté au cours des dernières années. L'aspirant opérateur passe maintenant par un nombre important de statuts dits précaires avant d'obtenir un contrat à durée indéterminée à la Compagnie universelle : après un stage de fin d'études, s'il est un homme, il fait assez souvent un service en entreprise (CSNE) dans une salle de marché d'une filiale étrangère, à son retour il est embauché en CDD, en intérim ou en contrat à durée indéterminée dans une société écran, SSII ou « régie », dont les statuts sont beaucoup moins protecteurs que ceux de la Compagnie universelle et dans lesquelles le licenciement est beaucoup moins coûteux que dans la maison mère. Les membres de la salle les moins chanceux, et souvent ceux qui sont dans une position d'exécution, expérimentent ainsi l'ensemble des formes atypiques d'emploi avant de devenir au bout de trois ou quatre ans salariés en CDI de la Compagnie universelle :

Lilian, *assistant-trader* au prêt-emprunt, a d'abord travaillé pendant un an en intérim, puis pendant trois ans comme CDI à la régie. Il vient de passer au bout de quatre ans en CDI à la Compagnie universelle, statut qui lui semble préférable à celui de CDI au sein de la société de Bourse, Dubreuil Universelle Options, qu'ont certains des membres de la salle.

La durée de la mise à l'épreuve statutaire n'est pas aussi longue pour les membres de la salle supposés les plus profitables ou qui s'avèrent profitables : Damien, *trader* prêt-emprunt, débauché de Parisuez est réembauché directement en CDI Compagnie universelle, avec une période de mise à l'essai de six mois. La mise à l'épreuve statutaire se double aussi d'une mise à l'épreuve fonctionnelle, dont les durées ne correspondent pas forcément. Les plus jeunes, sortis de l'institution scolaire, passent souvent, avant de devenir opérateurs, par le stade de stagiaire à tout faire et d'assistant opérateur pendant trois à six mois, période pendant laquelle, ils se familiarisent avec les outils nécessaires pour « traiter » (logiciels, procédures, tickets...). Ces mises à l'épreuve sont ainsi des moyens d'accroître la prévisibilité et la calculabilité des prestations futures des nouvelles recrues, tout en limitant les coûts de séparation d'avec la main-d'œuvre.

Jeunes, diplômés, masculins... aperçu sur la composition sociale de la salle

À étudier la composition sociale de la salle de marché de la CU, qui résulte de la confrontation de l'offre de travail, en partie influencée par la mythologie, et des pratiques de recrutement et de sélection décrites ci-dessus d'une banque particulièrement élitiste, on constate les origines sociales assez élevées des membres surtout lorsqu'on la compare tant avec celles de l'ensemble de la population qu'avec celles d'une population représentative constituée d'ingénieurs, de cadres et de professions intermédiaires du privé de moins de 36 ans.

D'une part le volume de capital initial du personnel salarié de la salle de marché est assez élevé [2], d'autre part la proportion plus importante des professions les plus « économiques » de la classe dominante parmi les professions de pères (proportion de patrons et de professions libérales particulièrement élevée) marque la prépondérance du *capital économique* dans la *structure du capital* [3]. Les professions des mères, relativement élevées aussi, contribuent au niveau élevé de capital initial des membres des salles de marché. À la différence des pères, la proportion assez importante de mères ayant exercé dans le public est relativement importante.

La composition de la population de la salle selon le sexe vient redoubler les effets des origines sociales élevées. Ainsi, dans la salle, il n'y a que 28 % de femmes et celles-ci exercent le plus souvent dans des positions subordonnées : elles sont particulièrement surreprésentées parmi les gestionnaires de *middle* et de *back-office* et parmi les *assistants-trader* (11 sur 19), elles sont relativement présentes parmi les commerciaux (27 % de ceux-ci), mais sont très sous-représentées parmi les ingénieurs, et surtout parmi les *traders* (4 sur 41), alors même qu'elles sont plus souvent munies d'un diplôme spécialisé en finance (53 % d'entre elles le sont contre 31 % des hommes).

Pour expliquer la présence encore limitée des femmes dans les salles de marché, sans doute faut-il insister sur les prétentions encore limitées des femmes dans cet univers qui leur semble très masculin et peu fait pour elles. Mais il ne faut pas oublier le rôle

---

2. Pour bien prendre la mesure de cette origine sociale élevée, il faudrait la comparer non pas à celle de l'ensemble des cadres et des professions intermédiaires du privé, comparaison trop large mais la seule possible compte tenu des effectifs de l'enquête, mais à l'origine sociale des élèves qui suivent des études similaires sans s'orienter finalement vers la finance. Il est possible qu'à partir d'un certain *volume de capital* la position de *trader*, peu convenable et sans pouvoir, ne soit plus du tout attrayante et délaissée à des élèves d'origine sociale un peu plus basse qui profitent avec moins de scrupules de cette possibilité économique d'enrichissement.

3. Signe à la fois de cette prépondérance et aussi de la socialisation anticipée aux métiers de la finance, 19 % des membres de la salle possédaient des actions avant l'âge de 18 ans et 37 % pendant les études supérieures. Ces taux de détention sont beaucoup plus élevés que dans le reste de la population : selon l'enquête INSEE « Détention d'actifs patrimoniaux par les ménages en 1996 », 12 % de l'ensemble des ménages détiennent des actions, 6 % des ménages dont le chef a moins de 30 ans et 9 % de ceux dont le chef a moins de 30 ans et un diplôme supérieur au baccalauréat.

TABLEAU 2.2 – *Dernière profession exercée par le père des enquêtés*

Enquête salle de marché CU et comparaison avec l'enquête « Travail et mode de vie 1997 »	*Dans la salle de marché*	*Ensemble des actifs occupé*	*Ingénieurs, cadres et PI du privé de moins de 36 ans*
Patrons, industriels, gérants, et directeurs d'entreprises	12 %	*1 %*	*2 %*
Professions libérales	11 %	*1 %*	*2 %*
Cadres du public	17 %	*4 %*	*9 %*
Cadres du privé	16 %	*2 %*	*6 %*
Ingénieurs	12 %	*2 %*	*3 %*
Professions intermédiaires	13 %	*13 %*	*18 %*
Artisans, commerçants		*11 %*	*11 %*
Employés	10 %	*11 %*	*14 %*
Ouvriers		*40 %*	*31 %*
Agriculteurs		*14 %*	*4 %*
Non-réponse	11 %	*1 %*	*0 %*

TABLEAU 2.3 – Dernière profession exercée par la mère

Patrons, professions libérales, cadres du privé	13 %
Cadres du public	15 %
Professions intermédiaires du privé, artisans, commerçantes	10 %
Professions intermédiaires du public (institutrices, infirmières...)	13 %
Ouvrières, employées, agricultrices	16 %
Sans profession	23 %
Non-réponse	11 %

qui incombe aux instances de recrutement de la salle qui, partageant des idées sexistes assez répandues dans cet univers, écartent souvent sciemment les femmes. Ainsi, avant qu'Estelle ne devienne tradeuse au prêt-emprunt, la personne qui la précédait, un homme qui a été finalement licencié car « trop mauvais », avait été alors explicitement préférée par le chef de la salle à une fille qui postulait sur le même poste, parce que ce dernier préférait recruter des hommes à ce type de poste. Estelle, elle-même, a été en butte au début à différentes formes de misogynie : lorsqu'elle a commencé à travailler, les *traders* des autres tables venaient vérifier à la table du prêt-emprunt les prix qu'elle proposait, pour voir si elle ne s'était pas trompée. Et, lorsque certains clients lui téléphonaient, ils la prenaient systématiquement pour la secrétaire d'Osman (erreur d'étiquetage) et ils répétaient parfois plusieurs fois qu'ils voulaient parler au « *trader* » ou au « chef Osman », alors même qu'elle les assurait qu'elle pouvait en tant que tradeuse donner un prix ou traiter. Comme ça l'énervait, elle se vengeait en les faisant attendre plus longtemps que les autres.

Les représentations associées aux différents métiers de la salle, avec leurs connotations masculines et féminines, influent sur la composition sexuelle des différents métiers. Ainsi, le *trader* souhaité dans les salles de marché a un « niveau intellectuel incontestable », des « réflexes pointus » et une grande capacité de « résistance au stress », tandis que le *sales*, « technico-commercial », doit « savoir se vendre », autant « qu'il sait vendre ses produits » [4]. La situation de *trader* est représentée comme un métier conflictuel et les métaphores militaires utilisées pour décrire le métier (« commando », « attaques », « raids », « affût », « chasse ») contribuent, outre leur fonction première, à marquer le caractère masculin de cette fonction.

Symptomatique à la fois de la manière dont les femmes sont vues dans les postes de *trading* et des efforts dont elles doivent faire preuve pour occuper de tels postes, ce propos de *trader* montre comment, pour lui, la masculinité de la fonction déteint en quelque sorte sur les femmes qui l'occupent : « Le sexe féminin est très peu représenté chez les *traders* et *elles sont généralement masculines* (souligné par nous). Cependant, il est bien représenté chez les vendeurs. De plus, elles sont jolies. » (*Trader* interviewé par Nicolas Thomadakis et Zakaria Benjazia [5].)

Au contraire, la fonction commerciale est moins une fonction conflictuelle qu'une fonction diplomatique, de représentation, de charme, de séduction, et, par comparaison à la fonction de *trader*, elle apparaît beaucoup plus féminine ou tout au moins plus susceptible d'être occupée par des femmes. Même les instruments principaux participent de cette sexualisation des fonctions : les instruments principaux du *trader* sont essentiellement des outils informatiques, en particulier la feuille de calcul ou le logiciel de tarification et le logiciel de passage d'ordres, tandis que celui du commercial est avant tout le téléphone,

---

4. « Métier : opérateur de marché », *Banque*, nº 566, janvier 1996, p. 61.
5. Zakaria BENJAZIA et Nicolas THOMADAKIS, *Les traders*.

instrument avec lequel les femmes sont dites particulièrement à l'aise (« Non, au téléphone, je trouve que, d'être une femme, c'est finalement avantageux », explique Delphine, tradeuse prêt-emprunt à la COQ, *trading* d'ailleurs très commercial).

Au sein des commerciaux, métier de conviction et de séduction, les femmes, qui sont beaucoup plus que les hommes, dans les sociétés modernes, confinées dans des fonctions de représentation (le « paraître » féminin contre l'« être » masculin), y sont mieux acceptées. L'utilisation de l'esthétique féminine et de techniques de séduction à connotation sexuelle et érotique fait d'ailleurs consciemment partie des stratégies commerciales des salles de marché comme le rappelle le témoignage de Patrick :

« – *Et elles sont bien acceptées ?*

– Ah, oui ! Si tu veux, avant on avait un recruteur, il choisissait que des belles nanas. [...] Parce que les clients, ils sont pas parfaits, je dirais. Ils se laissent tenter par le charme. Bon, je le comprends, parce que je me laisserais tenter aussi. Quand tu vois une belle fille devant toi, avec une bonne poitrine, bien habillée et tout. Bon, ben tu rigoles un peu plus que si tu as un mec, tu vois, hyperaustère et tout... » (Patrick.)

Même si elles sont plus présentes parmi les commerciaux, elles n'en restent pas moins minoritaires parmi ces derniers, et ce n'est que parmi les gestionnaires de *middle* et de *back-office* et *a fortiori* parmi les assistants, qu'on trouve autant sinon plus de femmes que d'hommes.

Un marché du travail sportif

Les opérateurs évoluent dans un marché du travail très particulier, dont il y a assez peu d'exemples actuellement en ces périodes de chômage, sinon peut-être dans les milieux sportifs. Tant qu'ils sont semblables au commun des mortels ou qu'ils sont en période de formation, le rapport de forces est très favorable aux banques qui ont le pouvoir de les inclure ou non dans la communauté des opérateurs de marché. Mais, du fait de la concurrence entre les banques, les opérateurs formés et confirmés (les opérateurs « *seniors* [6] ») échappent au pouvoir de

6. La différenciation entre *juniors* (moins de trois ans d'expérience) et *seniors* (plus de trois ans d'expérience) fait partie des techniques de gestion des ressources humaines importées des États-Unis particulièrement utilisées sur le marché du travail des « jeunes cadres dynamiques » du tertiaire (société de service, de conseil, etc.) et trouve un terrain de prédilection sur le marché du travail des opérateurs financiers.

Vue d'ensemble

L'analyse des correspondances multiples* suivante permet de représenter les caractéristiques des places occupées dans la salle de marché en actif, et les propriétés sociales en supplémentaire. Comme variables actives, figurées en noir, ont été utilisées les réponses aux questions suivantes : fonction, table, principaux produits sur lesquels des opérations sont effectuées, revenu fixe perçu et *bonus* perçu. En variables supplémentaires, aux symboles grisés et aux libellés en italique, celles aux questions suivantes : diplôme de l'enquêté, sexe, situation familiale, profession du père, diplôme du père.

Analyse des correspondances multiples
*sur les positions dans la salle, variables actives en noir**,*
variables supplémentaires en petit et en italique

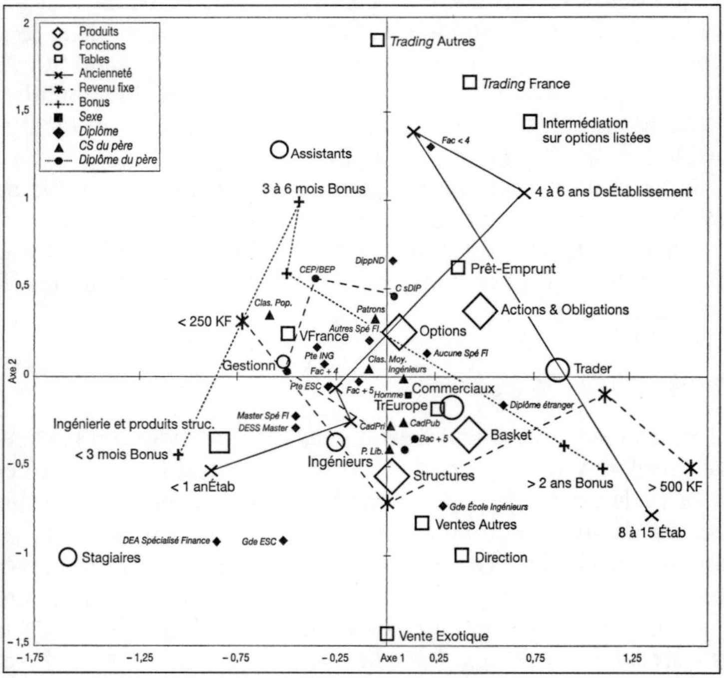

Les hiérarchies du revenu, du *bonus* et de l'ancienneté donnent un sens assez simple au premier axe : à gauche du premier axe, se trouvent les dominés de la salle, les stagiaires, les nouvelles recrues, les assistants, les gestionnaires et, à l'autre bout de l'axe, les dominants, *traders*, commerciaux et membres de la table de direction, qui gagnent beaucoup d'argent.

L'axe différencie deux formes de métiers, de trajectoire et de *capital* dans la salle de marché : d'un côté, au nord, les membres des tables de *trading*, qui manipulent plutôt plus fréquemment actions, obligations (notées *Actions & Obligations*) et options, et les vendeurs, au sud, qui vendent indifféremment tous les types de produits, en particulier les produits plus rares comme les produits structurés (*Structurés*). La progression du revenu des commerciaux en fonction de l'ancienneté est peut-être un peu plus rapide, ce qui explique la forme globale des courbes.

Avec les variables supplémentaires, on peut voir qu'au nord-ouest, les dominés exécutants comme les *assistants-trader*, les gestionnaires de *middle-office*, sont plus souvent des femmes, issues des classes moyennes (*Clas. Moy*) ou populaires (*Clas. Pop.*). Au sud-ouest, les dominés provisoires, les stagiaires qui aspirent à devenir opérateurs, sont très bien pourvus de diplômes spécialisés en finance de toutes sortes (*DEASpécialiséFinanc* et *DESSSpéFi*), et ont des origines sociales plus élevées comme une mère issue du cadre du public (non figurée), ce qui explique en partie une telle réussite scolaire. Au nord-est, les membres des tables de *trading* France ou « Autres », les *traders* et les vendeurs de la table d'intermédiation sur options listées, vendeurs qui effectuent par téléphone l'ancien travail des négociateurs du MONEP avant l'informatisation des options listées, ont des origines sociales assez hétérogènes : une partie d'entre eux ont des origines sociales assez basses (père sans diplôme, *SsDip*), en particulier les rescapés de la criée, les débauchés des autres entreprises, mais la plus grande partie des *traders*, dont le point de projection est sur la ligne de l'axe 1, a, au contraire, des origines sociales assez hautes, comme un père ingénieur. Enfin au sud-est, ceux qui ont des gros salaires, souvent commerciaux ou membres de la table de direction, sont plus souvent des personnes dont l'origine sociale est assez élevée (père profession libérale, noté *P. lib.*).

* L'analyse des correspondances multiples est une technique de traitement des tableaux comportant un grand nombre de variables qualitatives. Cette analyse permet de calculer à partir des réponses des individus aux variables actives le sous-espace qui déforme le moins le nuage des réponses. Plus deux modalités de réponses sont proches sur le premier plan, plus ce sont des modalités qui sont choisies par le même genre d'individus. Les variables supplémentaires, contrairement aux actives, n'ont pas servi à construire les axes et sont projetées dans le plan des variables actives. Elles permettent, ainsi, de caractériser de manière non tautologique les différentes régions du plan.

** La surface des points est proportionnelle au poids de la modalité dans la population.

leur maison de formation et peuvent aller se vendre au plus offrant.

Les rémunérations très élevées et la mobilité importante sont rendues possibles d'une part par le faible nombre de personnes détenant les diplômes spécialisés en finance en regard des besoins et d'autre part par un certain malthusianisme des banques et des salles de marché en ce qui concerne le recrutement de *juniors*. En effet, étant donné que, pour un responsable d'activité, l'embauche d'un *junior* revient à un partage du profit, il est nécessaire pour qu'il l'accepte qu'il bénéficie de bonnes perspectives de développement, sinon il préférera prendre lui-même en charge la surcharge de travail ou la déléguer à un faisant-fonction *assistant-trader* ou *middle-office* qui n'est alors pas inclus dans la communauté des opérateurs confirmés. Ainsi, le responsable de la table belge se montre très méfiant à l'égard d'éventuels stagiaires, car, si le stagiaire se révèle compétent, la direction de la salle risque de l'embaucher et d'obliger le chef de la table belge à partager le *bonus* avec lui.

La production d'opérateurs confirmés est donc assez limitée, ce qui favorise les enchères des banques à la hausse et un *turn-over* croissant. L'état actuel du marché du travail favorise donc pour les opérateurs à court terme un fort *turn-over* et l'élaboration explicite de stratégies de *turn-over* mais aussi un avenir à plus long terme beaucoup plus flou et imprécis.

La pratique du *turn-over*, si elle est propre à certains marchés du travail tendus, n'a rien d'une attitude économique « naturelle ». Elle suppose de pouvoir remettre en cause les relations personnelles et matérielles dans lesquelles l'acteur est engagé pour reconstruire un autre projet. Elle suppose une grande disponibilité à l'égard des attachements qui découlent de l'activité ordinaire. Dans la salle, 78 % des enquêtés sont prêts à quitter la salle de marché de la Compagnie universelle si l'on leur propose un revenu suffisamment intéressant. Cinq pour cent sont prêts à le faire pour une offre de revenu de 1 à 1,2 fois leur revenu actuel, 21 % pour une offre de 1,2 à 1,5, 43 % pour une offre de 1,5 à 2,5, et 9 % pour une offre de plus de 2,5 fois leur revenu actuel. Une demande élevée ne traduit pas un attachement particulièrement fort à l'entreprise mais au contraire une intégration plus forte au marché des opérateurs *seniors* qui seuls peuvent prétendre à de tels montants de transferts. Vingt-quatre pour cent des personnes qui ont passé entre deux et quatre ans dans l'établissement, 17 % des *traders*, et 23 % des personnes qui gagnent entre 250 000 et 350 000 francs par an partiraient de la Compagnie universelle pour une offre supérieure à 2,5 fois leur ancien revenu. Les plus anciens, ceux qui occupent des postes de pouvoir, sont les plus fidèles à l'entreprise, tandis que les dominés de la salle, les gestionnaires, les assistants, les femmes, sont prêts à partir pour une offre beaucoup plus faible, 1 à 1,5 fois leur revenu, montrant surtout par la limitation de leur prétention salariale le nombre très limité des propositions d'embauche qui peuvent leur parvenir.

Le taux de *turn-over*, évalué à 56 % pour la salle en deux ans et demi, varie fortement en fonction de la conjoncture, en fonction des gains ou des pertes accumulés par les opérateurs dans leur banque d'appartenance, de l'état de la concurrence entre les établissements bancaires et des perspectives de développement des activités financières. Un cas de figure assez typique des départs de la Compagnie universelle est celui d'un opérateur qui, lors de l'année précédant son départ, a fait une bonne année et qui attend le mois de février pour empocher son *bonus* mais qui a fait des pertes lors des deux premiers mois. Il se sert de sa bonne année comme argument de vente et part en laissant les pertes au suivant.

Pour pouvoir participer à ce *turn-over*, les différents membres de la salle doivent se rendre visibles aux concurrents de leur banque d'appartenance et leur envoyer des signaux sur leur propre rentabilité. Les opérateurs, en particulier les commerciaux, sont en contact téléphonique permanent avec leurs clients basés dans des entreprises industrielles ou surtout dans d'autres banques, et sont bien placés pour se vendre, car leurs clients-concurrents font l'expérience quasi quotidienne de leur compétence commerciale. Au bout de deux ans, le commercial est d'ailleurs extrêmement mobile, puisque son *capital* accumulé au cours de ces deux premières années se réduit à un fichier Excel d'adresses d'opérateurs de banque avec lesquels il a pris l'habitude de traiter et établi des affinités. En général, il est d'ailleurs embauché dans une nouvelle banque pour traiter avec ses anciens clients : un commercial revend autant à sa nouvelle banque sa capacité à vendre et à se vendre que son *capital social* transcrit sur un carnet d'adresses.

Steve, vendeur d'ECU dans les années quatre-vingt à Londres, a pu ainsi grâce aux relations nouées chaque jour sur le marché, organiser le départ de toute son équipe de vendeurs :

« Et nous faisions beaucoup d'argent, et l'ECU a vraiment décollé. C'était stupéfiant ! [...] On s'est fait approcher par une autre société. Quelqu'un que je connaissais est venu me voir et me dire : "Venez chez nous et faites de l'ECU !" Alors on était quatre, il y avait un gars qui s'appelait Burny, il y avait Dave, mon meilleur ami sur le marché, et Angus. [...] On a déjeuné ensemble et on a discuté. Parce que ça doublait nos salaires ! Ça nous donnait vraiment de belles voitures, et la possibilité de faire un voyage en Europe ! Alors, oui, on a fini par accepter ! Et tous les quatre on y a été ! À ce moment j'étais genre à 17 000 ou 18 000 livres par an. Et ils m'offraient 40 000 livres pour que je vienne, quelque chose comme 400 000 francs pour y entrer. »

Même si les *traders* ont peut-être un peu moins l'occasion de se vendre, des conversations occasionnelles avec des contreparties au téléphone, ou plus encore l'habitude sur les marchés de parler soit de ses propres exploits financiers, soit de ceux de ses collègues, permet à une personne de l'extérieur de repérer assez vite les perles rares, et, aidée par les cabinets de recrutement spécialisés qui ont acquis une très bonne connaissance des membres du champ, de les recruter.

Un autre facteur qui détermine le taux de *turn-over*, est la composition démographique et morphologique de la salle : si les places de chefs de *desk*, de responsable d'activités, de *seniors* sont déjà prises et bien prises, et si un rythme de développement des activités ne donne pas aux *traders* un exutoire à leurs ambitions, alors il peut être intéressant pour des vieux *juniors* d'aller vendre leurs talents dans une autre banque.

Delphine, après deux ans passés comme tradeuse prêt-emprunt à la BBE, accepte la proposition d'emploi d'un chasseur de têtes qui recrutait pour la COQ et qui en passant en revue les différents intervenants de la place a été amené à la contacter : « En fait, la raison principale, c'est que j'avais l'impression d'avoir fini d'apprendre. Ils avaient pas une volonté de développer soit des nouveaux marchés, soit d'autres types d'activités… Et puis c'est vrai que les dérivés, c'était pas l'activité phare… Donc, on avait pas tous les moyens de faire ce qu'on voulait. […] J'avais le sentiment que, dans cette activité-là, il y avait beaucoup plus de choses à faire que la BBE ne voulait le faire. […]

– *Il y avait eu plusieurs départs avant ?*

– Ouais, il y avait eu plusieurs départs. […] C'est vrai qu'il y avait des raisons de partir… C'était une structure où il n'y avait que des *seniors* et des *juniors* et les jeunes finalement se trouvaient un peu coincés dans leur évolution parce qu'il y avait un *senior* au-dessus et comme il n'y avait pas de projets de développement de la structure, ils savaient qu'ils étaient condamnés à faire toujours la même chose et que… C'est pas très, très motivant… »

Malgré le fait que les seniors et les juniors aient souvent moins de dix ans de différence, sur ce marché du travail, on n'attend pas. Le *turn-over* important et l'augmentation rapide du nombre de postes sur le marché financier font de la jeunesse des métiers et de leurs occupants une caractéristique importante pour le fonctionnement du marché du travail. Dans la salle des marchés de la Compagnie universelle, quasiment tous les membres ont moins de 35 ans. La jeunesse de ces métiers, la disponibilité mentale que provoque le *turn-over* élevé a pour corrélat la difficulté des membres de la salle à se représenter leur avenir et ce d'autant plus qu'en France la plupart des acteurs du marché (ressources humaines et opérateurs) considèrent qu'on ne peut pas rester plus de dix ans sur le marché, même si, aux États-Unis, où la transformation des marchés a eu lieu beaucoup plus tôt, le vieillissement des opérateurs a fini par bousculer la norme des dix ans maximum d'ancienneté. En France, le problème commence à se poser aujourd'hui en 1998, dix ans après la transformation des marchés.

Lorsqu'on leur demande combien de temps ils souhaitent rester dans cette banque ou dans une salle de marché, le taux élevé de non-réponse (de 31 % pour la première question, et de 23 % pour la seconde) est le trait le plus caractéristique. Même si, dans l'univers des marchés, c'est une question qui se pose, les opérateurs ne lui trouvent pas de réponse. De même lorsqu'on demande dans quel secteur ils comptent se reconvertir (question ouverte), le taux de non-réponse, 42 % des enquêtés, est encore plus fort. La représentation du futur est floue peut-être parce que la perspective de départ dans d'autres établissements à court terme brouille les projets au-delà de la première échéance, parce qu'il y a assez peu d'exemples sur le marché – si ce n'est celui des États-Unis – sur lesquels se fonder pour envisager son avenir, et enfin parce que la reconversion est une perspective un peu douloureuse qu'il convient de ne pas trop envisager de peur qu'elle vienne ombrager la félicité financière que connaissent bien des membres de la salle.

Comme ces métiers sont pensés sur le modèle des métiers du sport, et parce qu'on y est sujet à des brusques montées de stress, il est de coutume de penser qu'à partir d'un certain âge on « ne sait plus encaisser les coups », « gérer le stress », et qu'on « devient moins performant ». Cette représentation, qui a sans doute plus de sens dans la mythologie du *trader* – baroudeur – mercenaire que dans la réalité effective, et la lassitude qu'engendre un métier malgré tout fort répétitif contribuent à faire croire à l'opérateur qu'il se doit d'être fort mobile. Cependant il existe peu de métiers tant dans la banque que hors de celle-ci où il est possible de gagner autant d'argent. Aussi la reconversion signifie-t-elle l'acceptation d'une baisse de revenu, d'autant plus douloureuse que l'opérateur a adapté le niveau de ses dépenses au niveau de son revenu. Quand bien même les membres de la salle épargnent de manière régulière (71 % des enquêtés), voire le font pour compenser une éventuelle baisse des revenus (23 % des enquêtés), la reconversion est une question qui se pose et qui reste bien souvent en suspens et ne trouve pas de réponse suffisante pour permettre de préciser le secteur ou la date.

Parfois la reconversion prend la forme d'un projet irréalisable, semblable à l'irréalisme des enfants des classes populaires lorsqu'on leur demande à l'école quel métier ils veulent faire. Damien, *trader* prêt-emprunt, issu d'une famille de petits commerçants d'une région rurale, aimerait devenir commissaire-priseur spécialisé dans les objets d'art égyptiens. De temps à autre, il caresse l'idée d'effectuer réellement cette reconversion rêvée en expliquant qu'il peut aller s'inscrire à l'École du Louvre et recommencer des études pour acquérir ce titre. La situation de commissaire-priseur est véritablement une inversion anoblissante de sa propre situation. Il s'agit du commerce de valeurs d'art et non de valeurs, et d'une situation de surplomb au-dessus du marché (commissaire-priseur) et non de participation comme celle du *trader*.

Tous les opérateurs ne sont pas égaux face à la reconversion. Les commerciaux, qui accumulent essentiellement un *capital social* et une capacité à vendre n'importe quel produit, peuvent soit se servir de leur réseau de relations pour obtenir un poste ailleurs dans l'industrie ou dans la banque, soit vendre leur capacité de vente dans un département commercial d'un tout autre secteur. Les *traders* qui ont surtout accumulé une connaissance de certains produits, de certains marchés et de certaines techniques financières, ont moins d'arguments à faire valoir ailleurs que dans la finance, surtout qu'il est d'usage de considérer que la formation d'ingénieur initiale qu'ont de nombreux *traders* est périmée après quelques années d'exercice dans la finance : si certains, comme Louis, peuvent essayer de vendre leur connaissance du marché aux grands groupes industriels qui sont actuellement en train de se doter de leur propre salle de marché, pour la majorité d'entre eux, les perspectives sont essentiellement des poursuites de carrière dans d'autres segments de la finance : gestion de portefeuilles et fusion-acquisition pour les plus chanceux, gestion des *middle* et des *back-offices* pour les moins chanceux.

Le témoignage de Patrick, commercial, est assez éclairant sur cette inégalité des chances de reconversion entre *traders* et commerciaux :

« – *Après si l'on arrête, c'est plus facile pour se reconvertir ?*

– T'as déjà eu une expérience, t'as un carnet d'adresses, t'as une expérience commerciale, toutes les entreprises en recherchent des commerciaux... Donc, euh, on a eu régulièrement des formations de technique de vente... C'est beaucoup plus facilement faisable. T'es toujours en contact avec la clientèle. Quand tu as eu la responsabilité d'une équipe commerciale, tu peux presque être commercial dans n'importe quelle autre entreprise. Tu as toujours des objectifs à atteindre, t'as toujours une manière de vendre... et des équipes de vente... Elles reviennent à qui peut... À mon avis c'est beaucoup plus facilement vendable que *trader* dollars-marks. *Trader* dollars-marks, tu vas dans une autre entreprise, on te dit : “Attendez, qu'est-ce que vous allez nous apporter ?” [...] C'est fini, quoi ! Normalement, tu fais de l'argent rapidement quand tu es *trader*, parce que vraiment tu sais pas ce que tu vas devenir.

– *C'est ce qu'ils font ?*

– Non, il y en a qui ne le font pas. Il y en a qui réussissent comme là. Donc eux, ils gagnent plus d'argent, ils ont plus de responsabilités, donc tant mieux. Et puis, il y en a d'autres, bon, ben ils sont mis sur une voie de garage. Il y en a certains qui sont chanceux, donc ils gardent leur salaire. Ils gardent pas leur primes, mais ils gardent leur salaire fixe. Ce qui est pas mal. C'est correct quand même. Et puis voilà, quoi, basta. Ils attendent la retraite et puis c'est fini. Ils ont des postes de *back-office*... »

Sur certains segments de marché, la reconversion n'est pas organisée par l'opérateur mais imposée par le cours des événements financiers, par le rythme de formation et de déformation des niches sur lesquelles le gain est possible. Tant que la volatilité est là, que les gains sont forts sur un marché ou un segment donnés, les principaux opérateurs de ce marché en profitent et tournent sur ce marché, imposant le rapport de forces aux établissements, mais, parfois, l'augmentation de la concurrence, la modification des réglementations étatiques ou la transformation des relations financières internationales peuvent réduire à rien cette source de gain. Le marché du travail secondaire et le *turn-over* s'écroulent, et c'est plutôt le sauve-qui-peut pour la reconversion, hors de la finance ou en son sein, reconversion d'autant plus difficile que les opérateurs se sont spécialisés dans leur segment de marché. C'est ainsi que la plupart des opérateurs sur le change européen ont été sacrifiés, avant même l'instauration de l'euro, par la politique de convergence qui a réduit à une peau de chagrin la volatilité qui faisait leur fortune et qui a obligé brutalement les opérateurs à donner une réponse à la question, jadis laissée ouverte, de la reconversion.

Incitation : une politique de gouvernement des personnes

Avec les choix de l'organisation du travail et les pratiques de recrutement, le système des rémunérations est un des mécanismes particulièrement importants qui contribuent à produire la rationalisation, c'est-à-dire l'orientation méthodique du collectif de travail vers le profit. En un sens, ces pratiques de rémunération qui tiennent compte des contraintes marchandes et des impératifs d'incitation des salariés de la salle sont bien des solutions économiques (dans les deux sens du terme). Mais elles n'en sont pas moins le produit d'un équilibre des rapports de forces au sein de la salle de marché.

L'ordre des rémunérations

Les rémunérations sont un des principaux facteurs de l'attractivité des métiers des salles de marché et elles constituent un des principaux éléments du mythe des *golden boys* des années quatre-vingt. La rémunération se constitue d'un salaire fixe et d'une prime substantielle distribuée en général une fois par an.

D'après, l'article de *Banque* [7] de janvier 1996 sur les métiers d'opérateur de marché, le « fixe » varie entre 160 000 (pour les titulaires d'un DESS) et 220 000 francs bruts annuels (pour ceux qui sortent des écoles, X, Mines, Centrale, HEC). Celui d'un opérateur *senior* qui a plus de cinq années d'expérience, entre 350 000 et 650 000 francs. Le salaire du débutant n'est pas très élevé, sachant que les « 200 KF » constituent la référence du juste salaire pour les débutants issus des grandes écoles. En

7. « Métier : l'opérateur de marché », *Banque, op. cit.*

revanche, les salaires fixes des *seniors* sont plus exceptionnels pour des cadres salariés issus de grandes écoles.

Dans la salle, la distribution des salaires fixes est assez proche de l'ordre de grandeur donné par *Banque*. Les 10 % qui gagnent moins de 100 000 francs sont les stagiaires ; la quasi-totalité des salariés d'exécution, assistants et gestionnaires gagnent entre 150 000 et 250 000 francs, c'est-à-dire des salaires assez élevés si on les compare aux salaires auxquels ils pourraient prétendre dans d'autres secteurs de la banque mais assez faibles au regard du salaire des opérateurs. En effet, les salaires de ces derniers, plus fréquemment entre 250 000 et 350 000 francs, peuvent, avec l'ancienneté et le pouvoir (chefs de *desk* et responsables commerciaux), dépasser les 500 000 ou les 750 000 francs. Le cas des ingénieurs est un peu plus complexe. Pour être plus précis, il faudrait séparer les ingénieurs en deux groupes : les ingénieurs recherche et développement, et les ingénieurs financiers, dont le profil est plus proche de celui des *traders* ou des commerciaux.

TABLEAU 2.4 – « *À combien s'élève votre* salaire fixe *?* »

<table>
<tr><th></th><th>Ensemble</th><th>Stagiaires, assistants, gestionnaires</th><th>Ingénieurs</th><th>Commerciaux</th><th>Traders</th></tr>
<tr><td>Moins de 100 000 F brut par an</td><td>11 %</td><td rowspan="3">97 %</td><td rowspan="3">31 %</td><td rowspan="3">35 %</td><td rowspan="3">13 %</td></tr>
<tr><td>Entre 100 000 et 150 000 F brut par an</td><td>0 %</td></tr>
<tr><td>Entre 150 000 et 250 000 F brut par an</td><td>38 %</td></tr>
<tr><td>Entre 250 000 et 350 000 F brut par an</td><td>19 %</td><td>0 %</td><td>46 %</td><td>27 %</td><td>21 %</td></tr>
<tr><td>Entre 350 000 et 500 000 F brut par an</td><td>12 %</td><td>0 %</td><td>8 %</td><td>19 %</td><td>21 %</td></tr>
<tr><td>Entre 500 000 et 750 000 F brut par an</td><td>12 %</td><td rowspan="2">0 %</td><td rowspan="2">8 %</td><td rowspan="2">15 %</td><td rowspan="2">29 %</td></tr>
<tr><td>Plus de 750 000 F par an</td><td>1 %</td></tr>
<tr><td>Non-réponse</td><td>7 %</td><td>3 %</td><td>8 %</td><td>4 %</td><td>17 %</td></tr>
<tr><td>n =</td><td>94</td><td>31</td><td>13</td><td>26</td><td>24</td></tr>
</table>

Les salaires du personnel des salles de marché ne seraient pas si extraordinaires s'ils n'étaient pas accompagnés de primes substantielles. D'après les réponses au questionnaire, 25 % des membres de la salle (le plus souvent des stagiaires ou des gestionnaires de *back-office*) ont reçu une prime annuelle inférieure à trois mois de salaire fixe, 28 % une prime comprise entre trois mois de salaire et un an de salaire, 28 % entre un an de salaire et quatre ans de salaire, et 5 % une prime annuelle supérieure à quatre ans de salaire (15 % de non-réponses).On comprend que les primes sont, en 1998, dans la salle de marché de la Compagnie universelle, le principal motif de satisfaction avec 34 % des membres de la salle qui s'en déclaraient très satisfaits (contre 9 % pour le revenu).

Les primes font l'objet d'une détermination complexe qui engage l'ensemble des maillons du pouvoir de la salle de marché et de la banque. En début d'année, le chef de salle négocie un objectif de profit avec la direction de la banque. Comme l'enveloppe totale de *bonus* de la salle dépendra du dépassement de cet objectif à la fin d'année, le chef de salle a intérêt à ce que l'objectif fixé ne soit pas trop élevé.

Ensuite les différents chefs de *desk* négocient avec le chef de salle leur objectif, pour chacun de leur *desk*. L'objectif de profit n'est pas distribué de manière identique à chacun des responsables. En fonction de l'ancienneté ou de la nouveauté de l'activité, du caractère concurrentiel ou non du marché, de l'expérience des opérateurs ou des équipes, on estimera le profit plus ou moins facile ou difficile, et on fixera un objectif de profit plus élevé pour les profits faciles et moins élevé pour les profits difficiles à acquérir. C'est ainsi que Mathieu, actuel responsable du *trading*, qui avait gagné 100 millions de francs sur les marchés asiatiques avait déclaré qu'il était plus facile de gagner autant sur l'Asie que de gagner 10 millions de francs sur le marché de Chicago (en raison de la concurrence beaucoup plus âpre). La fixation des objectifs de *bonus* est un moment de discussion un peu tendu entre les différents responsables d'activité, car chacun plaide pour sa chapelle et a intérêt à n'avoir qu'un objectif minimal pour son activité et à faire supporter aux autres responsables la plus grande part de l'objectif.

Une telle organisation favorise la marchandisation des relations entre les *desks*. Les termes de la relation commerciale interne forcée entre les tables font aussi l'objet d'âpres négociations. Par exemple, les *traders* lorsqu'ils doivent emprunter des titres, sont obligés d'aller les emprunter au *desk* de prêt-emprunt qui, lui, les emprunte sur le marché extérieur. Mais l'enjeu le plus important dans les relations économiques entre les *desks* est le mode de partage du profit, le *P & L*, « *profits and losses* », entre les tables de commerciaux et les tables de *traders*. Plusieurs organisations sont possibles en fonction des activités que la salle cherche à privilégier et du pouvoir des différents *desks*. Dans la banque de Patrick, les vendeurs vendent les produits des *traders*, sur lesquels le *trader* a déjà rajouté une marge, et ils sont rémunérés au volume vendu. À la Compagnie universelle, le partage ne s'effectue pas de la même manière selon la provenance du produit. Pour les options classiques et les *warrants*, les commerciaux rajoutent une marge sur les produits des *traders*, et la marge leur revient entièrement, tandis que, pour les produits de la table d'ingénierie financière, options exotiques et produits structurés, il y a une double comptabilité entre le *trader* et le commercial et un partage de la marge. Cette commercialisation des relations entre les *desks* renforce d'ailleurs la concurrence entre ceux-ci, dissuade la coopération (partage de certaines ressources informatiques, de documentation, etc.) et favorise un patriotisme de *desk*, qui tend à attacher l'opérateur à son équipe.

Au niveau en dessous, le chef de *desk* répartit ensuite les objectifs au sein de son équipe. Là, chaque opérateur a de même intérêt à négocier les objectifs les plus faibles. Le chef de *desk* doit veiller cependant à ne pas donner aux opérateurs des objectifs irréalisables, sinon il peut être accusé, en cas de non-réalisation de ces objectifs individuels, de mauvaise gestion ou de mauvais recrutement :

« *– Les négociations, c'est pas dur pour les objectifs ? Il n'y a pas des tensions ?*

– Non, pas énormément, parce qu'en fait c'est toujours pareil, l'intérêt du responsable, c'est qu'on fasse nos objectifs... [...] Ton intérêt, c'est toujours d'avoir des objectifs assez faibles, tu vois. Moi j'ai demandé, on a négocié avec notre responsable, d'avoir des objectifs pas trop élevés. Notre responsable va négocier avec la hiérarchie pour avoir des objectifs pas trop élevés, c'est toujours pareil... Si en cours de route, tout le monde a suivi ces objectifs, ben c'est bon tu les as faits aussi. Donc c'est pas trop ton intérêt de les fixer trop haut, parce que si tes collaborateurs les ont pas faits, soit ils sont mauvais, soit t'as pas bien recruté, soit t'as pas su les manager, donc t'es pas neutre dans l'histoire. Donc, il vaut mieux... je dis pas qu'ils sont faciles, mais ils ne sont pas extrêmement difficiles non plus. Même le directeur de la salle de marchés, quand le directeur général va lui dire “il va falloir faire 1,2 milliard cette année”, il dit “non, vous rigolez”, alors qu'il sait très bien 1,2 milliard, il peut les faire, mais il va pas dire, “bon, ben d'accord, je vais essayer…”, il va dire “non, non, 800 millions, avec les crises en Asie, il y a l'euro qui va arriver, on ne peut pas”. Bon ben, pourquoi ? Ben, parce que son intérêt, lui, c'est d'avoir l'objectif le plus bas possible. Et ça se passe à tous les niveaux, ça. C'est négocier à chaque fois son objectif le plus bas possible. » (Patrick, vendeur au Prêt R.)

L'objectif diffère selon les activités, les *desks* et l'état des relations dans la salle. La salle de la Compagnie universelle a un objectif de 1,4 milliard de profit en 1998, Damien en a un de 45 millions de francs, au prêt-emprunt, secteur où le profit, fruit du partage de la déduction fiscale avec les contreparties, est relativement aisé. Thierry, *trader* confirmé compte propre à la BPP sur les obligations européennes, a un objectif de 20 millions de francs.

La fixation des objectifs donne un cadre pour le calcul des *bonus* sans le déterminer totalement *a priori*. Chaque soir l'opérateur reçoit la « valo » où est calculé le *P & L* (*profits and losses*) avec valorisation des avoirs en titres et en devises au cours du jour (« *marked-to-market* ») et actualisation des flux futurs au taux d'intérêt du marché monétaire. Il suit ainsi l'évolution de son profit (ou de ses pertes), la réalisation ou le dépassement de son objectif. En fin d'année, l'opérateur sait ainsi de combien, il a ou n'a pas dépassé son objectif.

En fonction des résultats de l'ensemble de la salle et de ceux du groupe, le chef de salle reçoit une certaine enveloppe de *bonus*, sur laquelle est d'abord prélevée sa propre prime, et le reste est redistribué aux différentes activités, ainsi de suite jusqu'aux opérateurs. À la Compagnie universelle, avant de leur attribuer leur *bonus*, les chefs de *desk* demandent aux opérateurs de déclarer le *bonus* auquel ils prétendent : si le montant est plus élevé que ce que le chef comptait donner, ce dernier répond que la prétention est exagérée et donne finalement la quantité initialement prévue ; en revanche, si la demande de l'opérateur est inférieure à ce que le chef voulait lui donner, le chef se contente alors uniquement de répondre à son attente et garde le reste pour lui ou pour d'autres. C'est ainsi que la situation de chef de *desk* est très stratégique dans la chaîne de distribution du *bonus*. Car celui-ci peut, par diverses manières, à la fois gagner une part importante de *bonus* pour son *desk* en négociant avec le chef de salle plus habilement que les autres chefs de *desk* la fixation des objectifs, mais aussi parce que ce dernier peut s'approprier de multiples façons les profits engendrés et dévolus à ses opérateurs :

« – C'est vrai que c'est hyperintéressant et c'est mieux aussi d'être responsable de *desk*. Et puis tu gagnes beaucoup plus. Forcément, si tu veux, nous on est en bas de la hiérarchie. Plus tu montes et plus c'est toi qui répartis les primes. Donc, voilà, c'est aussi simple que ça. Si t'es au-dessus, c'est toi qui répartis les primes, donc forcément... Tu donnes 20 000 ou 30 000 balles de moins à chacun et tu te ramasses ça pour toi. Bon ben, voilà, ben c'est vite vu. C'est pas grand-chose. Tu sais quand tu donnes 20 000 ou 30 000 balles de moins pour chaque opérateur. Tu dis voilà, ça été difficile cette année, on n'a pas pu avoir mieux et il te raconte n'importe quoi et puis il se les met dans la poche et tu ne peux pas vérifier. Tu vois ça marche comme cela.

– *Ça se fait ça ?*

– Ah oui ! Tout le monde le fait. C'est normal, parce que bon... Moi je considère que c'est normal, parce que, si tu veux, les gens ils sont là pour gagner de l'argent, et ils sont pas là pour... Ils donnent juste ce qu'il faut pour que tu sois content et que tu sautes pas non plus au plafond mais ils donnent aussi juste ce qu'il faut pour pas avoir de problèmes. » (Patrick.)

La distribution du *bonus* a à la fois pour fonction de prévenir le départ des opérateurs les plus rentables vers d'autres banques et d'inciter à l'accumulation du profit l'ensemble du groupe, de la salle, du *desk*. Mais une individualisation trop forte des *bonus* peut entraîner des effets pervers. Un grand nombre d'activités n'engendrent pas de profits directs, et bien des membres de la salle n'ont pas de *P & L* ou ont un *P & L* qui ne compte pas pour grand-chose. Par exemple, il est difficile de calculer la part du profit engendrée par l'activité de marketing, les activités de recherche informatique, etc. et d'aligner la rémunération de ces personnes-là sur des règles strictes d'attribution du *bonus* en termes de pourcentage. En outre, au niveau du *desk*, une individualisation trop importante peut nuire au profit global. En effet, elle peut favoriser la délégation collective des tâches nécessaires ne comptant pas pour le *bonus*, accroître la concurrence interne au *desk*, inciter chaque opérateur à prospecter sur les plates-bandes de son concurrent pour gagner ses clients ou accaparer ses produits juteux, ou entraîner une dégradation de l'ambiance et un manque de coopération qui affectent le profit total. La collectivisation de l'objectif au niveau du *desk* et la distribution du *bonus* en fonction de la participation au profit d'ensemble n'est pas non plus adéquate, car elle apparaît aux yeux des *traders* comme une individualisation qui ne dit pas son nom, plus personnalisée, plus « politique ». Plus généralement, un intéressement sur objectif individualisé rend saillant l'*arbitraire des attributions* (de places, de postes, etc.), tandis qu'un intéressement sur objectif collectif rend saillante l'*inégalité des contributions*.

« – En fait, il y en a une qui est partie en congé de maternité, et puis, je m'entends avec tout le monde sauf avec la personne avec qui je travaille, justement.

– *Ah, oui !*

– Parce que, il y a beaucoup de concurrence, tu vois... Et moi, je ne suis pas trop comme ça... Si tu veux, l'autre personne, elle est toujours là à faire du vent auprès du responsable et tout ça. C'est chiant et puis je suis obligé de faire pareil. Donc, c'est un peu la guerre et c'est pas évident. C'est un métier de commercial pur. Et il faut être le premier dans les objectifs. Même si, tu vois, ce qui est un peu faux, même si les objectifs sont collectifs en apparence, le responsable va quand même regarder les objectifs personnels même s'ils ne sont pas du tout officiels. Il y en a pas. Mais à chaque fois que tu fais un ticket, il y a ton nom, alors il regarde. Il ne le dit pas, mais pour l'appréciation de son personnel, c'est très important, tu vois. Donc, ça c'est dans tous les métiers, et c'est assez difficile, quoi.

– *Donc, tu as l'impression que l'autre peut ramasser ton travail ?*

– Voilà, c'est ça. C'est toujours ça. On te donne un client, et puis il appelle, et puis voilà, pof, l'autre a décroché, quoi. Donc, voilà, quoi. C'est comme ça. » (Patrick.)

Chaque banque a adopté sa propre stratégie de rémunération et sa propre recette : à la COQ, d'après l'article de *Banque* cité ci-dessus, ils donnent « l'enveloppe au responsable du *desk* qui la répartit, non seulement, en fonction de la performance individuelle, mais aussi de l'esprit d'équipe démontré par chacun, pour que celle-ci atteigne les objectifs globaux » ; au DM, « la norme, c'est la possibilité de caractériser un résultat pour un opérateur », tandis qu'à la CSIF, « il faut que les gens se sentent solidaires les uns des autres ; le résultat n'est donc pas apprécié par opérateur mais par type d'activité sur la base d'une équipe ». La

Compagnie universelle a adopté un système plutôt hybride, entre celui de la COQ et celui du DM.

Le *bonus* est très variable d'une année sur l'autre. La revue *Banque* rapporte que les résultats, euphoriques en 1993, ont été catastrophiques dans beaucoup de banques en 1994, et très mitigées en 1995. En 1997, alors que beaucoup de banques, qui ont subi des pertes à cause de la crise asiatique (comme celle de Maël), distribueront peu de *bonus*, les résultats de la Compagnie universelle ont été exceptionnels. Le chef de salle a ainsi déclaré lors de la présentation annuelle des résultats : « Je ne suis pas loin de penser qu'on a été les meilleurs l'an dernier. » Les *bonus* représentent pour bien des opérateurs la part la plus importante des revenus perçus : 42 % des *traders* déclarent ainsi percevoir un bonus supérieur à deux ans de salaire contre 23 % des ingénieurs. Un *trader* particulièrement renommé dans la salle de marché, Renaud, est supposé gagner cinq millions par an.

Même si les opérateurs parlent très peu de leur revenu total (dans certaines banques comme celle de Patrick, c'est d'ailleurs une faute professionnelle que de divulguer son revenu), les revenus, le mode d'attribution des *bonus*, les *bonus* réels ou supposés des uns et des autres font l'objet de discussions fréquentes entre les opérateurs au cours des déjeuners ou même tout au long de la journée dans la salle. Les débats portent sur la comparaison entre contribution au profit total, difficulté des objectifs et *bonus* touché en retour.

Ainsi, lors d'un repas, Patrice, jeune X qui fait du *basket trading*, se plaint des *bonus* des *juniors* qui lui semblent sacrifiés. Il explique que la progression des *bonus* est un peu logarithmique : 10 000, 100 000, puis 1 million. Un autre développe une théorie de la distribution des *bonus* qui rappelle par certains aspects la distribution des revenus dans la société de cour sous Louis XIV, dont Elias a fait la théorie. Selon lui, il faut avoir un rythme de dépense ostentatoire pour obtenir des gros *bonus*. Si l'on vit de manière économique, les chefs croient qu'on n'a pas besoin de gros *bonus* pour soutenir son rythme de vie et qu'on ne va pas être à l'affût des propositions alléchantes des concurrents. Il y aurait donc un aspect de bluff dans son rythme de dépense. Un troisième commente les gros *bonus* de Renaud, *trader* mystérieux, dont personne ne sait comment il fait, lui qui est hypernerveux, qui « mange vingt stylos par jour » et qui est hypersuperstitieux.

Un modèle de régression sur les salaires

Pour mieux préciser les facteurs qui déterminent l'ensemble du revenu, on a essayé de modéliser la probabilité de gagner plus de 400 000 francs par mois (le revenu total a été calculé de manière assez approximative en prenant le milieu des catégories de salaires fixes et de *bonus*). Étant donné le faible nombre d'individus présents dans la base de données, on ne peut faire que de l'économétrie très grossière où les facteurs qu'on veut tester sont appréhendés par une variable dichotomique.

TABLEAU 2.5 – *Régression modélisant la probabilité de gagner plus de 400 KF par an (revenu plus bonus)**

Variables explicatives		*Fréquence Brute*	*Effet « toutes choses égales par ailleurs »*
Ensemble (n = 94)		*44 %*	
Fonctions	Commerciaux	82 %	+ 54 %***
	Trader	63 %	+ 9 %
	Autres	17 %	– 25 %***
Diplôme	≥ Bac + 5	66 %	+ 45 %***
	< Bac + 5 ou NR**	31 %	– 22 %***
Sexe	Homme	53 %	+ 11 %*
	Femme	17 %	– 23 %*
Ancienneté dans la finance	> 4 ans	55 %	+ 31 %*
	≤ 4 ans	35 %	– 19 %*
Ancienneté dans l'établissement	> 4 ans	55 %	+ 2 %
	≤ 4 ans	37 %	– 1 %
Profession du père	Cadre supérieur	52 %	+ 10 % (*)
	Autre CS	33 %	– 11 % (*)

La régression met en évidence des effets classiques en matière de détermination des salaires : la qualification tant scolaire que professionnelle a un fort effet sur le revenu (c'est l'ancienneté dans la finance et non l'ancienneté dans l'établissement qui a une influence). Parmi les fonctions occupées, celle de commercial permet plus que celle de *trader*, et surtout plus que les autres métiers, de toucher un revenu supérieur à 400 000 francs. Cette régression permet de voir que, malgré la prise en considération de l'ancienneté, de la qualification et du poste occupé, les femmes gagnent significativement moins que les hommes. Une origine sociale élevée, par exemple avoir un père cadre, profession intellectuelle supérieure ou patron, favorise, certes de manière moins significative, une rémunération élevée.

---

* La technique de la régression logistique permet de calculer des probabilités « toutes choses égales par ailleurs » : elle permet de regarder si une variable augmente ou diminue la probabilité du phénomène étudié d'un effet marginal significatif en tenant compte de l'effet des autres variables. Dans le tableau ci-joint, en première colonne se trouve le pourcentage brut classique : ainsi 17 % des femmes répondant à l'enquête gagnent plus de 400 000 francs par an contre 44 % de l'ensemble de la population. Dans la seconde colonne se trouve le pourcentage marginal calculé à partir d'une régression. Il est pour les femmes de –23 %. Ce dernier indique, que même en tenant compte des autres variables (c'est-à-dire « toutes choses égales par ailleurs »), le fait d'être une femme diminue de 23 % par rapport à la moyenne (qui est de 44 %) la chance d'avoir un revenu supérieur à 400 000 francs. Le nombre de puces marque la significativité de l'effet toutes choses égales par ailleurs. « ••• » signifie que le pourcentage « toutes choses égales par ailleurs » est très significatif, c'est-à-dire que l'on n'a qu'une chance sur 100 de se tromper en soutenant qu'un tel effet est pertinent. « •• », « • » et « (•) » marquent respectivement des seuils de moins en moins forts de significativité (une chance sur 20, une chance sur 10 et une chance sur 5 de se tromper). Lorsqu'il n'y a pas de puces, on peut considérer que l'effet n'est pas significatif.

** NR signifie non-réponse (ici diplôme inconnu).

Les banques anglo-saxonnes ont un mode de détermination et de distribution du *bonus* fort différent et constituent pour les membres des salles un point de comparaison obligé. En effet, là-bas, les règles qui président à la détermination du *bonus* sont assez claires et assez transparentes (par exemple un certain pourcentage de l'objectif pour sa réalisation et un certain pourcentage pour le dépassement), et les opérateurs connaissent à la fois leur *bonus* et celui de leurs collègues.

Certains qui transposent, comme Maël, sur les marchés le mode scolaire de compétition-évaluation où tous se comparent à un même niveau abstrait, préféreraient un mode de rémunération à l'américaine, qui substitue des rapports quantifiés et monétisés à des rapports de personnes et qui, comme le remarque Simmel dans *La philosophie de l'argent* à propos de la substitution des règlements monétaires des droits féodaux aux règlements en nature, libère les individus des relations de domination personnelle. Au contraire, pour Delphine, qui hérite à son *desk* de beaucoup de tâches qui ne sont pas directement profitables en termes de *P & L*, comme les relations de représentation, de marketing, etc., une plus grande indexation des *bonus* sur le résultat serait non seulement préjudiciable à son *bonus* mais aussi à l'ambiance de travail.

« – [Le bonus], c'est toujours très secret. C'est pas forcément une mauvaise chose, parce que personne n'est jamais content depuis que je travaille dans ce secteur. Il y a quand même très peu de gens qui étaient satisfaits de leur *bonus*, même quand il était bon, parce qu'il y a toujours quelqu'un qui a mieux mais qui le mérite pas, et il y a toujours quelqu'un qui a moins et qui estime mériter mieux. Mais ce qu'on voit toujours, c'est celui qui a mieux mais qui le mérite pas.

– *Ah, oui ! Tu ne préférerais pas des règles plus claires, que ce soit indexé sur le P & L ?*

– Oui et non, parce qu'en fait, finalement, on fait tous des activités différentes et il y a des gens qui vont gagner ça sans effort à fournir et d'autres qui vont gagner la même chose et qui vont devoir mettre en œuvre des efforts beaucoup plus importants. Mais je ne crois pas que ce soit quelque chose qu'on puisse réellement définir en *P & L*. Mon activité, c'est une activité où il n'y a pas que du résultat, c'est-à-dire qu'apporter un nouveau client, finalement, enfin, ce qui fait que, pour lui, en fait, il va se concentrer sur ce marché… et je crois que c'est un peu dommage. » (Delphine.)

Productivité marginale et croyance

Une des grandes divisions de la salle (et de toute la finance), c'est la différenciation des postes en deux catégories : les centres de profit et les centres de coût. En général, sont considérés comme des centres de profit les métiers pour lesquels la variation de l'activité a un effet direct sur la variation du profit et comme centres de coût les métiers pour lesquels la variation de l'activité, malgré tout nécessaire, ne semble pas faire varier directement le profit. On peut classer parmi les centres de profit les métiers d'encadrement de la salle (chef de salle, chefs de *desk*), ceux de *traders*, de commerciaux, et d'ingénieur financier (cas limite) et parmi les centres de coût ceux d'ingénieurs R&D (cas limite), d'informaticiens, d'assistants, et ceux du *middle* et du *back-office*. Aux premiers vont toutes les faveurs, non seulement les gros salaires fixes, les gros *bonus*, mais aussi la satisfaction des demandes ; les seconds ont plutôt le droit aux restes. La division en deux des métiers correspond aussi à une définition d'une relation de subordination et de service : les centres de coût sont au service des centres de profit.

« Quand vous êtes *trader*, vous aurez tout ce que vous voulez tout de suite. Mon chef a détruit volontairement un appareil qui coûte 100 KF sur un coup de colère ; cet appareil lui a été remplacé dans l'immédiat. Dans l'industrie, il faut patienter des mois et des mois pour avoir un ordinateur correct. Un *trader* qui demande un ordinateur l'a tout de suite, car on sait qu'il va gagner de l'argent avec : le retour sur investissement est très rapide. Bref, quand vous êtes *trader*, tout le monde est à votre disposition et c'est très gratifiant. » (*Trader* interviewé par Zakaria Benjazia et Nicolas Thomadakis.)

Étant donné une telle division du métier, l'espoir de bon nombre de personnes occupant des métiers des centres de coût est de pouvoir tenter leur chance dans un centre de profit, non seulement pour avoir la possibilité de gagner beaucoup plus d'argent qu'elles n'en gagnent dans les centres de coût, mais aussi parce qu'il est plus noble dans la hiérarchie des valeurs de la salle des marchés d'être source de profit plutôt que source de coût. En effet, l'occupation d'un centre de profit, avec son mode spécifique de rémunération, favorise à la fois l'appropriation financière et symbolique du profit. Le calcul journalier du *P & L*, des profits et des pertes, pousse les opérateurs à croire qu'ils sont les seuls responsables des profits et des pertes, que les profits créés à ce poste qu'ils occupent temporairement sont le résultat de leur dextérité. Ils sont souvent amenés à croire donc que *la cause du profit engendré ne réside pas dans la profitabilité du poste occupé mais dans leur propre productivité personnelle* et ils peuvent se jauger et se mesurer en personne les uns aux autres tels des « hommes valant 3 milliards » à l'aune de la profitabilité de leur situation.

D'une certaine manière la rémunération du personnel de la salle peut être considérée comme un cas relativement simple de la théorie économique de l'agence (mais dont la modélisation est fort complexe) : la banque, le « principal », cherche à maximiser son profit en situation d'incertitude. Pour certains des postes des « agents », les centres de profit, le « risque moral » qui affecte le profit est très important ; pour d'autres les centres de coût, il est beaucoup plus faible. La banque, pour maximiser, doit, sous réserve que le bon modèle soit choisi, inciter beaucoup les premiers, tandis qu'elle n'a quasiment pas besoin d'inciter les seconds et peut se contenter pour eux d'un fixe, équivalent à celui qu'ils obtiendraient ailleurs sur le marché du travail. Un tel type de modélisation, décrit assez bien, dans une certaine mesure, ce qui se passe dans les salles de marché du point de vue des rémunérations : le choix d'une rémunération pour les opérateurs comportant un fixe d'une part et une indexation directe sur les résultats de l'autre est en général la solution retenue dans les cas normaux de la plupart des exercices microéconomiques traitant de théorie du risque moral [8] (« *moral hazard* »). Le développement du modèle mathématique complet de la situation est en soi un but scientifique légitime, mais l'observation sociologique montre que la définition des postes ne se pose pas seulement dans les termes édulcorés nécessaires à la modélisation mathématique, et que le caractère modélisable de ces contrats de travail est le fruit d'une lutte symbolique qui a permis une telle définition de la situation. Les modes de division du travail, la partition des activités financières, l'attribution des « limites de position [9] », l'établissement de règles comptables de tarifications des transactions internes et de partage du profit, qui ont contribué à produire de telles situations de principal-agent, sont eux-mêmes le produit de négociations entre les membres de la salle et la hiérarchie, hiérarchie elle-même issue pour une large part de la salle de marché. Ici, nulle caractérisation de la situation économique par un économiste surplombant mais, au contraire, une caractérisation de celle-ci construite par des agents juges et partis.

En un sens, nulle part, sinon dans les salles de marché, l'adéquation entre la productivité personnelle obtenue grâce au calcul quotidien de la contribution de chacun au profit et la productivité « réelle » n'a été aussi juste. Mais c'est sans doute là que la volonté d'une telle mise en adéquation butte le plus irrémédiablement sur le problème de la productivité « apparente ». Les économistes et les statisticiens, lorsqu'ils calculent l'évolution de la productivité du travail, calculent le plus souvent la « productivité apparente du travail » signalant par là qu'il s'agit en « apparence » de l'évolution de la productivité du travail, mais qu'il s'agit en fait d'une productivité qui doit autant à

---

8. Pour une présentation de la théorie, on pourra voir notamment : Jean-Jacques LAFFONT, *Économie de l'incertain et de l'information*, ou bien Bernard SALANIÉ, *Théorie des contrats*, Economica. Un modèle complet de la situation exacte des opérateurs, surtout celle des *traders*, peut être beaucoup plus complexe que les modèles du salaire d'efficience dits du « tire au flanc », sachant qu'ici le zèle au travail peut aussi conduire à des pertes considérables (prises de risque excessif).

9. Par « limites de position », il faut entendre le montant maximum dont la banque accepte de déléguer la gestion à l'opérateur.

l'évolution de la productivité du travail qu'à celle du capital, deux facteurs difficilement séparables dans le calcul. Ici tout le jeu des opérateurs de marché consiste à convaincre les responsables des banques que *la productivité apparente de leur travail est bien la productivité réelle.* De la même façon que l'économétrie et les séries temporelles ont du mal à mettre au jour les causes constantes (dont les effets ne peuvent se distinguer de la constante du modèle), de même l'ensemble des travaux et des métiers qui contribuent au profit d'ensemble mais qui n'engendrent pas de variations notables et immédiates du montant du profit est considéré comme des coûts. Les opérateurs, eux, ont réussi à imposer aux responsables de la banque l'idée qu'ils sont la *cause principale* du profit et ils gardent jalousement cette prérogative pour pouvoir mieux s'approprier une part substantielle du *bonus* collectif. À analyser conjointement les relations de pouvoir et les relations de travail, il est possible de voir dans cet univers comment *l'appropriation symbolique de la responsabilité du profit contribue fortement à l'appropriation de la valeur ajoutée.*

Le *trader* interviewé par Zakaria Benjazia et Nicolas Thomadakis montre ainsi comment les opérateurs s'approprient symboliquement puis réellement le profit engendré collectivement par la division du travail, en particulier celui produit par les ingénieurs recherche et développement. D'une part, il met bien en évidence la contribution essentielle des informaticiens au profit de l'ensemble : « Mon logiciel de passage d'ordres est très bien développé ; mes ordres passent relativement vite par rapport à d'autres *traders.* Je discute régulièrement avec les informaticiens pour que les ordres aillent de plus en plus vite. Actuellement, il faut 30 secondes pour faire passer une trentaine d'ordres. Si l'on réussit à aller trois fois plus vite, on gagnera trois fois plus d'argent. » D'autre part, tout montre par ces déclarations qu'il se sent le principal producteur du profit.

Aussi, loin d'être figée, l'appropriation symbolique des profits par les différents acteurs du département de la finance est susceptible d'évolution en fonction de la conjoncture et de l'état du rapport des forces à l'intérieur des banques. C'est ainsi que, dans les sociétés de Bourse, le partage du profit entre les vendeurs et les analystes financiers s'effectue de plus en plus en faveur de ces derniers :

Christophe, analyste financier dans une société de Bourse, rapporte ainsi que : « La fonction d'analyste est en passe de devenir une des plus prestigieuses, puisque la maîtrise de l'information devient une des sources les plus importantes de profit. En tout cas, elle semble plus en vogue que celle de vendeur. » Les analystes financiers, qui pourtant n'influent pas tellement sur les résultats quotidiens, puisque, généralement, ils font une ou deux études par an sur des secteurs économiques pour essayer de déterminer la valeur des actifs – études qu'ils envoient aux clients et qui provoquent, selon eux, les décisions d'achat –, ont réussi à imposer dans les institutions financières l'idée qu'ils étaient la véritable cause des variations du profit et qu'ils devaient recevoir en conséquence une part importante du profit. Ils ont ainsi réussi à dévaloriser relativement le travail des vendeurs et à faire de ceux-ci, non plus les initiateurs du profit pour lesquels ils passaient auparavant, mais uniquement des simples capteurs de l'activité du marché dont les causes sont à chercher ailleurs (dans la qualité des études envoyées par les analystes).

« C'est-à-dire qu'en échange de la recherche les clients vont passer des ordres. C'est pas obligatoire. Je vais faire un exposé qui va plaire à un client, mais, à ce moment-là, il n'a pas d'immobilier à acheter, mais il a de quoi acheter de l'Alcatel et il va passer par ma société de Bourse. » (Christophe.)

À la Compagnie universelle, la principale évolution dans le rapport de forces qui est en train de se produire est la modification de l'orientation de la salle. Historiquement, la salle était une salle de *traders* et une salle d'arbitrage. Les *traders* qui, en fabriquant des produits dérivés, vendent de la volatilité plus cher qu'ils ne l'achètent, étaient considérés comme les principales sources du profit, et les commerciaux étaient là au service des *traders* pour commercialiser les produits que les *traders* inventaient et géraient. Aujourd'hui, avec les règles en vigueur pour le partage du *P & L* entre *traders* et commerciaux, ces derniers engendrent, rien qu'en vendant des produits dérivés, un profit équivalent à celui des *traders* et qui, lui, est constitué pour moitié du *trading* « arbitrage » (le *trading* historique) et pour l'autre moitié de *trading* « risque ». Pour tous les petits postes de *trading*, ceux de *market-maker* sur options listées ou sur *warrants*, leurs occupants ont l'impression d'être au service des commerciaux plutôt que l'inverse. Et, même si la direction de la salle est encore historiquement aux mains des anciens *traders*, les responsables commerciaux montent et transforment petit à petit une salle de marché de type *trading* en une salle de marché de type commercial.

La gestion de la concurrence : affinités électives et conflits

L'orientation de l'ensemble des activités vers la production intensive de profit, la rationalisation que celle-ci impose – même si son imposition est problématique et conflictuelle – et ses conséquences en termes d'organisation du travail, de politique de recrutement et de placement, d'incitation financière au profit financier ont une incidence sur les relations sociales qui se nouent et se dénouent chaque jour dans la salle de marché.

Étant donné le caractère relativement peu développé de la division du travail, la solidarité des membres de la salle est en grande partie une « solidarité mécanique » reposant sur la similitude. Celle-ci est encore très présente dans la salle de marché de la Compagnie universelle. Mais l'accroissement de la division du travail a modifié quelque peu cette solidarité mécanique en favorisant le développement de conflits structurels.

Poursuivre la grande école par d'autres moyens

À la différence de l'ancienne époque de la Bourse, la sociabilité actuelle sur les marchés financiers se déroule essentiellement entre membres de la même salle (même si la part de la sociabilité par téléphone est assez importante pour les membres qui ont les tâches les plus commerciales). Le dispositif spatial, une salle ouverte où l'on peut voir tout le monde en se mettant debout et où il est possible d'aller voir quelqu'un en quelques enjambées, et surtout le rythme de la journée de travail au cours de laquelle l'intensité varie assez fortement informent particulièrement des modalités de cette sociabilité entre les membres de la salle.

La plupart des opérateurs arrivent entre 8 heures 30 et 9 heures 30. À 8 heures 45, se déroule le *morning meeting*, réunion de marché où ont lieu l'exposé – en anglais – des prévisions pour la journée et le bilan des accords. Contrairement à ce qui se passe dans certaines autres banques, le *morning meeting* n'est pas un moment fort de la sociabilité, où les opérateurs se jaugent les uns les autres, mais plutôt une réunion routinière passablement ennuyeuse [10]. Beaucoup n'y vont pas parce que c'est trop tôt et ceux qui sont là ont souvent l'air endormi. De 9 heures à 10 heures, les choses commencent tranquillement, les opérateurs lisent le journal, leur courrier, les écrans d'information et commencent un peu leurs activités. À 10 heures, le marché français des actions ouvre, ce qui tend à faire augmenter le rythme et le bruit dans la salle. Celui-ci atteint son premier maximum entre 10 heures 30 et 11 heures 30. La pression baisse un peu au fur à mesure que l'heure du déjeuner approche. Les gens se retrouvent à l'entrée de la salle pour aller déjeuner, le plus souvent vers 1 heure. Mais ils s'échelonnent, car, à la plupart des *desks*, il est convenu que quelqu'un reste garder le *desk* le temps du repas.

La plupart des opérateurs vont manger le plus souvent avec des collègues de la même table et de même fonction au restaurant de gauche, parce qu'ils prétendent que celui-ci est meilleur que l'autre [11]. Toutefois le choix du restaurant n'est pas neutre et celui-ci dépend du degré d'intégration au sein de la salle de marché.

Les dominants de la salle, c'est-à-dire ceux qui cumulent positions de pouvoir, gros revenus, et ancienneté, non seulement vont manger au restaurant de gauche mais aussi à la brasserie du premier étage, à l'extérieur, voire au restaurant très sélect du trente-sixième étage. Les opérateurs, assistants et gestionnaires, soumis à un rythme de travail assez tendu vont parfois au fast-food du milieu. Les ingénieurs R&D, les gestionnaires et les stagiaires peu intégrés au sein de la salle de marché sont aussi plus nombreux à aller manger parfois ou régulièrement dans le restaurant de droite, où ils ne risquent pas de croiser les opérateurs plus intégrés au sein de la salle de marché.

Après le repas, qui dure, qui est l'occasion de maintes conversations, professionnelles ou non, qui toutes contribuent à la définition de l'identité professionnelle et l'appartenance au groupe, les opérateurs remontent et le travail reprend d'abord tranquillement jusqu'à 14 heures 30. Ensuite la tension, l'activité, le bruit

---

10. L'obligation d'utiliser une langue étrangère contribue sans doute à rendre cette réunion de marché plus ennuyeuse et la fait ressembler aux mornes cours d'anglais où le professeur impose aux élèves d'écouter leurs camarades exposer dans la langue étrangère.

11. À mon avis la différence de qualité n'est pas flagrante, sinon pour les plats les plus onéreux. En revanche le restaurant de gauche est sensiblement plus cher.

ne cessent de monter jusqu'à 17 heures, heure de clôture sur la Bourse parisienne. Pendant les dix dernières minutes de la seizième heure de la journée, le travail, le bruit, et la nervosité des opérateurs atteignent le niveau le plus élevé de la journée : le cours de clôture est en effet un cours de référence pour un grand nombre de transactions entre les professionnels et il est crucial pour certains *traders* d'essayer de l'influencer. Souvent pour donner des ordres sur les marchés de dérivés qui s'effectuent encore à la criée, ils « ouvrent leur boîte » (ils mettent le haut-parleur), et le bruit de la criée vient s'ajouter à celui de la salle. Même si pas plus d'un tiers de la salle travaille sur le marché français et à son rythme, sa fermeture à 17 heures contribue à une baisse de la pression. Petit à petit, les opérateurs se décontractent, diminuent le rythme ou abandonnent leurs activités professionnelles, le plus souvent pour aller discuter avec leurs collègues. Entre 18 heures et 20 heures, la salle se vide petit à petit. Après 19 heures, il reste deux types de personnes, celles qui ont un travail particulier, et celles qui profitent de ces heures tranquilles pour mener des discussions prolongées – professionnelles ou non – avec leurs collègues.

Malgré l'inégale participation des uns et des autres au bénéfice, malgré les conflits récurrents, les personnes dans la salle ressentent le plus souvent une véritable félicité d'appartenir à la salle de marché.

À la fin du questionnaire, il était demandé aux enquêtés s'ils avaient quelque chose à rajouter sur le métier ou la salle. « On vit vraiment une belle aventure », écrit l'un ; « Pourvu que ça dure », marque un second, et « Métier passionnant. Sans monotonie. Ambiance jeune et dynamique », avoue un troisième. Au principe de cet enchantement, il y a d'une part la possibilité de gagner beaucoup d'argent, de connaître pour certains une ascension économique accélérée et souvent inespérée, et d'autre part des caractéristiques du personnel qui favorisent une assez forte intégration du groupe. Si les opérateurs regrettent souvent de ne pas être payés comme dans les salles de marché anglo-saxonnes, ils reconnaissent que celles-ci sont beaucoup plus froides et que l'ambiance y est plus mauvaise et plus « professionnelle ». Outre le mode de rémunération anglo-saxon qui favorise une plus forte concurrence entre membres de la salle de marché, l'origine scolaire, sociale et nationale des salariés de ces salles y est beaucoup plus diversifiée, ce qui ne favorise pas l'établissement de relations d'affinité au sein du groupe. Dans la salle de marché, le personnel est d'origine sociale assez élevée (surtout du point de vue du *volume de capital économique*), il est très diplômé, le plus souvent passé par les classes préparatoires et les grandes écoles, il est jeune et gagne fréquemment beaucoup d'argent. Il semble réaliser l'idéal du *golden boy* érigé dans les années quatre-vingt. C'est d'ailleurs ceux qui ne pouvaient avoir d'aspirations plus hautes qui semblent le plus comblés : personnes d'origine sociale un peu plus basse que les autres, passées par la faculté, et qui deviennent opérateurs après plusieurs mois d'attente dans la situation d'assistant.

Bastien, « vendeur Luxembourg », issu de la faculté de Paris-IX-Dauphine, est vraiment content de faire ce métier. Le matin, il est « content de se lever », d'aller à son travail. Ces collègues sont « sympa ». Après sa maîtrise de finance, il a d'abord été pendant un an en stage comme assistant commercial dans cette salle. Il a repris une année d'études pour faire le DESS et il a été ensuite réembauché comme vendeur par la CU. La première année, il a un peu « galéré » pour constituer son « *book* » (carnet d'adresses), mais, cette année, il « se sent vraiment bien ».

Le sentiment de Bastien n'est pas du tout isolé : 20 % des enquêtés de la CU trouvent l'ambiance très satisfaisante, 57 % plutôt satisfaisante, et seulement 10 % de la trouvent plutôt ou très insatisfaisante.

D'une certaine manière, pour bien comprendre cette ambiance et cette félicité, il faut se les représenter comme la *poursuite de la grande école par d'autres moyens.* L'atmosphère qui règne dans la salle de marché ressemble (en un peu plus besogneux) à une salle informatique de grande école. Chaque opérateur effectue en toute autonomie (apparente) son travail devant ses écrans. L'opérateur peut soit travailler de manière très intense, soit se déplacer avec ou sans sa chaise et discuter avec son collègue sans que l'observateur puisse dire pourquoi il s'adonne à l'un ou à l'autre. Comme dans les grandes écoles, où l'on est entre soi, entre pairs, entre élus, la célébration de cette appartenance passe par le relâchement de certaines formes d'autocontrôle en usage dans le milieu social d'origine ou au cours des années de scolarité précédant l'intégration, relâchement à la fois dans la tenue, le langage et les relations nouées avec les pairs. Malgré le port de costumes assez stricts et uniformes tous les jours de la semaine [12], surtout pour les hommes qui portent quasiment tous un complet gris anthracite avec une chemise bleue unie et une cravate de couleur vive, les opérateurs au cours de la journée se laissent facilement aller à poser leurs pieds sur la table, à parler crûment, à se faire les uns les autres des blagues ou des farces qu'on pourrait croire plus fréquentes dans les lycées que dans les grandes banques. Les observateurs extérieurs ou intérieurs parlent souvent d'« immaturité » pour décrire l'ambiance de la salle de marché.

Marcello, l'expert mathématicien, explique que l'équipe d'ingénierie R&D est un peu comme une classe. Le chef de *desk* joue, selon lui, tantôt le rôle du délégué de classe auprès des responsables de salle, tantôt celui de professeur. Quand il n'est pas là, les membres de l'équipe travaillent moins, arrivent un peu plus tard.

Estelle a été un peu déçue par Laurent, le nouveau *trader* qui vient d'arriver à la table prêt-emprunt. Lorsqu'il a fait son premier ticket (sa première transaction), il a fait le tour de sa chaise, en serrant les points, et en criant « Yeah ». Estelle ne s'attendait pas à voir tant d'« immaturité » chez ce polytechnicien de 32 ans, père de deux enfants, qui a travaillé pendant sept ans à l'inspection dans la banque.

Peut-être faut-il moins y voir une conséquence de l'immaturité de l'ensemble des membres que le fruit de contraintes spécifiques qui favorisent un mode particulier d'intégration du groupe, proche de celui qu'on trouve dans les classes des établissements scolaires. De même que la concurrence entre seigneurs pairs et rivaux pour la monopolisation du pouvoir favorisait selon Norbert Elias [13] une « économie psychique » pulsionnelle, dans la salle de marché, la concurrence entre jeunes pairs autonomes issus du même milieu favorise un relâchement de l'autocontrainte, une plus grande propension à la fois à la violence verbale mais aussi à l'extériorisation des émotions (pour soi et pour les autres) et à divers jeux proscrits en d'autres lieux.

---

12. Sauf le vendredi, car le « vendredi, c'est *casual* [décontracté] ». La salle de marché produits dérivés sur actions a importé la mode américaine du « *week-end wear* » le vendredi et tout le monde adopte ce jour-là une tenue relâchée (jeans, tee-shirts, etc.).

13. *Cf.* Norbert ELIAS, *La dynamique de l'Occident* : « Dans un champ où la violence est un événement inévitable et quotidien, où les chaînes de dépendance sont relativement courtes, puisque la plupart des gens vivent des produits de leurs terres, le refoulement des pulsions et émotions n'est ni nécessaire, ni utile, ni même possible », p. 190.

De même que, selon Durkheim, les sociétés à solidarité mécanique ou par similitudes, dont les membres sont potentiellement indépendants, ne peuvent tenir que par la force de la conscience collective, de la religion, des relations de personnes qui maintiennent l'adhésion de l'individu au groupe, et contribuent à faire de chaque individu une image du groupe, la solidarité de salle de marché est sans cesse menacée d'éclatement, du fait de l'indépendance, de la concurrence désocialisante et du taux de *turnover*. Des pratiques collectives, des distractions, voire même des quasi-rites contribuent au maintien de l'unité du groupe et évitent les risques d'explosion.

Les membres de la salle ont souvent des activités en commun en dehors de tout cadre professionnel. Alors que l'amitié avec les collègues de la salle semble moins développée que dans les autres milieux professionnels (56 % des membres de la salle ont au moins un ami parmi les collègues ou anciens collègues de la salle contre 58 % pour l'ensemble des actifs occupés et 66 % pour les cadres et professions intermédiaires du privé de moins de 36 ans), les membres de la salle se retrouvent beaucoup plus fréquemment que le reste de la population avec des collègues en dehors de tout cadre professionnel : 50 % de l'ensemble des actifs, 60 % des cadres et professions intermédiaires du privé de moins de 36 ans le font, tandis que 75 % des membres de la salle le font au moins une fois par an[14].

Les repas annuels, les présentations de résultats, les fêtes de fin d'année sont l'occasion de ressouder le groupe et de réaffirmer les valeurs collectives. D'habitude, en fin d'année, un repas était offert au Pré-Catelan à l'ensemble des personnes de la salle. Comme ils trouvaient cette cérémonie un peu ennuyeuse et que les résultats étaient exceptionnels, les responsables ont décidé d'amener toute la salle pour un week-end de trois jours dans un Club Méditérranée du Maroc à Agadir. Plus encore que les repas divers et variés qui ont lieu tout au long de l'année ou que la fête du 31 décembre, ce week-end, étrangement semblable dans son déroulement et sa fonction aux week-ends d'intégration organisés par les grandes écoles, a permis une véritable intégration.

Toute la salle était invitée ainsi que ceux qui travaillent dans les implantations à l'étranger de la salle, mais le *back-office* ne

14. L'enquête *Travail et modes de vie*, avec laquelle on mène la comparaison, proposait uniquement oui et non comme items de réponse.

l'était pas ce qui a provoqué quelques remarques parmi ses membres. Pour assurer la continuité sur le marché, le *front-office* s'est partagé en deux équipes, l'une partait le jeudi soir et rentrait le lundi matin, l'autre partait le vendredi soir et rentrait le mardi matin. Quasiment tout le personnel de la salle y est allé sauf quelques-uns, en général des gens qui ne se sentent pas très à l'aise dans les salles de marché : gestionnaires de *middle* et de *back-office avancé*, l'expert mathématicien de la salle, etc.

Pendant ce week-end, ils ont pu s'adonner aux activités sportives (tir à l'arc, aviron, tennis...) ou de loisir (piscine, plage...). Les activités culturelles se limitaient à une proposition de visite du désert en 4 × 4. L'activité festive proprement dite était beaucoup plus étoffée puisque, dès l'arrivée, le chef de salle a offert tournées sur tournées. Ce week-end s'est présenté, comme les week-ends d'intégration et les soirées des grandes écoles, comme une grande parenthèse hors du train-train de la vie de marché pendant laquelle la permissivité est beaucoup plus grande, notamment en ce qui concerne l'alcool et la sexualité. Au retour, pendant plusieurs jours, les ragots et les histoires vont bon train. La conversation tourne essentiellement sur la débauche éthylique et sexuelle des uns et des autres. Damien et Lilian, deux hommes mariés qui ne se sont pas sentis autorisés à participer au commerce sexuel, en reparlent tout au long de la journée en des termes plus ou moins codés et traduisent pour ce faire le vocabulaire de la liaison sexuelle dans le langage du marché : « Elle a traité avec machin... » ou « Le marché allemand a monté... », dès qu'une des filles du *desk* d'à côté passe à proximité. Lilian jubile de compter les relations sexuelles réelles ou supposées tout en montrant aussi sa réprobation morale par des propos du genre : « Quand même, c'est triste, il est marié, il a deux enfants ! » « Ils sont adultes, ils font ce qu'ils veulent », lui répond Damien.

Estelle, au cours d'un repas, n'arrête pas de dire qu'elle ne comprend pas du tout la débauche éthylique. Elle « trouve ça nul » et invoque en permanence mon approbation. Elle est particulièrement choquée par la participation du chef de salle à la beuverie, ce qui n'est pas digne selon elle de son rang. Son indignation doit peut-être au fait qu'elle est une femme (virilité de la boisson) et surtout, qu'étant passée par la faculté, elle n'a pas eu l'occasion de connaître, de s'habituer et d'accepter les débauches éthyliques rituelles (celles où s'illustrent les équipes de foot et de rugby) qui ont lieu régulièrement dans les grandes écoles.

Outre son rôle de célébration, l'organisation de ces festivités, au cours desquelles s'approfondissent les affinités et se développe l'intégration par le truchement de la mise entre parenthèses des normes de la conduite quotidienne, prend tout son sens lorsqu'on prend la mesure des conflits structurels qui font planer de nombreuses menaces sur l'accumulation du profit au sein de la salle : risque de départs, de pertes, moindre coopération, etc.

Conflits structurels

Conséquence de l'interdépendance, la salle de marché passe d'une « solidarité mécanique par similitude » à une solidarité plus « organique », où les différents membres dépendent plus les uns des autres. Le passage d'une forme de division du travail à une autre a d'abord entraîné un surcroît de conflictualité. Mais, depuis, aux dires des anciens *traders*, de nouvelles formes de régulation ont contribué à faire baisser l'importance des conflits.

C'est à la fois l'interdépendance des individus et la mise en concurrence qui favorise le conflit. Ainsi, à la BPP, dans la salle du compte propre, il y a, aux dires de Rémi, responsable de *desk*, très peu de conflits. Comme il s'agit d'une activité de compte propre sans client, où le *trader* spécule avec les fonds propres de la banque, il n'y a pas les conflits de partage du profit ou d'attribution entre *traders* et commerciaux. En outre, comme il s'agit de produits assez classiques (obligations), les opérations de *back* et de *middle-office* ne posent pas de problèmes et leur activité matérielle journalière est quasiment invisible et transparente. Selon Quentin, agrégé de philosophie devenu *trader*, il n'y a pas de conflits ouverts particulièrement marquants, même s'il peut y avoir des conflits de pouvoir larvés que Quentin, pour mieux manifester sa distance philosophique au monde, se fait un délice de représenter comme une partie d'échecs.

Dans son ancienne équipe de *trading*, un vieux *trader* très fort est arrivé et a commencé à faire de l'ombre à son chef de *desk*. Finalement, la direction a décidé de réorganiser ses équipes et de mettre en place une nouvelle équipe, sous la direction du même chef avec uniquement quatre *traders* très forts, équipe sans véritable hiérarchie. Dans cette partie de l'entretien Quentin décrit la rivalité entre son ancien chef de *desk* et le *trader* très fort arrivé alors dans l'équipe :

« [La rivalité] a pris beaucoup de formes. Il y avait des affrontements en réunion. [...] C'est très compliqué à décrire. Il va de soi que c'est un métier de joueurs d'échecs, tout le monde passe son temps à jouer aux échecs que ce soit sur le marché ou dans les relations humaines ou dans les relations de pouvoir. Chaque chose a trois ou quatre sens. Alors, comme aux échecs, il ne s'agit pas tant de marquer un but que de disposer les choses de manière à avoir le plus de possibilités, parce que personne ne sait qui va gagner. Il s'agit juste de bloquer le maximum de gens, de s'ouvrir le maximum de voies, avec l'idée qu'à la fin ils ont gagné tellement d'argent qu'ils peuvent arrêter de travailler. Mais sans pour autant avoir gagné ou quoi que ce soit. Chacun joue autant vis-à-vis de l'autre, que vis-à-vis du chef, que vis-à-vis du directeur de la banque. Tout était très... Il peut y avoir quelqu'un qui donnait l'impression de perdre alors qu'il était en train de gagner. C'était assez subtil. Il faudrait des heures pour raconter et je suis même pas sûr d'en avoir l'interprétation. En gros, j'ai l'impression que celui qui n'a pas de pouvoir politique dans la société et qui ne désire pas en avoir, n'a d'intérêt que dans l'argent et voulait gagner son indépendance, parce que, ce qu'il voulait c'était dire : "Je fais les choses dans mon coin, personne n'intervient dans ce que je fais et je suis rémunéré sur ce que je gagne, point final." L'autre chef voulait soit que l'autre obtienne ce qu'il demandait, mais que lui, à ce moment-là, soit dédouané de sa responsabilité, soit que ce soient des relations de pouvoir classique. Lui, pendant que la relation d'autonomie, était en train de se mettre en place, était en train d'obtenir du degré hiérarchique supérieur qu'on ne pouvait plus lui en vouloir si quelqu'un d'autre dans son équipe perdait de l'argent. Et que donc lui aussi ne serait jugé que sur ses performances propres. C'est pour cela que je dis que c'était plus une équipe. Ce qui était en jeu, c'était la fin de la hiérarchie et la dissolution de l'esprit d'équipe et la mise en place d'un pool d'individus. »

Dans la salle de marché de la Compagnie universelle, à ces rivalités durables qui comme celles qui opposent deux leaders d'un même parti, s'extériorisent en fait relativement peu, se surajoutent des brefs conflits assez violents et souvent vite effacés : « L'ambiance n'est pas toujours très agréable. Les gens deviennent très stressés pour obtenir le plus de *bonus* possible et des fois ils sont violents et "*out of control*". Ils oublient qu'il y a une vie en dehors de la salle de marché », écrit ainsi une femme *trader* à la question libre de la fin du questionnaire.

Lorsqu'ils sont interrogés sur les conflits au sein de la salle de marché, les opérateurs signalent généralement que le conflit principal oppose les *traders* aux commerciaux, et qu'il s'agit d'un conflit ayant pour enjeu l'appropriation du profit (ou le partage de la perte).

Au cours de l'enquête, comme j'étais essentiellement au sein du bureau de prêt-emprunt au cours de la journée, je n'ai pas tellement pu observer des conflits entre *traders* et commerciaux, vu que la division *trader*-commercial est absente de ce *desk*, mais plutôt des conflits entre les *traders* prêt-emprunts et les *traders* des autres *desks*. Ces derniers les accusent de leur faire des prix trop élevés et d'être des « voleurs ». Estelle, *trader* au prêt-emprunt, a connu un conflit avec Patrice, un *trader* du *basket trading*. Elle voulait emprunter à Patrice des stocks qu'il détenait. Ce dernier a répondu qu'il ne voulait pas parce qu'au prêt-emprunt « c'étaient des voleurs » et qu'aussi bien il allait se mettre à faire du prêt-emprunt lui aussi. Stéphane, qui fait de l'optimisation fiscale à la table de direction, a joué le rôle de tampon, il est intervenu pour dire à Patrice qu'il était un « imbécile » qui se croyait tout permis.

Les conflits typiques entre *market-maker* et commerciaux sont du genre suivant : un client téléphone pour demander le prix d'un produit, le commercial va demander au *trader* de lui donner un prix. Il faut que le *trader* donne alors rapidement le prix du produit en question, sinon le client qui demande à plusieurs banques en même temps va se tourner vers le plus rapide. Le commercial va donc « engueuler » le *trader* s'il n'est pas assez rapide tandis que le *trader* accusera le commercial de ne pas faire son travail de commercial. En outre, les commerciaux tendent à vérifier les prix que proposent les *traders* avec leur propre *soft* de *pricing*. S'ils constatent que les *traders* n'ont pas fait un prix assez concurrentiel, ils peuvent aller leur faire des reproches. De même les *traders* peuvent avoir une stratégie de *trading* qui dépend des conditions du marché et reprochent aux commerciaux de ne rien comprendre au marché ou au risque. Ils peuvent être aussi agacés d'avoir tout le temps des commerciaux qui viennent leur demander des prix, sans qu'il en résulte pour autant des transactions.

Même si l'appropriation du profit est un élément qui motive de près ou de loin bon nombre de conflits, ce n'est pas toujours l'élément déclenchant. Comme le montre l'enquête, la mauvaise circulation de l'information, les erreurs, la surcharge de travail ou le manque de respect sont des motifs de conflit qui touchent plus de personnes que la concurrence pour le partage du *P & L* ou

TABLEAU 2.6 – « *Lorsqu'il y des tensions entre vous et une autre personne, quelles en sont les sources ?* »

	Ensemble			*Plus de 400 000 francs de revenu par an*
	Oui	Non	Non-réponse	Oui
Manque de respect	44 %	43 %	14 %	41 %
Mauvaise circulation de l'information	78 %	15 %	7 %	88 %
Erreur de la part d'une des contreparties	40 %	43 %	17 %	54 %
Concurrence pour le partage du *P & L*	32 %	51 %	17 %	46 %
Concurrence pour un poste	10 %	72 %	18 %	10 %
Surcharge de travail	49 %	37 %	14 %	44 %
Perte financière	29 %	53 %	18 %	37 %

la perte financière. C'est sans doute parce que le conflit entre *trader* et commercial pour des motifs financiers est plus facilement isolable et pensable dans l'univers des salles de marché qu'il est présenté comme le conflit le plus caractéristique.

La plus mauvaise relation que Patrick ait eue avec un *trader* a été une insulte qui atteignait la dignité de son client, sans qu'il y ait eu pour autant de conséquences financières. Il a en effet en quelque sorte perdu la face par procuration.

« Ben, en fait, il y en a un justement avec qui on a eu des problèmes, il n'y a pas longtemps. On avait la visite d'un client, et en fait le client était à côté de nous. Et puis le *trader* disait, “Ah, l'enculé !”, assez fort. Alors, tu vois, le client il a rien dit, il était un peu choqué, mais bon, méchamment, pas “l'enculé” comme l'entarté, tu vois. En principe, chez nous, on a des manettes, donc le client n'écoute jamais. Mais là le client s'était déplacé, donc là il a pu écouter, donc là il a été un petit peu choqué. Bon, il ne l'a pas montré, mais je pense qu'il l'était… Et puis, il y avait de quoi, d'ailleurs. En principe quand t'as un client que t'appelles d'une salle de marché, tu te dis, “ils sont contents que je les appelle”. Les *traders*, ils en ont plus rien à péter, ils ont leur pose, les cotations, et tu vois… Ça passe après.

C'est surtout que, de temps en temps, il y en a qui sont collés [15], donc ils ont pas toujours la meilleure humeur. [...] Il y a de temps en temps des petites tensions. C'est vrai que c'est dur d'être commercial pour cela, c'est que t'es entre le client et le *trader*. Le *trader*, il a pas toujours envie de te faire... bien sûr qu'il a envie de te faire une cotation, mais des fois, il est pressé, ça dépend des *traders*. »

Le conflit *trader*-commercial n'oppose d'ailleurs pas toujours un commercial et un *trader*. Il peut être délégué à des subordonnés qui subissent le conflit. Le conflit entre un *trader* et un commercial oppose ainsi très souvent non le *trader* et le commercial mais plutôt l'*assistant-trader* et le commercial. Une *assistante-trader* rajoute ainsi à la fin du questionnaire la précision suivante : « Relations difficiles avec les commerciaux quasiment tous les jours », et Grégoire, chef du *back-office*, raconte qu'ils voient au *back-office* certaines conséquences du conflit *trader*-commerciaux. Les commerciaux refusent en effet de saisir les tickets dans le système informatique et les remplissent à la main. La tâche de saisie est déléguée ensuite aux *assistants-trader* qui malgré tout (travail objectivement proche de celui de *back-office*) sont plutôt proches des *traders*. Parfois ils ne renseignent pas scrupuleusement le ticket, en particulier les renseignements essentiels pour les commerciaux comme, par exemple, le nom de la contrepartie. Le conflit ressurgit alors sur le *back-office*, puisque les commerciaux vont venir râler et dénoncer les oublis et les erreurs dans la base de données.

Ce dernier conflit n'est qu'un cas particulier de l'asymétrie qui caractérise les conflits. Sans doute victime de la connotation du mot, on s'imagine facilement le conflit comme une situation égalitaire, où chaque partie participe et admoneste autant. Même si une telle situation est courante dans les salles de marché en raison du caractère peu hiérarchique des relations professionnelles, ce n'est pas le seul cas de figure. Tout aussi fréquent est celui d'un supérieur qui admoneste et d'un inférieur, qui subit remontrances et objurgations. Ce dernier ressent beaucoup plus intensément le conflit que le premier, qui ne s'apercevra peut-être même pas qu'il a eu un conflit.

Pour un certain type d'opérations, Estelle, *trader* au prêt-emprunt, veut avoir des tickets « départ valeur jour » et non

15. « Être collé » signifie posséder des titres sur lesquels on perd de l'argent ou plus généralement faire des pertes.

« valeur lendemain ». Elle appelle la personne du *back-office* qui lui répond que ce n'est pas son problème et qu'elle a autre chose à faire. Estelle s'en plaint très vivement à Danièle, la responsable du *back-office avancé*. Pour seule réponse, Danièle essaye de lui expliquer qu'il faut comprendre les gens du *back-office*, parce que « tout le temps on vient se plaindre et jamais on ne vient les remercier ».

Autre cas de figure presque aussi fréquent, l'inférieur est énervé par un certain comportement de son supérieur, il couve alors pendant une période ses reproches qu'il finit ou non par formuler à son supérieur sur le bout de la langue, dans des formes très euphémisées. Alors que l'inférieur a eu l'impression de vivre un conflit assez long et pesant avec son supérieur, ce dernier ne prendra pas forcément toute la mesure du reproche à moitié formulé.

Patrick minimise ainsi des conflits qui sont peut-être extrêmement présents et pesants pour le personnel du *middle-office* : « Aucun [conflit] ! Des petits, quoi. Tu vois, quand tu fais pas les tickets, une fois, deux fois, trois fois, bon les mecs, ils vont gueuler, les mecs du *back-office*, parce qu'il en ras le bol, lui. Parce que lui, il est pas bien payé, tu vois, il a une tâche un peu ingrate, tu vois, et puis saisir les tickets, tu vois, c'est pas hypervalorisant. Donc, des fois, c'est vrai qu'il peut ne pas être content. Mais bon, ça se calme très vite. Vraiment, il n'y a pas de problèmes. » (Patrick.)

TABLEAU 2.7 – *« Vous arrive-t-il d'avoir des relations difficiles avec : »*

	Souvent	*Rarement*	*Jamais*	*Non-réponse*
Vos chefs	14 %	65 %	19 %	2 %
Vos subordonnés	1 %	56 %	27 %	16 %
Des clients	1 %	35 %	46 %	18 %
Des *traders*	16 %	60 %	19 %	5 %
Des commerciaux	13 %	56 %	26 %	5 %
Des ingénieurs financiers	9 %	31 %	49 %	12 %
Des assistants	2 %	56 %	36 %	5 %
Des gestionnaires de *back* ou de *middle-office*	12 %	56 %	27 %	5 %

Témoin de cette asymétrie, la plus forte fréquence des conflits avec les chefs qu'avec les subordonnés. De même les membres de la salle ne sont pas en conflit avec les assistants alors que ceux-ci sont très souvent en conflit avec eux. Comme le rapporte une assistante à la fin du questionnaire, « les responsables demandent trop de sacrifices aux assistants compte tenu de leur *bonus*, et l'évolution dépend beaucoup du *risk-manager* du moment. Dommage pour la motivation ».

Ce tableau permet de voir que les personnes avec lesquelles il est le plus fréquent d'avoir souvent des relations difficiles sont d'abord les *traders*, ensuite les chefs, puis les commerciaux suivis par les gestionnaires de *back-office*.

Une analyse des correspondances multiples – non représentée ici – portant sur l'ensemble des questions concernant les relations de travail permet de mieux comprendre la distribution des conflits au sein de la salle. Elle fait clairement apparaître la modification du régime de conflit en fonction de l'ancienneté et du revenu. Ceux qui débutent dans la salle, les stagiaires qui sont là depuis moins d'un an n'ont en général pas de conflits avec les membres de la salle. En prenant un ou deux ans d'ancienneté, en devenant *assistant-trader*, en n'ayant qu'un petit *bonus*, les conflits avec les membres de la salle augmentent, et les sources de ce conflit sont le plus souvent l'importance du travail exigé, ou le manque de respect. Avec un peu plus d'ancienneté, de revenus, avec une position plus assurée, par exemple celle de *trader* ou de commercial, les conflits deviennent plutôt rares et leurs causes sont plus matérielles : la concurrence pour le *P & L* ou les erreurs.

En apparence la fréquence des conflits diminue avec l'élévation du niveau dans la salle et l'ancienneté. Plus qu'une diminution du nombre réel d'altercations avec leurs collègues en fonction de l'ancienneté, ce phénomène peut montrer aussi que les opérateurs s'accommodent puis s'habituent à un niveau de conflit et de violence verbale élevé. Ils semblent ainsi moins se formaliser pour le manque de respect, surtout lorsqu'en situation de position dominante c'est eux qui en manquent, pour se focaliser uniquement sur les conflits mettant en jeu les intérêts les plus matériels, comme ceux dus à une erreur ou ayant pour enjeu le partage du profit.

Cette organisation méthodique du profit, à la fois organisation du travail et organisation des personnes, construit en même temps un espace social relativement homogène, jeune, diplômé, masculin, constamment renouvelé par les flux d'un marché du travail tendu. Elle dessine une structure de relations dont on pourrait tenter de rendre compte avec le concept de *champ* développé par Pierre Bourdieu. La limitation du nombre de niveaux hiérarchiques, la multiplication de postes (*traders*, vendeurs) assez similaires, fait de cet espace un espace séparé et autonome de concurrence entre pairs : les affinités électives et le sentiment de commune appartenance contribuent d'une part à l'autonomisation de cet espace par rapport au reste de la banque ; les conflits et la très vive compétition engendrés par la distribution des profits financiers et la recherche du prestige contribuent d'autre part au caractère concurrentiel de cet espace. L'individu pris dans cet univers, ne peut rester longtemps indifférent à ce qui s'y joue, à ce à quoi ses collègues attribuent de la valeur ou n'en attribuent pas. De par ses intérêts et sa position, il est obligé de participer et de transformer ses manières de faire et de penser. C'est ainsi qu'il se rapproche quelque peu – sans jamais l'égaler – de la fiction de l'*Homo economicus*. Il se met à *penser profit*.

II

Penser profit

Il est peu de milieux de travail où le calcul soit aussi généralisé que dans les salles de marché : calcul des équivalences, des arbitrages, des taux de change, des actualisations, des profits instantanés, mais aussi des efforts, des investissements, des coups et des opportunités politiques au sein de la salle. Les salles de marché sont donc un lieu privilégié pour étudier sociologiquement (et non logiquement) la rationalité ou, plus exactement, le *raisonnement* avec ses trouvailles et ses imperfections, ses raccourcis, ses associations et ses computations. Car celui-ci n'est pas spontané, il est fruit de contraintes qui incitent au calcul : comme le montre le travail de Salah Bouhedja, Pierre Bourdieu et Claire Givry sur « l'économie de la maison », lors de l'achat d'une maison industrielle, les couples d'acheteurs ne se mettent que progressivement au calcul du budget et des techniques de financement, à la suite des interactions cruciales avec les différents agents du champ immobilier, notamment le vendeur qui est « une sorte d'incitation vivante au calcul rationnel [1] ».

1. « La double contrainte [vendre des maisons et vendre du crédit] dans laquelle il [le vendeur] se trouve enfermé fait qu'il agit spontanément comme une sorte d'incitation vivante au calcul rationnel. Prisonnier des contraintes et des consignes qui ne lui laissent guère de marge de liberté, il a peut-être pour tâche, fondamentalement, d'assister le client dans le travail de désinvestissement que celui-ci doit accomplir pour ajuster ses espérances à ses possibilités : en l'obligeant à penser son projet dans les limites d'un budget fini, il lui fait découvrir que toutes les propriétés de la maison rêvée que la logique du rêve permet de concilier magiquement sont interdépendantes et que les calculs d'optimum impitoyables de l'économie font payer toutes les concessions au rêve dans un domaine (la surface habitable par exemple) de contre-

Dans les salles de marché, les incitations vivantes ou matérielles au calcul sont extrêmement nombreuses : il y a tout d'abord le poids d'une entreprise financière soumise à une vive concurrence sur de nombreux plans, le poids des actionnaires et des marchés sur le cours et le personnel directorial, le poids de celui-ci sur l'ensemble de la structure, en cascade jusqu'aux opérateurs de marché, puis le recrutement de jeunes diplômés de plus en plus souvent passés par des grandes écoles où ils ont appris toutes les techniques du calcul financier (calcul stochastique appliqué à la finance pour les uns, calcul de gestion pour les autres), enfin le système d'incitation au profit et de mesure instantanée de la performance qui permet de mieux trouver le bon choix et d'éliminer plus rapidement ceux qui font les mauvais choix.

Toutefois, s'il existe peu de latitudes pour constater *a posteriori* un résultat, il n'en est pas de même lorsqu'il s'agit de gagner *a priori* de l'argent sur le marché financier, où il y a une pluralité de techniques, de méthodes et de stratégies. Pourtant certains énoncés de la théorie économique de l'efficience parfaite des marchés financiers vont même jusqu'à nier la possibilité d'adopter durablement une stratégie gagnante : si les marchés et l'information sont parfaits, tous les opérateurs utilisent toute l'information pour effectuer les mêmes anticipations de stratégies gagnantes et les opportunités de celles-ci s'évanouissent instantanément parce que les prix reflètent toute l'information disponible. Ces théories, présupposant chez tous la même rationalité, reviennent à en déclarer aussi l'inanité chez chacun et considèrent qu'une stratégie gagnante n'est que le fait du hasard, qu'un portefeuille de titres tirés aux fléchettes par des singes peut être aussi performant, voire plus, que ceux des professionnels de l'investissement. Cette théorie de l'abolition rationnelle de la rationalité, vérifiée généralement avec des tests plutôt globaux que des tests de détail, fait comme si le temps de latence, de mise en branle et de diffusion de la stratégie rationnelle gagnante, très court en regard des autres marchés, était instantané, et elle oublie de voir que, pendant ce temps de latence, les initiateurs de la stratégie gagnante ont gagné beaucoup plus que les imitateurs. Toutefois, par le passage à la limite si fréquent pour résoudre les problèmes théoriques en économie,

parties inévitables dans un autre (en général la distance à la ville) », *in* Salah Bouhedja, Pierre Bourdieu, Claire Givry, « Un contrat sous contraintes ».

cette théorie signale de manière extrême le caractère fugace et provisoire des stratégies gagnantes. C'est à la fois peut-être parce que « les marchés ont toujours raison » qu'une stratégie gagnante unique perd tout de suite sa rentabilité et, parce qu'ils ne sont pas vraiment « parfaits », qu'il existe malgré tout des stratégies gagnantes que les professionnels peuvent mettent en œuvre parce qu'ils sont initiés au fonctionnement du marché et se trouvent structurellement dans la situation d'initiateurs plutôt que d'imitateurs.

La caractéristique des marchés financiers, du point de vue de la rationalité, ne consiste pas uniquement en un niveau élevé de calcul, mais aussi en une pluralité de stratégies gagnantes déployées par les acteurs. Incités à maximiser le profit de la banque, les opérateurs ne trouvent pas de « *one best way* », et ils sont obligés de choisir une des stratégies gagnantes (ou de les cumuler, ce qui est une forme de choix). Ce choix est en partie imposé par la salle de marché, son histoire, la fonction, la conjoncture, le produit, etc. Mais, sachant que les opérateurs sont relativement autonomes au travail, ils peuvent se soustraire plus ou moins à la contrainte ou bien chercher à occuper les postes où ils pourront utiliser leur stratégie favorite. On peut donc considérer l'ensemble des stratégies gagnantes comme un véritable *bazar de la rationalité*, et les opérateurs s'y orientent non seulement en fonction de leur position et des contraintes associées mais aussi en fonction de leurs dispositions acquises au cours de leur socialisation primaire dans la famille, secondaire au sein de l'institution scolaire, ou encore professionnelle. La valorisation de leur stratégie gagnante n'est d'ailleurs pas uniquement une valorisation financière par l'accumulation de profits importants mais aussi une valorisation symbolique, notamment par des stratégies de distinction, à la fois aux yeux de soi, des pairs et des responsables de la banque, laquelle a pour enjeu non seulement le pouvoir et la part du profit distribué, mais aussi la construction et la confirmation d'une identité professionnelle et sociale, en bref l'invention d'une position, qui reste encore précaire et illégitime.

L'incitation au calcul n'arrête pas son effet au choix d'une ou plusieurs stratégies gagnantes au sein du bazar de la rationalité, mais elle a des effets sur l'ensemble de la vie sociale des opérateurs en favorisant l'incorporation d'une disposition au calcul économique, à la recherche quasi spontanée du profit. Elle favorise l'émergence d'un véritable *habitus* marchand.

3

Le bazar de la rationalité

Il est possible de classer de plusieurs manières les stratégies gagnantes sur les marchés financiers. D'une part, on peut distinguer entre les techniques d'arbitrage et les techniques de spéculation, d'autre part, on peut les envisager selon les rapports qu'elles entretiennent avec les savoirs scolaires.

Il existe toutes sortes d'arbitrages, dont certains sont assez simples mathématiquement (comme l'arbitrage de place ou des devises), mais, toutefois, l'arbitrage le plus rentable ces dernières années est l'arbitrage des produits dérivés (options, options exotiques) en fonction de leurs sous-jacents (actions, obligations, titres monétaires), technique qui repose sur des savoirs mathématiques fort complexes. La spéculation, qui consiste à acheter (ou vendre) un titre à une date donnée pour le revendre (ou le racheter) pour empocher la différence de cotation à deux moments du temps, nécessite, plus qu'une bonne modélisation, une bonne prévision de l'avenir des cours. On peut distinguer plusieurs manières de prévoir l'avenir : certains agissent au « *feeling* » et à l'intuition. D'autres utilisent des techniques graphiques, et essayent à partir des maxima et des minima du passé de prévoir les maxima et les minima du futur, c'est ce qu'on appelle le chartisme. D'autres encore utilisent l'analyse économique fondamentale : ils considèrent que les cours sont déterminés par de grandes variables macroéconomiques (taux d'intérêt, cours des changes, taux de chômage, etc.) ou microéconomiques (profits de l'entreprise, endettement, évolutions sectorielles, etc.) et la prévision des valeurs macroéconomiques et microéconomiques et de leurs conséquences sur les cours leur permet de prévoir le cours du futur et d'acheter ou de vendre en fonction de cette prévision [1].

On peut classer aussi les stratégies gagnantes en fonction de leur parenté avec les savoirs scolaires. Les relations d'arbitrage, en particulier les formules d'évaluation du prix des options, s'appuient le plus souvent sur des mathématiques financières très complexes et constituent le savoir le plus proche du savoir scolaire scientifique enseigné notamment dans les écoles d'ingénieurs et les départements de mathématiques et de probabilités des universités. Le raisonnement fondamental, en particulier les relations macroéconomiques et microéconomiques, est aussi relativement proche de certaines formes de savoirs scolaires [2], les sciences économiques, qui sont enseignées désormais non seulement à la faculté dans les filières qui leur sont dédiées, mais aussi maintenant dans la plupart des grandes écoles. Même si la discipline est de plus en plus « scientifique » en raison de son souci de modélisation, le raisonnement économique fondamental dans les salles de marché, du fait de son relatif manque de prestige à l'université, du caractère encore limité de son enseignement, et surtout de la délégation de la prévision économique pure à des experts de la prévision économique, consiste plutôt dans l'exploitation d'une forme littéraire de capital scolaire, en ce sens que, pour l'opérateur, il s'agit de détenir une certaine culture économique – qui n'a pas besoin d'avoir été enseignée pour être détenue – pour savoir se repérer et faire la synthèse de l'ensemble des informations économiques vulgarisées qu'il reçoit : celles contenues dans *La Tribune, Les Échos*, les feuilles d'information dans la banque, les nouvelles sur Reuters, etc.

Le chartisme, même s'il commence à être enseigné dans certains établissements dédiés à l'enseignement de la pratique financière (et en particulier les moins prestigieux), est un savoir fort illégitime du point de vue de la hiérarchie scolaire. Quant à l'orientation au « *feeling* », à l'intuition, il est clair qu'elle ne s'enseigne pas et, si elle entretient un rapport avec le système scolaire, c'est uniquement au titre de la comparaison, puisque, comme le succès dans le système scolaire, les opérateurs considèrent sur le marché que les stratégies fortement gagnantes

---

1. La diversité des techniques de spéculation est ici grandement simplifiée.

2. Sur la montée des savoirs économiques dans l'enseignement, on pourra voir notamment Frédéric LEBARON, *Les économistes français entre science et politique. Contribution à une sociologie de la culture économique*.

obtenues par le seul « *feeling* », sont le résultat de la « grâce » ou d'un « don ».

Découvrir des équivalences : arbitrage mathématique et gestion de la volatilité

Avec l'élévation du droit d'entrée mathématique dans les salles de marché, on assiste à deux mouvements qui agissent en sens inverse : d'une part la domination de plus en plus affirmée des ingénieurs multicompétents passés par une classe préparatoire scientifique (la « taupe »), qui imposent leur domination mathématique, laquelle est particulièrement visible lors de la transmission des compétences, d'autre part des tentatives de vulgarisation et d'instrumentalisation des savoirs nécessaires à la gestion de « vole ».

Domination mathématique et transmission de compétences

La présence d'un nombre de plus en plus grand d'ingénieurs multicompétents (en particulier l'ingénieur X, *poly-technicien*, qui, ne sachant presque rien faire, sait comment faire pour savoir faire ou pour faire faire) passés par la taupe modifie assez fortement le mode de transmission des compétences et le mode d'exercice du pouvoir. De tels ingénieurs imposent leur domination en s'appuyant inconsciemment sur leur capacité modélisatrice acquise en taupe, qui est devenue un peu une « seconde nature ».

Quentin, agrégé de philosophie essayant de prouver aux yeux de ses nouveaux collègues que ce diplôme n'était pas une tare, montre pour séduire son chef de *desk*, polytechnicien, qu'il est capable de résoudre des équations : « C'est-à-dire que j'étais censé dépendre de quelqu'un qui avait, de bonne ou de mauvaise foi, cru que j'étais en stage, pas en contrat à durée déterminée et qu'en gros j'étais un philosophe qui ne savait pas très bien quoi faire et qui s'était fait pistonner par le président pour venir passer six mois dans une banque pour regarder à quoi cela ressemble. [...] J'étais dans un coin sans ordinateur ni machine à calculer ni rien à faire. Au bout de deux jours, cela m'a paru assez évident que ça pouvait aussi bien durer six mois et que cela risquait de pas être très drôle. Donc, j'ai commencé à aller lui poser des questions, à poser des questions à droite à gauche. Et puis, de fil en aiguille, j'ai commencé en un sens à le séduire, lui. C'était pas très difficile dans la mesure où je savais qu'il était polytechnicien, je savais très bien comment il allait fonctionner, je suis rentré dans les petits rites selon lesquels je ne comprends les choses que lorsqu'elles sont posées en équation, ce qui est vrai. Et puis il s'est dit que je ne devais pas être totalement débile si j'étais capable de résoudre des équations. »

Pour bien comprendre la domination mathématique de ceux qui sont passés par les classes préparatoires scientifiques, domination particulièrement virulente dans les disciplines universitaires comme l'économie ou la finance où elle vient de conquérir les positions dominantes [3], domination qui s'exerce aussi, même si c'est de manière quelque peu affadie, dans les salles de marché, il faut tenir compte des modalités de son enseignement. Au cours de la période d'enfermement symbolique de la classe préparatoire, les élèves y acquièrent de manière intensive le savoir mathématique systématique qui constitue le véritable *common knowledge* des ingénieurs : (calcul différentiel, algèbre linéaire, etc.). Méconnaître ce *common knowledge* dans certains milieux, comme la science économique d'aujourd'hui (par exemple, ne pas savoir diagonaliser une matrice ou résoudre une équation différentielle du deuxième ordre...), c'est véritablement se couvrir de ridicule et déchoir, surtout lorsqu'on connaît toutes les stratégies de dévalorisation de l'incapacité mathématique mises en œuvre par les mathématiciens ou mathématiciens reconvertis (affirmation de l'évidence avec les expressions du genre « c'est évident », ou dévalorisation du niveau d'acquisition, « ça, c'est niveau terminale »). Dans cet ensemble de connaissances acquises en classe préparatoire, le savoir mathématique est enseigné et appris selon les canons de l'axiomatique, et il se présente comme un univers clos, dans lequel toutes les questions qui peuvent s'y poser ont nécessairement une réponse dans l'enseignement qui est donné. C'est ainsi qu'en deux ans la frontière entre les taupins scientifiques et le reste du monde est quasiment définitivement tracée et tout se passe comme s'il était presque impossible d'acquérir les compétences mathématiques lorsqu'on n'est pas passé par la classe

3. *Cf.* Frédéric LEBARON, *Les économistes français entre science et politique. Contribution à une sociologie de la culture économique.*

préparatoire[4]. Pour la plupart des enseignants de mathématique qui, après, assurent la transmission des connaissances dans les écoles d'ingénieurs et les facultés, il est totalement illégitime d'accéder aux savoirs mathématiques secondaires, déduits, appliqués, en particulier ceux qui sont en usage dans les salles de marché, (comme le calcul stochastique, ou les statistiques mathématiques), sans connaître leurs fondements axiomatiques (la mesure de Lebesgue, les espaces semi-engendrés, les filtrations, etc.). C'est ainsi qu'une telle pratique d'enseignement exclut potentiellement tous ceux qui ne sont pas passés par la taupe ou par des voies scolaires similaires.

La mise en équation de l'explication des cours de marché contribue à l'élévation du droit d'entrée pour tous ceux qui ne maîtrisent pas cette mise en équation mais elle l'abaisse aussi pour tous ceux qui, passés par les taupes, ne connaissent que celle-là. Se reposant sur leur compréhension immédiate des équations et sur leur compétence pour les résoudre, ces derniers peuvent faire ainsi l'économie de l'apprentissage de la culture économique ou marchande sous-jacente. Les effets de l'élévation du niveau ne se limitent pas uniquement au jeu des filières et du recrutement, mais ils continuent à jouer dans la salle de marché en freinant la mobilité interne. En effet, même si elles oublient pour la plupart rapidement les mathématiques universitaires, les personnes passées par les classes préparatoires ou par des formes similaires conservent cette tendance à privilégier relativement une présentation formalisée ou abstraite de leur raisonnement à une présentation pratique, par l'exemple ou la procédure concrète, et elles mettent à l'épreuve les moins diplômés qui ont tendance à démissionner devant la moindre équation, comme d'autres peuvent démissionner devant tout signe d'un langage dont ils ne comprennent pas le sens, tel un idéogramme, l'alphabet grec ou un programme informatique. Les détenteurs du savoir théorique défavorisent ainsi la transmission pratique

4. Ceci est plus particulièrement vrai pour l'enseignement mathématique français (aux États-Unis l'enseignement des mathématiques est fort différent). Plus le savoir se rapproche d'une axiomatique fondamentale (la topologie, l'algèbre pure, etc.), plus il est légitime, et les mathématiciens qui font de la recherche dans les mathématiques les plus appliquées donc les plus impures, essayent de racheter leur illégitimité en important l'axiomatique des mathématiques pures et en essayant de transmettre et de systématiser leurs connaissances sous une forme axiomatisée (on trouvera comme exemple de ce phénomène, la présentation des statistiques mathématiques et de l'économétrie dans l'ouvrage de C. GOURIEROUX et A. MONFORT, *Statistiques et modèles économétriques*, Economica).

des connaissances pratiques et donc les chances des exécutants moins diplômés d'occuper des positions qu'ils pourraient en fait occuper.

L'apparition des marchés dérivés pour lesquels les relations mathématiques complexes sont si cruciales pour opérer les arbitrages les plus justes a donc très nettement favorisé une transformation du recrutement interne et externe. Elle permet à la fois la calculabilité croissante et l'optimisation, et la justification par les mathématiques de l'occupation d'une position. Mais cependant si elle a principalement permis, en particulier à la Compagnie universelle au recrutement élitiste, l'occupation de la plus grande partie des postes par des élèves passés par les classes préparatoires, et la confirmation pour ceux-ci du caractère exceptionnel de leurs compétences, elle a aussi entraîné des formes de vulgarisation, à la fois sur le marché des mathématiques financières et dans les salles de marché. C'est sans doute à HEC, un lieu d'enseignement relativement indépendant de l'université, avec des méthodes d'enseignement à l'américaine, que l'enseignement instrumentaliste et pragmatique des mathématiques financières a le mieux pris. Avec cette dernière forme de transmission des connaissances, plus efficace et moins universelle, moins « intéressante » et plus démocratique, les mathématiques ne sont apprises que lorsqu'elles deviennent nécessaires, elles sont développées uniquement pour des applications standardisées sans passer obligatoirement par les fondements.

De même, dans les salles de marché, la division du travail croissante, la séparation de la modélisation, de l'algorithmique et des opérations de marché, le développement des logiciels informatiques qui donnent instantanément à l'écran tous les résultats nécessaires pour « traiter » ont favorisé une instrumentalisation des savoirs nécessaires à la conclusion des transactions. Une fois les opérations de marché routinisées, il est possible de les déléguer à des apprenants fidèles, auxquels on n'explique, à la fois pour la rapidité de la formation, pour mieux garder le monopole des connaissances et assurer la croyance de ces oblats dans la compétence des compétents, que ce qui est nécessaire de connaître pour utiliser le logiciel d'aide à la décision marchande.

Gilles est depuis un an *trader junk bonds* (« obligations de pacotille » c'est-à-dire obligations émises par les sociétés surendettées). Il a obtenu une maîtrise MASS option économie appliquée à Dauphine. Il a d'abord travaillé comme *middle-office* pour les *junk bonds* et, comme il s'entendait bien avec son chef, il est devenu *trader* (mais il a encore à sa charge une partie des activités *middle*). Il voue une certaine admiration à son chef qui lui a permis cette ascension accélérée. La théorie, il « connaît pas trop » : « Les mouvements browniens, tout cela, c'est mon chef. » Son chef, m'explique-t-il, « lorsqu'il est arrivé dans la salle à la fin des années quatre-vingt, il a pris un bouquin et il a tout développé tout seul ». Il a importé l'idée que, de même qu'on pouvait arbitrer les options contre des actions avec la formule de Black et Scholes, il était possible en modifiant quelque peu cette formule d'arbitrer des actions contre des obligations. C'est ainsi qu'il a adapté une formule d'un livre de mathématiques financières, qu'il a développé un logiciel de tarification et qu'il a commencé à effectuer les premières transactions.

L'exutoire des dispositions scolaires

Les mathématiques complexes ont joué historiquement un rôle de fondation de la légitimité des occupations de poste de *trading* dans la salle de marché de la CU. Cependant avec l'informatisation croissante qui dépossède les *traders* d'une grande partie de la maîtrise des relations d'arbitrage, avec la diversification des métiers sur les dérivés qui donnent une place de plus en plus grande à la spéculation sur l'arbitrage, et avec l'orientation de plus en plus commerciale, les mathématiques complexes servent plus de caution qu'elles ne sont véritablement quotidiennement mises en œuvre dans les opérations.

Ainsi, lorsqu'on interroge les membres de la salle sur l'utilisation des mathématiques financières, seuls 50 % d'entre eux répondent qu'ils sont amenés à utiliser des relations mathématiques fondées sur le calcul stochastique. Pour la plupart, les relations mathématiques du type de celles de Black et Scholes mises en œuvre quotidiennement sont plutôt une boîte noire : 13 % des membres affirment qu'il s'agit d'une relation « presse-bouton », 26 % que c'est surtout une relation dont ils savent interpréter les résultats. Ceux qui ont une connaissance avancée des relations stochastiques d'équivalence entre produits dérivés, à savoir soit ceux qui savent démontrer la formule, soit ceux qui savent la modifier, constituent 24 % de la salle de marché. Une régression permet de mieux déterminer quelles propriétés favorisent dans la salle une telle compétence (voir encadré).

Connaître Black et Scholes. Un modèle de régression

*Résultat d'une régression modélisant la probabilité de posséder une connaissance avancée des mathématiques financières stochastiques**

Variables explicatives		*Fréquence brute*	*Effet « toutes choses égales par ailleurs »*
Ensemble (n = 94)		**24 %**	
Position	*Ingénieur*	62 %	+ 31 %**
	Autre	19 %	– 3 %**
Diplôme	≥ Bac + 5	40 %	+ 22 %**
	< Bac + 5 ou NR	15 %	– 8 %**
Sexe	Homme	29 %	+ 3 %
	Femme	13 %	– 7 %
Ancienneté	> 4 ans dans la finance	21 %	+ 2 %
	≤ 4 ans dans la finance	27 %	– 2 %
Diplôme du père	≥ Bac + 3	20 %	– 7 %
	< Bac + 3 ou NR	30 %	+ 11 %*
Profession du père	Professions « économiques » (CS 10 à 31 et 38)	13 %	– 8 %*
	Autres professions	32 %	+ 8 %*

D'après cette régression, c'est la position dans la division du travail (objectivée par la variable dichotomique, être ou ne pas être ingénieur financier ou recherche et développement) et le diplôme (objectivé par la variable possession ou non-possession d'un diplôme supérieur au bac + 5) qui déterminent le plus fortement la probabilité d'utiliser de telles compétences. Ce résultat s'explique largement par un certain état de la division du travail, et par le caractère très scolaire (ou universitaire) des savoirs mis en œuvre. La statistique sur petit échantillon (94 personnes) ne permet pas d'établir des résultats très fins et l'effet principal est comme mangé par le poste occupé ou par le diplôme, lesquels sont aussi le résultat d'une discrimination sociale. À défaut d'être significatif au seuil habituellement retenu par l'économétrie (seuil de 5 % ou 10 %), les paramètres indiquent tout de même le sens d'une relation et méritent quelques commentaires et éventuellement confirmation dans une enquête un peu plus large. On s'attendait à un paramètre plutôt négatif pour l'ancienneté, en raison du caractère scolaire de la compétence. Sa positivité, certes très peu significative, reflète sans doute plus la structure démographique des postes qu'une tendance à améliorer ses compétences mathématiques avec l'ancienneté (c'est plutôt l'inverse). Les femmes, peu présentes à la fois dans les salles de marché et dans les disciplines scientifiques, sont par conséquent aussi sous-représentées parmi les personnes qui maîtrisent bien la formule de Black et Scholes. Enfin, l'origine sociale des parents joue un rôle assez significatif. Elle est mesurée par deux variables : avoir ou ne pas avoir un père qui exerce une profession « économique » (agriculteurs, artisans, commerçants, chefs d'entreprise, professions libérales et cadres administratifs du privé), avoir ou ne pas avoir un père diplômé d'un niveau supérieur ou égal à la licence. Que ce soit en regardant le pourcentage brut ou le paramètre estimé tous effets contrôlés par ailleurs, on voit que les personnes dont le père appartient à une profession économique ont une probabilité moins forte que les autres de savoir démontrer ou modifier les relations stochastiques complexes. Ainsi, même dans le monde des équivalences entre toutes sortes de cours et de produits, la conversion d'une espèce de capital en une autre, la conversion au sein de la salle du capital économique initialement possédé en capital culturel n'est pas sans présenter un coût élevé. On notera aussi l'effet négatif et significatif d'un diplôme élevé du père sur la probabilité de maîtrise des formules de Black et Scholes. Ce dernier phénomène montre d'abord que les détenteurs de ce *capital culturel* sont plutôt des « parvenus » du système scolaire que des « héritiers ». Étant donné l'origine sociale assez « économique » des membres de la salle, il faut remarquer aussi que les pères des membres de la salle, qui ont un diplôme élevé, sont souvent des personnes qui ont acquis celui-ci plus pour sa valeur économique que pour sa valeur culturelle. Au contraire les parents des virtuoses des mathématiques, souvent membres de la fonction publique••, même s'ils ont souvent un diplôme moins élevé, peuvent valoriser relativement plus sa composante culturelle que sa composante économique.

---

* Lire ainsi : 62 % des ingénieurs de la salle possèdent ces connaissances contre 24 % pour l'ensemble de la population. « Toutes choses égales par ailleurs », c'est-à-dire en contrôlant les effets des autres variables (diplôme, sexe, ancienneté, diplôme du père et profession du père), le fait d'être ingénieur augmente de 31 %, par rapport à la population d'ensemble, la probabilité de posséder un tel niveau de compétence. Testée, cette différence est significative au seuil de 5 % symbolisée par « •• ». (« ••• » marque le seuil très significatif de 1 %, « • » celui de 10 % et « (•) » celui plus faiblement significatif de 20 %). Lorsque le test de la significativité de la différence à la situation moyenne n'est pas probant – ici au-dessus du seuil de 20 % – aucune puce n'est alors indiquée).

** 33 % des personnes ayant une mère cadre ou profession intermédiaire du public sont des virtuoses de Black et Scholes contre 24 % pour l'ensemble.

Nous avons vu en effet que les personnes dont le père était issu des classes dominantes, en particulier ses fractions les plus économiques, étaient plus nombreuses relativement parmi les vendeurs et parmi la direction de la salle. Ces personnes-là, pourtant souvent plus diplômées, n'ont pas besoin ou n'ont plus besoin de connaître les relations mathématiques complexes. Au contraire, les ingénieurs ont un petit peu plus souvent (même si la différence est un peu ténue en raison de la limite de la taille de l'échantillon) des parents soit issus des fractions de la classe dominante à capital plutôt culturel (comme les ingénieurs ou surtout les cadres du public) et aussi des classes moyennes ou populaires. Leur position est homologue à celle occupée par les universitaires les plus producteurs au sein du champ universitaire[5], en ce qu'ils ont des origines un peu plus populaires que les plus dominants de la salle de marché (homologues aux reproducteurs et aux détenteurs de pouvoir au sein du champ universitaire). Mais, au principe de cet intérêt pour les relations mathématiques complexes, intérêt qui n'est pas que le résultat de l'occupation fonctionnelle, il y a surtout, outre une origine relativement plus populaire, une bonne volonté culturelle qui assure l'investissement scolaire permettant une telle acquisition, investissement qui ne se limite pas à son seul aspect économique mais qui affecte l'ensemble de l'être moral, et qui entraîne une véritable adhésion à l'ordre scolaire et à ses valeurs et ce d'autant plus que c'est surtout l'école qui leur a permis d'être ce qu'ils sont.

Les ingénieurs R&D ont en général des diplômes relativement moins élevés que les membres les plus dominants de la salle (ENSIMAG, Télécom, plutôt que X ou Centrale). Ce décalage initial de compétence mathématique n'empêche pas l'adhésion des ingénieurs moins diplômés aux mathématiques mais au contraire le favorise. En effet les plus dominants sont intéressés surtout par le pouvoir et l'argent, et ce d'autant plus qu'à l'intérieur du corps des X et des centraliens, ceux qui vont dans les salles de marché, sont ceux qui ont le plus de dispositions économiques et qui sont le plus prêts à renoncer aux valeurs scolaires. Une fois dans la salle, ils délèguent donc volontiers à ces ingénieurs plus petits la modélisation mathématique.

Michel, ingénieur R&D issu de l'ENSIMAG, chargé de développer des logiciels de tarification des produits dérivés, est passionné par l'arbitrage le plus mathématique. Au contraire, il dédaigne la spéculation : il donne comme exemple un jeu-exercice de *trading* où, après avoir commencé par spéculer classiquement, il s'était « rendu compte que ça l'emmerdait » et avait poursuivi par un arbitrage sur les cours des options de vente et d'achat. Au travail, il outrepasse d'ailleurs les fonctions strictes

5. *Cf.* Pierre BOURDIEU, *Homo academicus*.

de son poste de développement informatique. Lors d'une discussion, il aligne des références historiques en mathématique financière, discute de la validité de la pertinence de la formule de Black et Scholes, et souligne l'intérêt d'adopter une modélisation alternative et discrète des cours (avec un processus de Poisson plutôt que du « Black et Scholes à la papa »). Il semble montrer ainsi que, sans même faire de transactions comme les *traders* et les *commerciaux*, il est un professionnel de l'arbitrage au même titre que ces derniers qui font de l'arbitrage le plus souvent sans bien savoir ce qu'ils font.

Si pour les plus « petits » ingénieurs, promus des plus petites écoles, l'affirmation de l'expertise mathématique et la célébration de l'ordre marchand de la salle ne posent pas de problèmes de compatibilité, leur permettant de participer en relativement bonne place au sein de cette double hiérarchie, il n'en est pas de même pour les éléments les mieux dotés en capital culturel sous sa forme universitaire.

Marcello, ancien chercheur en physique théorique, est devenu le *quant*, c'est-à-dire l'expert en mathématique de la salle. En France, il n'y a pas beaucoup de *quant* dans les banques, alors qu'aux États-Unis ils sont plus nombreux, notamment des physiciens, en raison, selon lui, du nombre très limité de postes offerts dans les laboratoires de physique théorique et de la surproduction relative de physiciens.

Au moment des concours de taupe, il a raté l'ENS, qu'il voulait faire, et du coup il a fait l'école des Télécom, parce qu'il a trouvé lors des oraux que « les labos étaient bien » dans cette école. Il a fait sa thèse et il a travaillé au CEA à Saclay sur les supraconducteurs, où ce qui l'intéressait, c'est l'absence à l'heure actuelle de théorie unifiée. Cependant, sa femme pianiste a des revenus très irréguliers, et ils avaient besoin d'argent. En plus, en France, Marcello n'avait aucune perspective de mobilité dans la physique théorique et il risquait de rester trente ou quarante ans dans le même laboratoire. C'est sans doute pour cela, qu'il est parti du laboratoire pour travailler dans la banque. Pour se former, il a lu un livre de mathématique financière.

Doté de dispositions universitaires en fort décalage avec l'esprit marchand de la salle, il développe lors de ses débuts à la CU un rapport malheureux à la finance. Il explique ainsi que les problèmes de modélisation ne sont pas très intéressants et qu'ils sont fort limités par rapport à ceux qu'il rencontrait en physique théorique. Il développe la comparaison suivante :

« Modéliser les relations d'arbitrage, c'est comme jeter une chaise par la fenêtre et essayer de modéliser la répartition des morceaux, cela peut se faire, cela peut devenir très compliqué, mais c'est assez limité. » En plus, on ne lui donne que des problèmes de détail à résoudre, des rafistolages et des arrangements de modèles déjà existants pour tarifer des produits nouveaux. D'une part, la direction de la salle de la Compagnie universelle n'est pas alors intéressée par le développement d'une véritable équipe de recherche en modélisation mathématique (semblable à celles qui sont dans les banques anglo-saxonnes), d'autre part, elle ne lui laisse pas le temps de mettre en œuvre des modèles alternatifs au paradigme de Black et Scholes amélioré, encore en usage pour la modélisation des cours. Il aimerait bien développer des modèles alternatifs où la volatilité supposée constante par le modèle de Black et Scholes suivrait elle-même un processus stochastique mais les *traders* n'en veulent pas, parce que de telles modélisations ne permettent pas aux *traders* de connaître, comme les autres modélisations, les profits et les pertes de leurs transactions chaque soir mais les obligent à travailler à l'aveuglette pendant une longue période avant de pouvoir constater si l'arbitrage est gagnant ou perdant. Il va même jusqu'à dire qu'il voudrait bien faire du « *proprietary trading* », c'est-à-dire avoir son propre portefeuille de titres à gérer à long terme, et le but d'une telle position n'est pas tant de trouver la bonne formule pour gagner de l'argent que de gagner de l'argent pour montrer que la formule d'arbitrage est bonne.

Marcello considère qu'il est « en transit vers autre chose », même s'il ne sait pas quoi. En effet il n'aime ni l'ambiance dans la salle, ni ses collègues opérateurs. Il trouve qu'ils sont « monoconfigurés » et qu'ils « ont coupé tous les câbles vers les autres sorties » que l'argent. Il trouve qu'ici les gens n'ont pas du tout la passion de comprendre et pense que l'immobilisme est bien plus grand que dans le domaine de la recherche universitaire où, dès qu'on lit un article, on doit se remettre en cause.

Les ingénieurs de R&D sont dans la situation de mener une lutte symbolique avec les opérateurs. Même s'ils sont responsables d'une grande partie du profit par leurs bonnes relations d'équivalence et leurs bons logiciels de calcul, parce que les opérateurs captent l'activité et réussissent à faire croire qu'ils sont responsables du profit, les ingénieurs R&D n'ont pas, à la Compagnie universelle du moins, réussi à obtenir une position politique et économique équivalente à leurs contributions. En

1998, le rapport de forces n'est pas tellement en leur faveur. Si la modélisation informatique peut encore faire des progrès et contribuer à la suppression de certains métiers de *trading*, il ne semble pas que la modélisation mathématique soit encore si profitable.

Au cours de la réunion de présentation des résultats, un analyste investi dans la modélisation, interpelle le chef de salle sur l'opportunité d'embaucher un deuxième *quant* :

« – On a seulement un *quant* !

– La plus-value d'un nouveau modèle est en baisse, répond le chef de salle. Il y en a qui croient au Graal et à la formule magique.

– Si le modèle est mauvais, on perd de l'argent.

– Si l'on a un meilleur modèle, on gagne pas tellement plus que le marché. »

Contrairement à l'avis de certaines banques américaines qui ont massivement investi dans la constitution d'équipes de recherche en mathématiques financières fondamentales, la Compagnie universelle, autrefois à la pointe des modélisations des relations d'arbitrage, considère que la plus-value de modèles mathématiques plus performants est en baisse. Cette orientation stratégique n'est sans doute pas sans lien avec l'orientation de plus en plus commerciale de la salle.

Conséquences et limites de la mathématisation

Les *traders* qui « traitent » les produits structurés, notamment les six *traders* présents à la table d'ingénierie financière, connaissent relativement bien les relations d'arbitrage. D'une part, ils sont très diplômés, et ont choisi de travailler à la table d'ingénierie financière parce que c'est la table et le produit qui sont les plus élevés dans la hiérarchie de la technicité, d'autre part, ils doivent arbitrer des produits particulièrement compliqués [6] et bien comprendre pour cela les relations d'arbitrage. Sur ce genre de produit, l'idéal n'est pas de beaucoup « traiter » mais de faire quelques très gros *deals* sur lesquels la marge est très importante. Comme ils traitent souvent sur des produits nouveaux, ils sollicitent facilement l'équipe de R&D

---

6. Comme les options à double barrière (l'option est activée à partir d'un certain cours et se désactive à partir d'un autre cours) ou des produits à capital garanti (comme par exemple les produits qui garantissent 50 % des hausses du CAC et 0 % des baisses).

pour obtenir de nouveaux logiciels ou des logiciels adaptés aux besoins. Avec ceux-ci, ils formulent leurs besoins, et éventuellement participent à la modélisation ou la surveillent. Ainsi, entre les ingénieurs et les *traders* s'établit une sorte de rivalité mêlée d'affinités. Les *traders* tendent à instrumentaliser et à s'approprier l'expertise mathématique et algorithmique des ingénieurs. Les ingénieurs, en retour, leur reconnaissent une certaine compétence, qu'ils essayent éventuellement de minimiser. Tout se passe comme si ces *traders*-là et les ingénieurs se partageaient, tout en se faisant de la concurrence, le titre d'excellence dans les relations d'arbitrage : les ingénieurs en les posant uniquement comme un problème théorique, les *traders* en en faisant un problème plutôt pratique, où la dextérité, le sens du marché, le profit réalisé servent à confirmer la bonne compréhension du modèle théorique.

Si la plupart des *traders* sur options exotiques et produits structurés connaissent souvent bien la modélisation de Black et Scholes (au début) et savent souvent encore la démontrer, il n'en est pas de même pour les *traders* sur options plus classiques. En effet ces derniers travaillent sur des produits standardisés et n'ont guère besoin de solliciter de leur propre chef les ingénieurs et parler le langage commun de la modélisation mathématique. De même que la modélisation et l'écriture des propositions mathématiques permettent d'abolir la mémoire de toutes les opérations nécessaires à l'établissement de chaque proposition – ce qui permet au mathématicien de se concentrer sur l'établissement de la proposition suivante –, de même la modélisation mathématique permet à l'heure actuelle dans les salles de marché l'automatisation, l'informatisation et l'oubli corrélatif de toutes les opérations nécessaires pour que soient présents à l'écran les prix optimaux de telle ou telle option et la quantité de titres sous-jacents à acheter pour effectuer la couverture.

Quand ils ont suivi une formation en finance ou dans une école d'ingénieurs où ils ont souvent eu des cours où la formule de Black et Scholes était démontrée dans le cas le plus simple ou du moins expliquée, les *traders* en poste savent encore à peu près de manière vague rappeler le cadre de la modélisation, ou sinon donner l'interprétation financière des principaux paramètres qui sont issus de cette modélisation. Mais il n'est pas besoin véritablement de la connaître pour être *trader* d'options. D'ailleurs quelques *traders* sur *warrants*, souvent étrangers, ne possèdent pas de diplômes et sont issus des classes populaires. Le *trader* a en effet devant lui un écran, avec les paramètres de la formule, les indications d'achat ou de ventes rentables, et l'ensemble est devenu relativement presse-bouton.

Diane, sortie d'une école de commerce et d'un DESS de Dauphine, est *trader junior* et fait depuis un an de l'arbitrage actions contre obligations convertibles. La relation d'arbitrage est fondée sur le modèle de Cox et Rubinstein, et Diane essaye de m'expliquer rapidement les fondements : « Tu vois, c'est un modèle binomial... » Elle dispose de trois écrans devant elle, un pour passer les ordres d'achat et de vente dans le marché, un écran avec Excel pour suivre sa position, un autre écran avec le logiciel de *pricing* maison. En fait, dès qu'elle est « tapée », elle regarde son logiciel de *pricing* qui lui indique de combien elle doit se couvrir, et elle se place sur le marché en conséquence.

Elle passe la plus grande partie de son temps à regarder sa place dans la liste des meilleures offres d'achat et de vente. Son chef travaille aussi sur ce marché, et ils se parlent d'une table à l'autre.

« – T'es bien placé là.

– Je te passe devant. »

Le rythme est très rapide, et l'ambiance est un peu « speed », surtout lorsqu'on compare aux autres tables.

Ainsi, à ces tables de *trading* ordinaire, l'aspect mathématique semble disparaître au profit de la presse de l'achat-vente et de la couverture, et les relations mathématiques ne subsistent que comme des paramètres sur un écran devenu une véritable interface de réflexe.

Comme nous l'avions signalé plus tôt, un des risques de la rationalisation mathématique est la suppression de certaines activités de *trading* d'arbitrage, désormais entièrement assurées par l'ordinateur. C'est déjà le cas pour Ivan qui ne fait plus que du paramétrage d'une machine qui traite à sa place. Contre les moins diplômés, les novices et le *middle-office*, les opérateurs se prévalent de leur compétence mathématique (inutilisée si ce n'est le temps de l'apprentissage du fonctionnement du modèle) pour justifier le fait qu'ils occupent de bon droit ce poste, mais en prenant de plus en plus des positions directionnelles, spéculatives, dont le gain n'est pas garanti par une relation mathématique nécessaire entre deux produits, les *traders* font comme s'ils maintenaient une certaine zone d'autonomie face à l'emprise trop grande des mathématiques qui pourraient contribuer à les expulser à leur tour. Pour garder leur poste et leur autonomie, ils bénéficient pour l'instant des imperfections de la modélisation mathématique. Celle-ci prend très mal en compte l'évolution de la volatilité sur laquelle il est difficile de se couvrir. Arbitrer une option contre un sous-jacent revient donc à s'exposer, à prendre des positions sur la volatilité et à spéculer sur son évolution [7]. Les *traders* ordinaires d'options gardent ainsi leur autonomie en prenant parti d'un défaut du modèle et en pratiquant la gestion de « vole » qui se rapproche des spéculations ordinaires.

Une analyse économique fort économique

À la différence de l'arbitrage volatiliste dont la maîtrise est réservée à une petite élite de « forts en maths », l'analyse économique fait à la fois partie des savoirs scolaires et des savoirs de la culture générale qui n'ont pas besoin d'être appris. Dans les salles de marché, un grand nombre de personnes n'ont sans doute jamais fait d'économie, ce qui ne les empêche pas d'utiliser le raisonnement économique tous les jours.

Une utilisation pragmatique

D'après l'enquête par questionnaire, 53 % des répondants utilisent le raisonnement macroéconomique. Trois niveaux de réponse positive étaient proposés pour pouvoir distinguer ceux qui adhéraient à la scientificité de la démarche (« oui, parce que c'est scientifique », 10 %), ceux qui l'adoptaient par simple utilitarisme (« oui, parce que cela marche », 27 %), et ceux qui prennent leurs distances avec ce type de démarche en se plaçant quasiment dans le cadre autoréférentiel de la théorie des jeux (« oui, parce que tout le monde le fait », 16 %). Ces distinctions permettent de voir que l'analyse économique est plutôt adoptée avec pragmatisme.

Parmi les opérateurs, catégories qui ont à développer des stratégies gagnantes sur le marché, c'est chez les commerciaux (89 % d'entre eux), beaucoup plus que chez les *traders* (67 %), que le raisonnement économique est utilisé. Chargés de démarcher des clients (gestionnaires de portefeuille, trésoriers d'entreprise) et de leur proposer les produits dérivés gérés par les

7. Certaines transactions sur les options entre *traders* professionnels se font directement en point de volatilité (inversion du prix de l'option par la formule de Black et Scholes).

traders, les *commerciaux* développent des argumentaires, qui donnent une place importante au raisonnement économique, pour convaincre le client, tantôt de tenter une spéculation hardie, tantôt de se protéger des risques encourus : « Avec la crise en Asie, votre portefeuille est exposé. Il faudrait vous couvrir, on peut assurer votre portefeuille. » Au contraire, les *traders* d'une salle consacrée à l'arbitrage ont moins à prévoir l'évolution des cours – et partant des agrégats économiques – et encore moins à soutenir leurs choix par une forme explicitée de raisonnement. Les autres catégories de personnel, intervenant peu sur le marché, n'ont pas cette possibilité et ne sont pas forcément intéressées par ce type d'analyse (surtout les ingénieurs les plus méfiants vis-à-vis de la macroéconomie).

Comme pour le calcul stochastique, certains agents dans la salle occupent une position structurale et fonctionnelle de diffusion de la « rationalité économique ». Le raisonnement économique a paru suffisamment important au cours des années quatre-vingt et quatre-vingt-dix pour que toutes les salles de marché adoptent une organisation avec un expert de l'analyse économique, l'économiste de marché, et une plage horaire pour l'exposition de ses pronostics, le *morning meeting*.

Ian, un Scandinave, est l'économiste de la salle. Chaque jour, il fait un petit exposé de cinq minutes lors du *morning meeting* où, en général, il commente l'actualité économique du moment et distribue un papier avec un résumé de son exposé. Cet exposé commence par un rappel des principales évolutions financières de la veille sur les Bourses et le change. Ensuite, il donne la liste des chiffres et des informations politico-économiques qui doivent tomber pendant la journée en question : inflation, croissance, taux de salaire, déficit, etc., mais aussi les mesures gouvernementales des pays les plus importants. Pour chaque chiffre, il donne le chiffre précédent, le consensus du marché (moyenne des prévisions des prévisionnistes les plus connus), et la prévision de la Compagnie universelle. En général, il explique comment le marché risque de réagir selon que le chiffre annoncé est plus haut ou plus bas que le chiffre attendu par le marché et il donne éventuellement ses pronostics. Au cours de la journée, lorsqu'il y a un chiffre important qui tombe, comme le taux de chômage américain, il fait une annonce par haut-parleur dans la salle pour donner le nouveau chiffre, le décalage par rapport au chiffre attendu, le début de la réaction du marché, et fait quelques commentaires sur la poursuite de la réaction dans les heures et les jours prochains.

Le mardi soir, avec son collègue chartiste, ils font une réunion un peu plus longue pendant laquelle il commente la conjoncture à un peu plus long terme (de quelques mois à un an) et il aborde un thème précis comme par exemple, début décembre, les entreprises françaises les plus exposées aux risques asiatiques. Il m'explique que le rôle des fondamentaux est beaucoup moins important depuis la crise asiatique, alors qu'il l'était avant parce que le marché réagissait de manière très accentuée aux chiffres américains de l'inflation, du chômage, etc. Ian passait alors beaucoup plus de temps à commenter les nouvelles. Au cours de l'hiver 1998, Ian travaille à l'interface entre analystes financiers et déterminants macro, en analysant l'influence des variables macroéconomiques sur le secteur et du secteur sur les variables macroéconomiques. Il commente aussi les analyses des analystes financiers pour les *traders*.

Le travail d'économiste n'est pas ici une expertise de très haut niveau. Celui-ci n'utilise ni modèle macroéconomique, ni prévision économétrique. Son travail consiste essentiellement à vulgariser auprès des opérateurs les articles de conjoncture produits par les services économiques des banques.

Lors d'une discussion où je lui demande s'il tient compte aussi des interprétations hétérodoxes des différents enchaînements macroéconomiques, Ian dit qu'il s'intéresse personnellement à des choses beaucoup plus générales que l'économie pour le marché, comme le conflit monétariste-keynésien, mais qu'il est impossible de s'y intéresser dans le cadre de la salle de marché, parce qu'ici « seul le consensus intéresse » la salle et le marché (et surtout l'écart entre le consensus et la réalisation).

Comme la salle de marché de la Compagnie universelle est dédiée aux produits dérivés sur actions et privilégie l'arbitrage sur la spéculation, le raisonnement économique a peut-être moins d'importance que dans d'autres salles de marché, en particulier celles qui privilégient la spéculation pour compte propre sur l'arbitrage et l'intermédiation ou celles qui s'occupent du change et des obligations, sur lesquelles les grandes variables macroéconomiques et la politique économique des États ont beaucoup plus d'incidence.

L'économiste de marché, dont l'audience est limitée, est un médiateur parmi d'autres du raisonnement économique dans la salle de marché. Qu'ils écoutent ou non les analyses macroéconomiques de l'économiste, les membres de la salle suivent aussi la vie des entreprises cotées, en particulier les informations sur les fusions-acquisitions et les OPA (respectivement 70 % et 69 % de réponses positives pour ces deux sujets proposés lors de la question : « Utilisez-vous les informations économiques concernant la vie des entreprises cotées ? ») ou les évolutions sectorielles (49 %), bien plus que les licenciements (29 %) ou les nominations (23 %). Ils s'imprègnent des informations, des annonces, des rumeurs, ou même des raisonnements prêts à l'emploi en usant avant tout des systèmes électroniques d'information (Reuters et Bloomberg) (pour 62 % d'entre eux) ou en lisant *La Tribune* et *Les Échos* (52 %).

Leurs outils de travail contiennent aussi, même si c'est moins visible, des raisonnements économiques condensés, à la fois dans les hypothèses des algorithmes de tarification et dans les pronostics économiques de leurs bases de données alimentées par une division du travail d'analyse économique. Le prêt-emprunt d'actions est ainsi une activité dont le succès dépend grandement de la bonne prévision des dividendes distribués par les entreprises. Si Damien, *trader* à ce desk, commence sa journée par la lecture de *La Tribune*, il mène ensuite les transactions en s'appuyant sur les prévisions de bénéfices des analystes financiers qui sont contenues dans la base de données et automatiquement intégrées dans le prix calculé par le logiciel de tarification, ce qui limite son travail effectif de prévision économique.

Ainsi les principaux déterminants économiques du succès ou de l'échec des opérations de prêt-emprunt à la Compagnie universelle sont la bonne prévision des dividendes distribués par les entreprises ainsi que les opérations de fusion-acquisition. Tous les matins, Damien lit la presse économique (*La Tribune* ou *Les Échos*) pour connaître la vie des entreprises dont il prête ou emprunte des titres. Mais, en cours de journée, pour conclure ses transactions, il s'appuie sur les prévisions de bénéfices des analystes financiers qui ont été automatiquement intégrées dans les logiciels de tarification, ce qui permet pratiquement de ne pas avoir à faire de prévisions économiques (microéconomiques ici).

Avec le dispositif de travail de la salle de marché, les opérateurs de marché se trouvent par de nombreuses sources (économiste, médias, rumeurs, conversations, recherches) immergés dans un univers où des raisonnements économiques, inégalement élaborés, achevés et orthodoxes, sont disponibles – sous des formes simples et narratives n'exigeant pas véritablement de connaissances théoriques préalables – pour adoption, manipulation, composition et appropriation.

Les méfiants et les virtuoses

Inégalement informés, utilisant inégalement les sources d'information, les membres de la salle de marché se distinguent par leur capacité à mettre en œuvre des raisonnements économiques. Certains l'utilisent comme un supplément qui peut être utile, par exemple pour convaincre le client, mais dont il faut se méfier, car il est trop inexact, tandis que d'autres sont de véritables virtuoses du raisonnement économique et enchaînent les consécutions des variables macroéconomiques jusqu'au niveau des cours avec une rapidité surprenante :

Patrick accorde une confiance très modérée aux raisonnements économiques, qui ne lui semblent pas très sûrs :

« – *L'économiste, les gens l'écoutent aussi ?*

– Oui, bien sûr. Mais, eux, tu vois, se trompent plus souvent que les chartistes… Enfin, moi je trouve, hein… Moi j'avais vu un économiste sur l'Angleterre, parce que les économistes, c'est par pays chez nous. Et on avait été voir l'économiste avec un client… Le client qui était très, très exposé sur le Sterling, et donc il nous avait dit : "Bon, le Sterling, au premier semestre ça va baisser, parce que les taux sont trop élevés, donc le gouvernement, ils vont baisser, donc on va se retrouver avec un Sterling à 9,30." Bon, maintenant, le Sterling est à 10 francs donc c'est énorme comme différence. Donc, pour ceux qui ont pas trop l'habitude, c'est pas trop loin, mais c'est énorme, c'est un gouffre monstrueux. Donc, tu vois, il s'était planté. Les économistes, ils sont, pour moi, ça dépend, ils ont toujours les bonnes explications au bon moment, mais pour l'avenir, c'est pas évident et c'est normal. C'est pas évident du tout. »

Au contraire, un gestionnaire de portefeuille interrogé par Claudine Carluer [8] aligne les enchaînements causaux pour expliquer pourquoi il est plus sensible au taux d'intérêt en période de croissance qu'aux résultats des entreprises : « Évident. C'est ce qui se passe aux États-Unis en ce moment. Croissance rapide, surchauffe, hausse des taux d'intérêt en raison des anticipations inflationnistes : ça, c'est le chemin actuel. »

8. Claudine CARLUER, *Le comportement informationnel des gestionnaires de portefeuille. Modèles et croyances.*

En raison de l'ambivalence du raisonnement économique, à la fois vision du monde produite par le monde académique et « culture » spécifique aux personnes insérées dans le champ économique, les causes sociales qui favorisent ou non son adoption sont assez complexes et semblent dépendre dans une large mesure de l'orientation de la salle et de la place locale du raisonnement économique dans la hiérarchie symbolique des raisonnements disponibles. À la Compagnie universelle, les personnes de la salle dont le père avait une profession « économique » comme patron ou profession libérale utilisent un peu plus le raisonnement économique que les autres (57 % d'entre elles contre 44 % pour les autres). Mais ces personnes surreprésentées parmi les commerciaux doivent peut-être plus à leur fonction qu'à leur origine sociale ou qu'à leurs études (commerciales) leur intérêt pour le raisonnement économique. Dans le contexte local de la salle de marché de la Compagnie où le raisonnement économique a une place inférieure dans l'échelle symbolique à l'arbitrage mathématique, ceux qui ont le plus de capital culturel et qui pourraient manipuler des visions du monde proches de celles du monde académique délaissent ce raisonnement au profit des modèles d'arbitrages. Les commerciaux, en raison de leur position et de leurs parcours, en manipulant le raisonnement économique, utilisent plus la culture du champ économique comme un élément parmi d'autres de leur argumentaire de vente. Au contraire, dans la salle de marché de la BPP qui est consacrée à la spéculation sur devises et produits de taux, le raisonnement économique a une place plus importante et un niveau plus élevé dans l'échelle des valeurs. Lors de son *morning meeting*, les *traders* de cette salle, souvent très diplômés (X, ENSAE et un agrégé de philosophie), rivalisent dans le déroulement d'un raisonnement économique – ici plus élaboré et se rapprochant du discours académique – permettant d'établir un pronostic sur les cours.

Un raisonnement néoclassique

En général, en économie, lorsqu'un événement se produit, il est possible de déduire de cet événement plusieurs conséquences économiques qui peuvent être contradictoires [9]. Les économistes

9. Comme le signale Frédéric LORDON, dans « Les apories de la politique économique » : « Ce plongement obligé du problème micro du choix du portefeuille dans le système d'interdé-

ont souvent signalé que, face à de telles alternatives, le raisonnement économique en vigueur sur le marché était plutôt spontanément néoclassique. Certains économistes ont même étudié le caractère autoréalisateur des prédictions de l'économie néoclassique par l'entremise des marchés financiers, du fait de l'adhésion des opérateurs à ses verdicts. Lorsqu'elle étudie le mode de raisonnement des gestionnaires de portefeuille, Claudine Carluer remarque elle-même que le modèle de référence utilisé par ces opérateurs consciemment ou inconsciemment est celui de l'économie néoclassique.

Un grand nombre de facteurs concourent à une telle uniformité du raisonnement économique. La lecture des journaux et des médias, des publications officielles qui toutes, d'une manière ou d'une autre, tendent à refléter le « consensus de Washington [10] » la relative facilité et systématicité du raisonnement néolibéral, la nécessité d'être en phase et de prévoir en même temps que le marché (ou mieux un peu avant) ce qu'il va prévoir, la nécessité d'anticiper le comportement des banques centrales (dont la composition est le plus souvent fort néoclassique [11]). Une des raisons, parmi d'autres, qui renforcent la mise en œuvre du raisonnement néoclassique, est l'affinité élective qu'il entretient d'une part avec les origines sociales (part plus importante du *capital économique* sur le *capital culturel*) et avec la position occupée (de gestionnaires de portefeuilles). Boukharine avait ainsi essayé de montrer que l'économie marginaliste était une « économie politique de rentier ». Il considérait que le développement d'une théorie du calcul marginal de la « productivité marginale » du capital était inséparable du développement de la bourgeoisie rentière. Sans doute une telle thèse, qui méconnaît les conditions spécifiques de production de la pensée scientifique universitaire, est fortement réductrice voire erronée, mais il est possible que la mise en correspondance directe d'une

---

pendances généralisées de la macroéconomie confronte alors les opérateurs à toutes ses ambivalences. La désinflation qui permet d'éviter l'érosion du capital ne maintient-elle pas des taux d'intérêt élevés qui déprécient la valeur des portefeuilles ? La croissance est-elle suffisamment forte pour rendre soutenable la dette publique ou au contraire l'est-elle trop et expose-t-elle au risque de tensions inflationnistes ? Le chômage est-il facteur de déséquilibres sociaux ou bien un garde-fou à l'emballement des salaires ? »

10. Sur la genèse et la formation du « *Washington consensus* », cf. Yves Dezalay, Bryant Garth, « Le "Washington consensus", Contribution à une sociologie de l'hégémonie du néolibéralisme ».

11. Sur ce point, on pourra voir dans le cas français, l'article de Frédéric Lebaron, « Les fondements sociaux de la neutralité ».

position théorique et d'une position de classe ait plus de validité lorsqu'elle s'applique à des utilisateurs mi-conscients, mi-inconscients des résultats d'une telle politique économique. En effet, les opérateurs financiers souvent issus des fractions les plus économiques de la classe dominante, patrons, gérants, professions libérales, artisans, commerçants sont portés à voir l'économie comme une juxtaposition de marchés en équilibre partiel, semblables à ceux sur lequel l'entreprise paternelle est positionnée plutôt que comme un circuit où circulent flux d'épargne et d'investissement. L'État y est vu d'un mauvais œil, sa puissance est inquiétante, et le fait qu'il puisse s'endetter quasiment sans limites (temporelles tout au moins) y est vu comme un privilège injuste. Le raisonnement keynésien, en revanche, est un raisonnement de grand commis de l'État, quasi hégélien, où le bureaucrate par une « ruse de la raison », en utilisant certaines conséquences systémiques contre-intuitives de sa politique économique, produit de l'universel concret et le bonheur du peuple malgré lui.

Témoin de ce raisonnement spontanément néoclassique, ce propos de Thierry (qui est pourtant de gauche), et celui d'un gestionnaire de portefeuille :

« Et puis en 1980, avec l'arrivée de la gauche au pouvoir, il y a eu un fort endettement, c'est-à-dire qu'on a lancé tout un tas de programmes qu'il a fallu financer. Et l'État a pris la place de tout – normalement dans l'économie, ce sont les entreprises qui doivent emprunter sur le marché des capitaux et pas l'État –, alors là, c'est l'État qui a pris la place des entreprises qui a drainé toute l'épargne vers lui. » (Thierry.)

« L'endettement lui-même, l'endettement d'une société ou l'endettement d'une entreprise ou l'endettement d'un État, c'est un peu la même chose, c'est-à-dire comme l'a dit Balladur l'autre jour à la télé, les souscripteurs peuvent se poser la question : “Est-ce qu'on sera remboursé ?” En fait le problème ne se pose pas tout à fait de cette manière-là, on est remboursé en monnaie de singe puisque les États se réendettent pour pouvoir rembourser leurs dettes. » (Gestionnaire interrogé par Claudine Carluer [12].)

Pour tester cette tendance à adopter le raisonnement néoclassique, nous avons proposé dans le questionnaire deux raisonnements économiques alternatifs également plausibles, dont l'un

12. *Op. cit.*, p. 190.

est plutôt orthodoxe, et l'autre plutôt hétérodoxe (ou tout au moins keynésien).

De 1994 à 1997, le taux de chômage américain était la variable sur laquelle s'est polarisé le marché boursier. Le raisonnement dominant est un raisonnement inspiré de la courbe de Phillips qui est une version « classicisée » de certains raisonnements keynésiens. Selon une telle approche, il existe une relation décroissante entre le taux de chômage et l'inflation. Toute baisse du chômage était interprétée pendant ces années comme un signe du retour de l'inflation et de la hausse à venir des taux d'intérêt, ce qui faisait chuter les cours [13]. Mais, comme plusieurs fois de suite, fin 1996 et début 1997, cette interprétation était plus hésitante, certains ont même avancé que les États-Unis étaient entrés dans une « *New Era* », nouvelle ère économique, associant faible chômage, croissance et faible inflation.

Parce que l'annonce du taux de chômage a provoqué de telles réactions sur le marché, le taux de non-réponse (18 %) est relativement faible à cette question, beaucoup plus qu'à la question suivante sur le déficit public (29 %). Si la réponse néoclassique l'emporte (45 %), la réponse alternative est fréquemment choisie (29 %) en raison de l'absence d'effets du chômage sur l'inflation américaine. Certains (5 %) connaissant peut-être mieux l'économie, cochent les deux réponses et donnent parfois en marge des explications de type autoréférentiel. Fait particulièrement intéressant, un des opérateurs est venu me trouver lorsqu'il a remis son questionnaire pour me demander quelle était la « bonne réponse », comme s'il y avait forcément une seule réponse possible.

La question sur la hausse de l'endettement se pose moins pour les membres de la salle. À part au Japon où il est depuis plusieurs années sérieusement question de relancer l'économie – et certains des plans de relance ont pu être accueillis favorablement par le marché, la relance budgétaire n'est plus à l'ordre du jour dans les pays de l'OCDE depuis le début des années quatre-vingt. Au contraire, le désendettement des États est devenu la

13. On rappelle la relation fondamentale entre le taux d'intérêt et les obligations à taux fixe. Lorsque que le taux d'intérêt monte, le prix des anciennes obligations à taux fixe, dont le taux était plus bas que le nouveau taux d'intérêt en vigueur pour les nouvelles obligations, baisse pour que le taux d'intérêt sur anciennes obligations et sur nouvelles soit le même. Lors d'une baisse du taux d'intérêt, c'est l'inverse. La relation est très stricte pour les obligations, elle vaut aussi pour les actions, quoique de manière moins mécanique (en raison de l'incertitude sur les dividendes).

TABLEAU 3.1 – *Les opinions économiques des membres de la salle*

Une baisse du chômage aux États-Unis signifie pour vous :	
Hausse des salaires, donc du taux d'inflation, donc du taux d'intérêt, donc *baisse des cours*	45 %
Hausse de la consommation, donc des profits, donc *hausse des cours*	29 %
(Coche les deux réponses*)	(5 %)
Non-réponse	18 %

Une hausse de l'endettement public signifie pour vous :	
Relance de l'activité, hausse des profits à venir et donc *hausse des cours*	10 %
Hausse de l'endettement public, donc hausse des taux d'intérêt donc *baisse des cours*	56 %
(Coche les deux réponses**)	(5 %)
Non-réponse	29 %

* Précisions en marge du questionnaire : « Cela dépend de ce que les bien-pensants disent à l'instant t : on ne pisse pas contre le vent » (1 personne), « Dépend du contexte du marché » (1 personne).

** Précisions en marge du questionnaire : « Dépend du contexte du marché » (1 personne).

norme de la bonne politique économique. Les membres de la salle ont particulièrement bien intégré cette norme puisque, lorsqu'ils répondent, ils choisissent très largement cette conception orthodoxe plutôt que la version keynésienne.

Pour mieux comprendre ce qui favorise la formulation d'opinions orthodoxes, on a établi le tableau suivant établissant la proportion de personnes qui manifestent une opinion orthodoxe aux deux questions ou en phase avec le marché (c'est-à-dire celles qui cochent les deux cases, en expliquant que « ça dépend du contexte ») en fonction du revenu. Cette proportion est très nettement croissante en fonction du salaire fixe perçu. Or, comme nous l'avons vu au cours de la première partie, ancienneté dans la finance, revenu et occupation des positions les plus importantes sont assez étroitement corrélés. Tout se passe comme si la propension à être « orthodoxe », puis en phase avec le marché (la réponse « les deux » est particulièrement fréquente chez ceux qui gagnent plus de 500 000 francs par an), augmentait avec l'intégration dans le monde de la finance. Les nouveaux entrants répondent plus facilement en fonction soit de leurs connaissances préalables de l'économie (dont ils ont pu avoir une présentation plus keynésienne que celle qui est utilisée dans les salles de marché), soit de leurs convictions politiques ou surtout éthiques. C'est ainsi que, dans le monde courant, toute baisse du chômage est considérée dans la société salariale habituelle comme quelque chose de « bon » et toute hausse comme quelque chose de « mauvais ». Les nouveaux entrants peuvent considérer que ce qui est « bon » dans le monde de la politique et de l'économie doit l'être aussi pour la Bourse. Avec un peu d'expérience, ils apprennent que c'est le contraire (au cours des années quatre-vingt-dix au moins). D'abord choqués, ils apprennent, comme Delphine, à mettre à distance un tel enchaînement de consécutions économiques :

« – *Travailler sur les marchés financiers, ça ne te pose pas de problèmes de morale ?*

– Non, pas tant que ça. C'est vrai que de voir que quand une société qui licencie, son cours d'action monte. C'est un peu bizarre comme réaction. » (Delphine.)

TABLEAU 3.2 – *Proportion des personnes qui pour les deux questions de pronostics économiques manifestent une opinion orthodoxe ou subtile* (i.e. *« les deux ») en fonction du salaire fixe*

Revenu	Proportion
Moins de 250 KF	36 %
250-350 KF	44 %
350-500 KF	55 %
Plus de 500 KF	67 %
Revenu non déclaré	29 %
Ensemble	40 %

Même si la tendance à mener un raisonnement orthodoxe ou en phase avec le marché, lui-même généralement orthodoxe, est très forte et qu'elle se renforce avec l'intégration dans le monde de la finance, il ne faut pas penser que les opinions économiques sont toutes uniformes et toutes néoclassiques. Ce serait oublier que le consensus est d'autant plus difficile à établir que le groupe humain est important. Comme l'a montré Baker [14] dans son étude d'un marché à la criée, plus le groupe de *traders* sur une aire de cotation d'options est important, plus des cliques et des sous-groupes se forment à l'intérieur du groupe, plus les

14. Wayne BAKER, « The social structure of a national securities market ».

opinions divergent sur la valeur des prix et plus le prix de l'option est volatil. En outre certains économistes ont remarqué que, sur de nombreux marchés, si les raisonnements économiques et les prévisions sur l'avenir étaient exactement les mêmes, alors il n'y aurait plus de transactions et plus de marchés possibles. C'est ainsi que, lors de l'annonce de certains chiffres très attendus, le marché a parfois un petit temps d'hésitation. Il arrive souvent qu'il parte dans un sens et puis qu'il se retourne brutalement. Ce phénomène est dû à l'inégale force numérique et financière et à un ordre différent d'intervention des groupes qui interprètent le chiffre comme un facteur de hausse ou de baisse.

Le raisonnement économique comme exercice de sémiologie inconsciente

Comme l'explique Claudine Carluer [15], même si les modes de raisonnement s'intègrent à un modèle de référence néoclassique stable et homogène, les raisonnements particuliers des gestionnaires sont instables et multiples. La grande variabilité des modes de raisonnement au sein du référent dominant est pour une part due au cycle des chiffres qui sont élus par le marché comme les chiffres pertinents :

« Il y a des statistiques, c'est vrai, qui sont importantes notamment le déficit commercial aux États-Unis, l'indice des prix à la consommation, prix de gros, prix de détail, la masse monétaire, c'est un peu moins regardé, ces derniers temps. À une époque, on regardait beaucoup ça ; il y a dix ans, c'était un chiffre clé de la semaine aux États-Unis, à New York… C'était un peu… je ne sais pas si on peut dire que c'était une mode mais c'était tous les mercredis la masse monétaire. Maintenant, c'est le déficit commercial. […] À certains moments, on prend conscience que le déficit commercial aux États-Unis est un problème qui a été étouffé pendant longtemps et puis qui ressurgit ; depuis qu'il y a une faillite de certaines banques, on a compris que ça pouvait être un problème très grave et on s'est focalisé là-dessus [16]. »

Ce cycle des chiffres importants correspond aussi à un cycle des chaînes causales économiques, qui à un moment donné, vont paraître importantes, plus importantes que celles qui sont sous-tendues par d'autres chiffres qui ne font plus bouger le marché.

15. Claudine CARLUER, *op. cit.*, p. 224-225 et 252.
16. Entretien de A. retranscrit par Claudine CARLUER, p. 324-325.

Mais l'instabilité du raisonnement n'est pas due uniquement à l'instabilité du marché, mais au mode de raisonnement lui-même. Les raisonnements économiques sont relativement simples et unilatéraux : « Ils sont prononcés d'une manière qui ne laisse place ni au doute ni à la contradiction, et ils sont relativement courts et simples [17]. » Le raisonnement consiste le plus souvent soit à « envisager l'influence directe de l'indicateur » économique sur le cours, soit « à envisager son influence au travers de son influence sur un élément intermédiaire [18] », le plus souvent le taux d'intérêt. Un tel type de raisonnement, économique en réflexion, permet une intervention très rapide sur les marchés et de saisir l'opportunité de gain avant qu'elle soit absorbée par le marché. Mais il favorise aussi l'établissement de chaînes causales contradictoires pour deux indicateurs très proches.

Dans l'exemple suivant, le gestionnaire de portefeuille est amené quasiment à se contredire à une question d'intervalle, au sujet de l'influence de la croissance sur le marché boursier. Dans un cas, la baisse du taux de chômage implique la croissance, la hausse des taux d'intérêt donc la baisse des marchés, et, dans l'autre, la hausse de la production implique la croissance, le profit et la hausse du marché.

« – *Pour les marchés boursiers, une forte augmentation de la création d'emplois est-elle un facteur de hausse, de baisse ? Pourquoi ?*

– L'augmentation de création d'emploi, c'est un facteur de hausse des taux, qui implique baisse des marchés, donc c'est à la fois hausse des taux et baisse des marchés. Je dirais une création d'emplois, c'est synonyme de croissance, synonyme de croissance c'est synonyme d'inflation, qui dit inflation risque… c'est une petit peu ce qui s'est passé aux États-Unis ces derniers temps, risque d'inflation donc hausse des taux et donc baisse des marchés. […]

– *Une hausse de la production industrielle est-elle pour la Bourse un facteur de hausse, de baisse ? Pourquoi ?*

– Une hausse de la production industrielle, c'est de la croissance ; qui dit croissance dit amélioration des résultats et les marchés aiment plutôt ça [19]. »

---

17. Claudine Carluer, *op. cit.*, p. 235.
18. Claudine Carluer, *op. cit.*, p. 236.
19. Entretien de C. retranscrit par Claudine Carluer, *op. cit.*, p. 352.

Ce qui est particulièrement intéressant dans cet exemple, c'est l'emploi par le gestionnaire de portefeuille du terme de « synonyme ». Sans doute est-ce pour lui une manière de s'exprimer, et il aurait pu aussi bien utiliser un autre terme plus scientifique comme « implique ». Mais, par-delà la contingence des termes adoptés par l'interlocuteur, on peut penser qu'en employant le terme « synonyme » cet interlocuteur dit bien, sans le savoir, la vérité de l'exercice du raisonnement économique dans les salles de marché. L'analyse économique des opérateurs ordinaires y est plus un exercice de sémiologie quasi inconscient, de recherche de la connotation des termes de l'économie et de la politique économique, qu'un exercice d'établissement rigoureux des enchaînements macroéconomiques.

Les schèmes spontanés d'interprétation des indicateurs et des discours de la politique économique se surajoutent à un savoir plus ou moins diffus en science économique et le figent. Ils permettent une intervention quasiment réflexe, sans réflexion, aux annonces économiques et en quelque sorte de « voler le départ[20] ».

Ivan avait un petit compte « *spiel* » (une autorisation de spéculer avec les fonds de la banque), une sorte de cadeau pour le consoler d'être affecté au paramétrage. Mais il a dû supprimer cette « pose » parce que celle-ci « paumait » sur le *future* CAC 40. Il s'est amusé à *spieler* pendant le discours de Jospin, neuf fois sur dix il était gagnant, mais la dixième fois il était perdant. Il croyait que ce qu'avait dit Jospin était mauvais pour le marché (donc il a vendu), alors que c'était haussier.

Ces schèmes s'organisent. Tout ce qui dans les chiffres ou les discours de politique économique s'apparente à une menace pour la stabilité monétaire va être interprété comme facteur de hausse des taux d'intérêt et de baisse des cours ; au contraire, tout ce qui ressemble à un apaisement permet la baisse des taux d'intérêt et la hausse des cours. Ainsi le couple baisse des cours-hausse des cours est en partie déterminé par les schèmes antinomiques de la *tension* et de la *détente*, de la *menace* et de *l'apaisement*. Ainsi, les acteurs se décident non en fonction d'un modèle du fonctionnement de l'économie faisant la part des influences contraires, mais en déroulant des chaînes unilatérales de signification plus ou moins longues. À l'origine de ces déroulements de signification, l'agent a perçu, dans un exercice de sémiologie

20. J. M. KEYNES, *Théorie générale de l'emploi, de l'intérêt et de la monnaie.*

inconsciente, une *tension* ou une *détente*, une *menace* ou un *apaisement*.

Les savoirs non scolaires

Si l'arbitrage mathématisé et le raisonnement économique entretiennent des liens respectivement forts et modérés avec des savoirs académiques, l'analyse chartiste, appelée aussi analyse technique, est au contraire un savoir indigène sans prolongement universitaire. Le *feeling*, ce don mystérieux sur le compte duquel les traders expérimentés mettent une partie de leur succès est un mode de décision encore moins scolaire et explicite. On a plutôt affaire à une combinaison hybride d'intuition, d'expérience et de raisonnements institués.

Les charts, *un savoir païen*

Le principe général de l'analyse technique est d'essayer de prévoir le cours à partir de son passé. Le « chartiste » regarde un graphique avec un cours de Bourse et, armé d'un crayon, il cherche à reconnaître des tendances et des formes particulières en traçant quelques droites entre des points hauts et ou entre des points bas (voir encadré ci-dessous). Une fois ces formes reconnues, armé de quelques adages, il en déduit le futur du cours. Une telle méthode, assez rudimentaire dans son principe, est fortement controversée.

Certes le fait d'essayer de prévoir un phénomène à partir de son passé n'est pas forcément scandaleux. Ce principe est d'ailleurs appliqué dans de nombreux domaines académiques à commencer par celui de la prévision économique – avec ses séries temporelles et son économétrie –, où il prend certes des formes beaucoup plus savantes et méthodiques que la reconnaissance impressionniste de formes dans un graphique de cours. Mais l'économie néoclassique dominante considère que ce principe de prévision n'a aucune pertinence en matière financière. Selon les néoclassiques, puisque les prévisions des agents financiers qui sont faites sur la base de toute l'information disponible s'actualisent dans le prix à l'instant t, seules des informations nouvelles, et non des informations passées comme la forme du cours, peuvent faire bouger le cours. Résulte de ce raisonnement l'impossibilité théorique d'une technique de prévision des cours futurs reposant sur leur passé.

Cette analyse chartiste, appelée aussi analyse technique, est une technique boursière assez ancienne[21]. Elle aurait été inventée à Wall Street à la fin des années 1880, notamment par Charles Henry Dow (fondateur du *Wall Street Journal* et père de l'indice Dow Jones). Ces théories se sont diffusées au début du XXe siècle et dans les années vingt grâce à Hamilton, successeur de Dow à la tête du journal, qui eut la chance de prévoir à l'avance le krach boursier de 1929 avec cette technique.

Elles ont continué à se développer ensuite et sont très utilisées depuis les années cinquante-soixante aux États-Unis. En France, il ne semble pas qu'elles aient été véritablement adoptées avant la grande transformation des marchés financiers au milieu des années quatre-vingt. Les salles de marché organisées à l'américaine, avec des opérateurs qui viennent des pays anglo-saxons ou qui y ont travaillé, constituent un milieu plus favorable pour l'importation et la diffusion de telles techniques que le cadre traditionnel des charges d'agent de change.

L'analyse chartiste est un art assez subtil d'interprétation des cours. Comme les techniques parascientifiques, elle permet de proposer sans problèmes deux scénarios contraires d'évolution et de persuader quand même l'interlocuteur que l'on a raison. De même que les agents de change rassuraient leurs clients sans trop risquer de se méprendre en soutenant que « les cours hausseront à moins qu'ils ne baissent[22] », de même les chartistes modernes ont l'art de proposer plusieurs scénarios alternatifs, selon que telle ou telle droite de résistance, est testée, retestée, cassée.

Ronan, l'analyste spécialisé dans l'analyse technique de la salle, dans le compte rendu journalier (en anglais), fait, le 20 décembre 1997, la prévision suivante pour l'indice CAC 40, lequel la veille a clôturé à 2 822 points : « À plus long terme, l'interprétation de la hausse depuis le bas de 2 475 semble bien aller dans le sens d'une vague en X (*X-wave*) (min : 2 880 déjà atteint, norm : 3 000, max : 3 100). Le grand mouvement à la baisse semble bien être confirmé : prudence. Le risque est un nouveau test de la région des 2 650.

---

21. Il semble que la technique des « chandelles japonaises » ou « bougies chuchotantes » soit utilisée sur le marché des contrats à terme sur le riz au Japon depuis le XVIIIe siècle. *Cf.* Lars TVEDE, *La psychologie des marchés financiers*, p. 67.

22. Albert ROMAN, *Un grand financier*.

Les techniques chartistes

Il existe plusieurs techniques chartistes, qui ont chacune leurs adeptes ou qui peuvent se cumuler : des techniques de représentations graphiques comme les graphiques avec des barres ou des lignes (les plus utilisées), les chandelles japonaises, ou les graphiques points et figures ; ensuite différentes figures remarquables comme les droites de résistance et de support, la soucoupe, soucoupe inversée, tête-épaule, formation en V, formation en W, triangles, triangles inversés, « *flag and pennants* » (drapeaux et oriflammes), tunnels d'accumulation, les *gaps* (gouffres) ; des techniques de prévision des vagues avec les vagues d'Eliott ou les séries numériques de Fibonacci ; des indicateurs de tendance comme les moyennes mobiles, les indices de changement relatif, etc.

Exemples de figures chartistes

Tracer des droites de résistance consiste à tracer des droites entre :

des minimums du cours

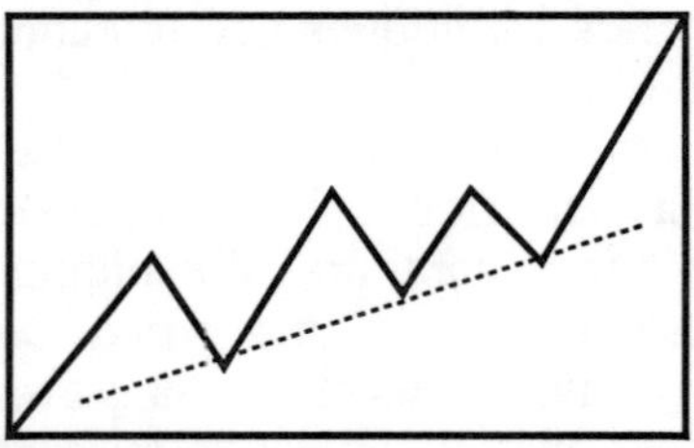

ou entre ses maximums

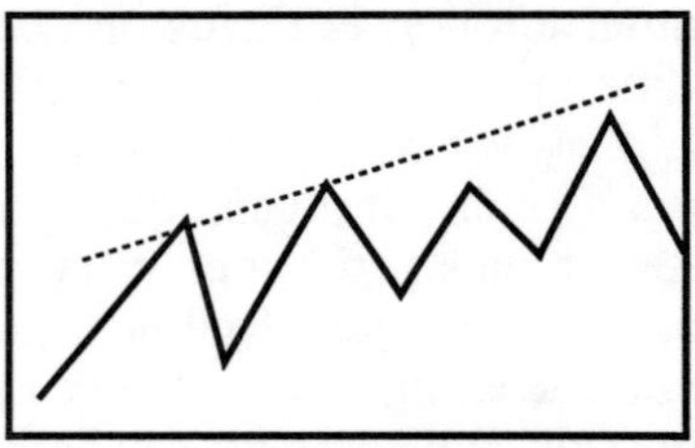

On trace ainsi des :

« *Tunnels d'accumulatation* »

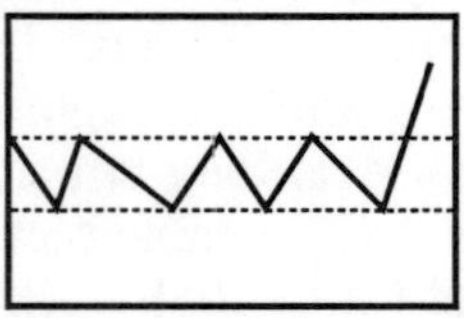

« *Triangles ascendants* »

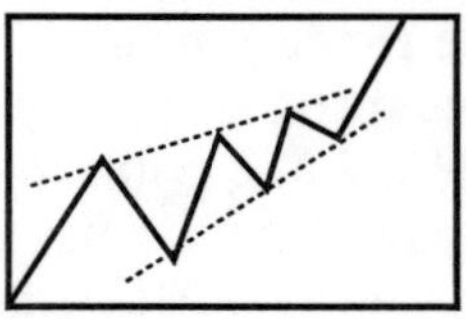

Graphiques « Tête-épaule »

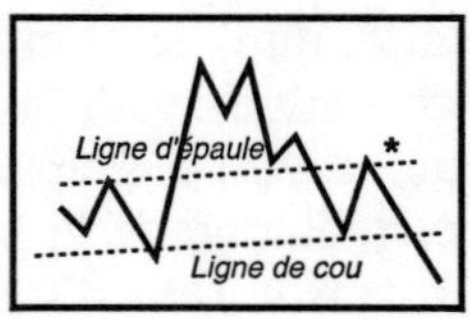

La technique chartiste des droites de résistance, à l'origine de nombreuses figures chartistes, consiste à isoler des maxima (ou des minima) et à tracer des droites entre ces points. Ces droites sont des droites de résistance (ou de support), et le cours est supposé buter sur ces droites. Par exemple dans le cas du triangle ascendant, ou du tunnel d'accumulation le cours reste confiné relativement longtemps entre les deux droites de résistance. On dit dans ce cas que le cours « teste la droite » de résistance. Mais il peut tout aussi bien la « casser » (par exemple à la fin du tunnel d'accumulation). L'analyse technique sert à repérer des points sensibles. Le raisonnement est du type « ou bien, ou bien ». Ou bien le cours teste la droite de résistance et il va retrouver ensuite la même configuration qu'avant, ou bien le cours la casse, et dans ce cas-là le cours va monter (respectivement baisser) très fortement. Par exemple, la figure de tête-épaule sert à repérer les grands retournements de tendance (comme par exemple les chartistes le font rétrospectivement pour les krachs de 1929 ou de 1987). Lorsqu'on peut détecter à la fois une ligne de cou et une ligne d'épaule qui permet de distinguer une sorte de tête, (à l'endroit où il y a la petite étoile sur le dessin) eh bien, à ce moment-là, il semble possible de prévoir une chute terrible après un nouveau franchissement de la ligne de cou.

Les vagues d'Eliott sont un ensemble de « règles » qui expliquent la conduite d'une suite de « vagues » (une vague est un mouvement constitué par au moins une hausse et une baisse, mais ça peut être plus). C'est une méthode dite « philosophique ». Voici quelques exemples de ces règles très étranges : « la troisième vague n'est jamais la plus courte », « la deuxième vague ne retrace jamais plus de 100 % de la vague 1 », etc.

Les moyennes mobiles sont bien connues en étude des séries temporelles (en histoire et en statistique), car elles ont l'avantage de lisser les accidents et de donner la tendance. Mais l'utilisation des moyennes mobiles par les chartistes est assez curieuse. Les chartistes utilisent par exemple deux moyennes mobiles du cours (une petite à 10 jours et une grande à 50 jours) et mettent en œuvre quelques adages comme « lorsque la petite moyenne mobile passe au-dessus de la grande, c'est un signal de hausse « (appelé aussi parfois « croix dorée »), et « lorsque la petite moyenne mobile passe dessous la grande c'est un signal de baisse » (appelé aussi parfois « croix de mort »).

À court terme, le cas d'une baisse semble se confirmer : une cassure sous 2 812 ± 4 a pour cible 2 784 ± 2 et puis la région des 2 650.

Si un mouvement impulsif à la baisse couve, il faut alors que 2 857 ± 7 ne soit pas testé. Prenez garde qu'une hausse au-dessus de ce niveau a pour cible les 2 885 ± 3, qui, s'ils sont cassés, invalide l'actuelle structure à la baisse. »

Dans cette analyse, Ronan prévoit donc une baisse qui devrait s'arrêter soit à 2 812, soit à 2 784, soit dans le pire des cas à 2 650, à moins que ce ne soit la hausse, qui devrait atteindre soit les 2 857, puis les 2 885. Même si elle formule plusieurs stratégies contradictoires, l'analyse technique permet quand même de gagner de l'argent, parce qu'elle incite les opérateurs à placer des ordres pour spéculer ou se protéger à des points clés, qui souvent sont touchés.

Toute la difficulté de l'analyse technique fondée sur les droites de résistance vient du fait qu'il est possible de tracer à partir des derniers minima et maxima un grand nombre de droites, qui se révéleront finalement non pertinentes. La plupart du temps, les analystes techniques sont obligés de se faire une idée (c'est le cas pour Ronan), sur ce que va faire le marché, avant de tester si cette idée est confortée et confirmée par une série de droites.

Après une école de commerce et un DEA de calcul stochastique, Ronan, l'analyste chartiste, a d'abord été embauché au DM, puis il est venu à la Compagnie universelle. C'est avec son prédécesseur qu'il a appris l'analyse technique. À la Compagnie universelle, son travail principal est essentiellement de prévoir l'évolution future des marchés à l'aide des techniques chartistes. Il expose tous les matins ses prévisions au *morning meeting* en anglais, et le mardi soir en un français mêlé de termes anglais d'analyse technique (« À court terme aucun signe de *reversal* », « Est-ce qu'on est *topisch* moyen terme ? », « Trouver le *bottom* court terme », « Le scénario est clairement *bear*, mais *bull* court terme »). Outre son rôle de prévisionniste pour la salle, il a depuis quelque temps une « pose directionnelle » et il fait du « *proprietary trading* ». Pour les prévisions, il travaille essentiellement sur des variations de l'ordre de 3 % ou 4 %, avec un horizon d'une semaine.

Les prédécesseurs de Ronan ne se sont pas contentés des prévisions chartistes, qu'on peut faire en traçant des droites sur un graphe. Ils ont aussi essayé de repérer avec l'analyse numérique des régularités profitables. Le fondement de l'analyse numérique est à peu près le même que celui des techniques chartistes, puisqu'il s'agit de prévoir le futur d'un cours à partir de son passé. Mais l'analyse numérique gagne en noblesse, et passe du statut de parascience à celui de quasi-science parce qu'elle se fonde sur les techniques mathématiques les plus complexes. Ainsi, à la CU, ils ont utilisé l'analyse de Fourier, les ondelettes et les fractales. Ils ont même développé un logiciel de détection de ces séries, mais finalement, cette méthode n'a rien donné, et le logiciel a été abandonné.

Lors de mes premières discussions avec Ronan, son attitude première a été de défendre systématiquement son domaine de compétence. Il explique tout d'abord de manière quasi fonctionnelle que l'analyse technique marche si l'on sait la mettre en œuvre, et qu'il est normal que les *traders* l'utilisent. Plus tard, il admet qu'il s'agit d'un phénomène « psychologique », et il finit par m'expliquer que bien des personnes ne l'utilisent pas, soit, comme les gestionnaires de portefeuille trop âgés, qu'ils la refusent, soit que, comme Renaud, ils aient une intuition assez bonne pour gagner plus d'argent que les meilleurs des chartistes, soit que, comme les *market-makers* qui ne font que de l'arbitrage, ils n'en aient pas besoin. Comme la salle de la CU, consacrée historiquement à l'arbitrage fondé sur le calcul stochastique, ne donne pas une grande place à l'analyse technique, Ronan m'explique qu'il aimerait plutôt travailler dans une banque où l'on ferait véritablement de la spéculation à long terme, comme dans les banques américaines.

Dans la salle de marché de la CU, 41 % des enquêtés utilisent l'analyse technique [23]. La plupart du temps ils utilisent les droites de résistance (26 % des enquêtés) et les vagues d'Eliott (24 %), suivies par les moyennes mobiles (14 %). Les méthodes exotiques comme les diagrammes points et figures et les chandelles japonaises recueillent assez peu les suffrages.

C'est essentiellement grâce aux exposés de l'analyste chartiste (17 % des enquêtés) et tout seuls (7 % plus 6 % qui ont coché à la fois exposés et tout seul), que ces opérateurs ont appris à utiliser ces techniques. Seuls 4 % des membres de la salle ont appris l'analyse technique lors de leurs études.

La probabilité d'utiliser l'analyse technique dépend là aussi du métier occupé au sein de la salle de marché. Les *traders* sont ceux qui utilisent le plus les techniques de chartiste (63 % d'entre eux le font). Ils l'utilisent presque autant que l'analyse économique. Les commerciaux (58 %) usent aussi des techniques chartistes pour construire leur argumentaire de vente et convaincre le client. Les autres métiers, coupés du rythme du marché, et n'ayant quasiment pas d'interventions à y faire, l'utilisent très peu.

Le métier occupé n'explique pas entièrement l'utilisation ou la non-utilisation des « *charts* » (voir encadré p. 220). En fonction de l'origine sociale et du parcours scolaire, les membres de la salle acquièrent des dispositions qui incitent ou désincitent à l'utilisation de ces recettes non scientifiques, quasi proverbiales, et ce d'autant plus qu'elles entrent en concurrence et parfois en contradiction avec les techniques plus nobles, plus légitimes dans la hiérarchie scolaire. C'est ainsi que 50 % des enfants de membres de professions libérales et 46 % des enfants de patrons utilisent les *charts* alors que 38 % des enfants de cadres du public

23. 16 % des membres l'utilisent parce que tout le monde le fait, 21 % parce que cela marche et 3 % parce que c'est scientifique.

et 36 % des enfants d'ingénieurs le font. Les personnes les plus diplômées et issues de familles diplômées répugnent à utiliser une technique aussi rudimentaire au regard de l'arbitrage mathématique ou de l'analyse économique. Au contraire, les personnes issues de milieux plus populaires peuvent compenser leur moindre assurance à mener des raisonnements plus académiques en investissant dans ces techniques plutôt faciles et potentiellement prometteuses.

En outre, l'analyse technique, loin d'être un art divinatoire, magique ou religieux en cela qu'elle n'a pas véritablement un caractère sacré, se présente plus comme une *technique* semblable à l'ensemble de règles, de dictons et de trucs que contenaient les almanachs du monde agricole. On comprend donc que cette technologie proverbiale trouve un terrain d'accueil plus favorable parmi les personnes qui ont le moins de capital culturel.

Une des caractéristiques de l'analyse chartiste, à la différence des autres méthodes, c'est qu'elle suscite des controverses et des positionnements assez tranchés. Elle a ses détracteurs et ses thuriféraires. Certains, à la manière de Patrick, caractérisé par sa bonne volonté économique, sont comme fascinés par le pouvoir de prédiction des *charts*, et sont, pour ainsi dire, prêts à se dépenser pour acquérir une technique si économique, qui permet de faire tant d'argent, malgré le caractère douteux de ses fondements.

« En fait, oui, il [le chartiste] est très écouté, parce que… en fait il est bon. […] Il est très bon et c'est vrai que, moi, je l'écoute aussi. Enfin, je l'écoutais, parce qu'il est décédé, il n'y a pas longtemps. Il était très, très bon et tout le monde l'écoutait. En gros, il avait raison à 70 %, 75 % ! C'est énorme quoi ! Tu vois quand il disait : "Bon, ça, ça va comme ça, ça va remonter après…", tu sais que neuf fois sur dix, il avait raison ! Donc, tout le monde l'écoutait, tout le monde allait le voir… Et puis les commerciaux comme les *traders*, "voilà, qu'est-ce que t'en penses, moi, j'ai cette exposition, moi, j'ai tel client, est-ce qu'il faut qu'il attende ?" Il était très bon… […] C'est vrai que, quand tu regardes, quand tu décortiques un peu, tu te dis que c'est même *trop puissant*, quoi ! Tu pourrais presque faire abstraction de l'analyse économique et faire confiance aux analyses chartistes, *tellement c'est fort*, quoi ! »

D'autres, à la manière de Thierry, refusent catégoriquement d'utiliser les *charts* et se cantonnent dans les techniques où ils ont acquis une véritable dextérité.

L'utilisation des techniques chartistes, un modèle de régression

*Modèle de régression logistique sur la probabilité d'utiliser les vagues d'Eliott**

Variables explicatives		*Fréquence brute*	*Effet « toutes choses égales par ailleurs »*
Ensemble (n = 94)		**24 %**	
Fonction	*Commercial*	36 %	+ 19 %**
	Trader	42 %	+ 16 %*
	Autres	10 %	– 10 %***
Diplôme	≥ Bac + 5	17 %	– 3 %
	< Bac + 5 et NR	29 %	+ 2 %
Ancienneté	> 4 ans dans la Finance	40 %	+ 13 %**
	≤ 4 ans dans la finance	12 %	– 7 %**
Sexe	Femme	17 %	+ 1 %
	Homme	27 %	– 0 %
Diplôme du père	≤ Bac	30 %	+ 5 % (*)
	> Bac et NR	21 %	– 4 % (*)

Un modèle de régression pour les vagues d'Eliott, méthode des plus « philosophiques », permet de voir quels sont les autres déterminants de l'utilisation des *charts*. La fonction, commercial ou *trader*, est un des facteurs les plus importants. L'intégration dans le monde de la finance, mesurée par la variable dichotomique « avoir ou ne pas avoir quatre ans d'ancienneté dans la finance », augmente fortement la probabilité tous effets contrôlés par ailleurs d'utiliser les vagues d'Eliott : comme c'est essentiellement dans les salles de marché qu'on apprend ce genre de techniques, il est assez normal que l'ancienneté en favorise l'utilisation. On peut voir aussi que plus le *capital culturel* est élevé, plus la probabilité d'utiliser les « *charts* » est faible. Ainsi un diplôme supérieur ou égal à bac + 5 défavorise tous effets contrôlés par ailleurs très légèrement l'utilisation des *charts* (pas très significatif dans la régression), mais un diplôme paternel peu élevé (inférieur au bac) favorise à la fois la probabilité brute et la probabilité nette « tous effets contrôlés par ailleurs » (de manière assez significative) d'utiliser les vagues d'Eliott. Tout se passe comme si les personnes d'origine un peu plus populaire et d'un milieu pour lequel le *capital économique* est relativement plus fort que le *capital culturel* faisaient preuve d'une *bonne volonté économique*, adoptaient facilement, quasiment sans répugnance, les techniques qui marchent, même si elles sont indignes pour ceux qui font preuve d'une *bonne volonté culturelle* et qui sont le plus attachés aux savoirs scolaires.

* Lecture : voir encadré p. 196.

Le cas de Thierry est ambivalent. D'une certaine manière, ses origines sociales et son parcours sur les marchés financiers seraient favorables à l'utilisation des *charts*, voire au développement d'une véritable expertise. Mais Thierry est arrivé sur les marchés financiers bien avant les *charts* (en France). Il a acquis une véritable dextérité en analyse économique, et il est en quelque sorte fier de ce savoir supérieur. Passer aux *charts* reviendrait pour lui à invalider le domaine de compétence acquis. Mais, malgré tout, comme il n'est pas complètement assuré de la légitimité de son savoir, il invoque comme argument d'autorité, l'« avis éclairé » d'un ingénieur X/ENSAE supposé savoir la légitimité et la validité des méthodes de prévision économique. Thierry a une position quelque peu analogue aux vieux ouvriers qui refusent d'utiliser les nouveaux outils de travail. Il est d'ailleurs quelque peu déçu que le jeune (Quentin, l'agrégé de philosophie) avec lequel il pouvait conclure une sorte d'alliance dans la salle, dans leur commune opposition aux ingénieurs et auquel il a transmis une grande partie de son savoir-faire, passe, lui aussi, ne serait-ce qu'épisodiquement du côté des *charts*.

« – *Ça ne vous énerve pas* [l'exposé du chartiste au *morning meeting*] *?*

– Si, surtout qu'il arrive en dernier, au moment où je veux m'en aller.

– *Ah, oui !*

– Ça m'énerve, oui, oui. Mais ça n'énerve pas que moi. En gros, on l'écoute pas. Je pense qu'on l'écoute qu'à moitié, quoi !

– *Et il est bon ?*

– Oui, enfin, il est bon… Les *charts* ne font que finalement… c'est regarder un peu dans le rétroviseur. Mais ça donne pas… Je l'ai vu nous dire, ouais "on a cassé ce point-là, on a fait une mauvaise clôture" et, manque de chance, il se passe rien ou le marché continue à monter malgré tout, ou repart à la hausse, c'est pas… Mais ça marche, il n'y a pas de problèmes… On n'y peut rien. Quentin les regardait les *charts*.

– *Ah, oui !*

– Ben, lui, parce qu'il y croit pas trop non plus. Il est de ceux qui les regardent quand même parce qu'il dit… Il les a utilisés, quelquefois il les a utilisés. Eh bien, bien.

– *Ça ne vous ennuie pas qu'il passe comme cela à l'analyse chartiste, petit à petit ?*

– Oh, non, j'aime pas trop. »

Ceux qui ont le plus de *capital culturel* à la fois se défendent d'utiliser les *charts*, mais, conscients d'être dans une situation analogue à celle décrite par la théorie des jeux, expliquent pourquoi ils peuvent les regarder malgré tout. Ainsi Quentin, pour mieux mettre à distance la technique du chartisme, en donne une présentation théorique qui permet à la fois de dire que les *charts* sont une méthode stupide et grégaire, et d'autre part qu'ils marchent : c'est selon lui une fausse rationalisation permettant de ne pas assumer la décision, ayant du fait de son adoption conjointe par une grande partie du marché, un caractère autoprophétique.

« Le chartisme est en train d'arriver à la BPP à ce moment-là. La tradition, c'est quand même plutôt de *s'en moquer*, mais de regarder quand même parce *qu'on est obligé*. Tout le monde trouve cela *inepte* sur le principe, en même temps le caractère d'autoprophétie des *charts* étant indéniable, on les regarde. Par exemple, je ne crois pas qu'il y ait une personne suffisamment *débile* à la BPP, pour vendre parce que les *charts* disent de vendre. En revanche, celui qui veut vendre, la plupart de ceux qui veulent vendre attendront un point de chartisme pour intervenir. C'est vraiment d'ordre deux. Je dirais que c'est tactique. On veut lancer l'attaque, on la lancera à l'aube, par exemple. C'est juste cela. Mais c'est pas ça qui va décider d'acheter ou de vendre. C'est vraiment *pour se réconforter*. Personne n'est *dupe*, à part le chartiste maison. C'est juste, qu'il défende son territoire ou pas, que lui fait semblant d'y croire. Après de toute manière, chacun fait ses *charts*. Plus on s'éloigne sur la courbe – pour le coup, moi, j'étais un peu préservé parce que j'étais sur les taux courts, et que le banquier central n'obéit pas à des logiques chartistes –, plus on s'éloigne sur la courbe et moins il y a de sol, c'est vraiment est-ce que les taux américains valent 6 % ou 6,25 ou 5,75, honnêtement personne n'en sait rien. Et tout le monde admet que, lorsqu'on achète ou l'on vend, on a une chance sur deux de réussir ou de perdre. Dans une certaine mesure, tout est dans le hasard. Les *charts* sont une des *fausses rationalisations* qui permettent d'assumer une décision. C'est entièrement de l'ordre du psychologique. Et par ailleurs il y a un effet de masse derrière, qui fait que, par exemple, imaginons que je veuille vendre si je sais qu'il y a un point que tout le monde regarde, si je vends à ce niveau-là et que ce point est enfoncé, je pourrais me couper très vite en comprenant que, malgré tous les gens qui ont fait la même chose que moi, ça ne baisse pas. Donc je perdrais moins que si j'avais vendu plus bas. Ce genre de chose... Après il va de soi que c'est d'une *débilité profonde* dans la mesure où tous les types qui ont vendu à ce niveau-là, savent que, si ça a cassé ce niveau-là, il faut se couper et donc ça va accélérer. Et donc j'aurais perdu beaucoup d'argent. Mais j'aurais quand même perdu moins d'argent que si j'avais traité à l'aveugle, que si ça avait cassé à ce point-là et que moi j'avais vendu avant et que malgré tout il y a peu d'air et que je me coupe plus haut. Parmi les différentes forces qui font le marché, seuls les *traders* regardent les *charts*. C'est-à-dire que si je suis un assureur et que j'ai eu des rentrées d'argent et que je veux acheter du dix ans américain, j'achète du dix ans américain et j'en ai rien à faire si je l'achète à 6,01 de taux ou 6,005 ou à 6,015. Il en a rien à faire l'investisseur. Parmi les forces qui font le marché, seuls les *traders* sont obsédés par les *charts*. Donc, dans les mouvements qui sont proprement faits par les *traders*, il y a une manière d'amortir comme cela les effets du marché. Mais c'est pas une tradition de la BPP. Il y a des établissements dans lesquels c'est assez déterminant. C'est pas le cas à la BPP. Donc s'il y a une tradition, elle est quand même plus d'analyse [économique]. »

L'efficacité relative des *charts* présente à la fois pour les opérateurs qui n'aiment pas cette technique et pour les économistes qui étudient la finance un caractère mystérieux. Dénoncer la prétention de cette technique, sa nullité, la fragilité de ses fondements n'est pas suffisant. Il faut aussi pour pouvoir mieux la déqualifier, pouvoir rendre compte des vraies raisons pour lesquelles l'analyse technique marche pour de mauvaises raisons.

Maël considère ainsi que les *charts* ne sont que l'expression graphique de l'idée qu'on se fait du marché et qu'il vaut mieux bien comprendre pourquoi l'on se fait telle ou telle idée sur le marché plutôt que de chercher à se rassurer en traçant des droites de résistance. Quentin considère, lui, que, si les *charts* marchent, c'est uniquement en raison du caractère autoréalisateur sur les marchés de toute technique de prévision collectivement adoptée. Rémi, *trader*, chef de *desk* à la BPP, pense quant à lui que certains mouvements tendanciels de l'économie favorisent la formation de tendance dans les cours boursiers. Il explique ainsi que les décisions de baisser les taux par les banquiers centraux ne sont pas stochastiques mais se font selon des tendances lourdes et ces tendances lourdes sont détectables dans les cours par la technique des charts. Ludovic, enfin, aime bien les *charts* et les trouve amusants. Il explique que, souvent, les *charts* marchent à cause des délits d'initiés. Lorsqu'il y a un couloir d'accumulation précédant une forte hausse (voir schéma p. 220), ce mouvement est dû, selon lui, à quelqu'un qui possède une information et ramasse systématiquement les titres en prenant soin de ne pas faire trop monter le cours. Au moment de la diffusion de l'information, il s'ensuit une très forte hausse.

On peut dire que les économistes n'ont pas vraiment complètement résolu les raisons de l'efficacité de l'analyse technique. Ceux qui ont développé l'hypothèse des marchés efficients lui déniaient toute validité et considéraient alors que, si certains gagnaient plus que d'autres, c'était uniquement le fruit d'une distribution aléatoire des gains. La plupart des économistes ne sont plus si catégoriques aujourd'hui, et les hétérodoxes prennent appui sur les succès financiers de l'analyse technique pour dénoncer la pertinence empirique des analyses néoclassiques du marché en termes de marché parfait (où il ne devrait pas y avoir de gain grâce à l'analyse technique). En général, ils considèrent que l'analyse technique fait partie des phénomènes autoréalisateurs, dont le modèle le plus simple est la « bulle rationnelle », où la bulle se produit parce que tout le monde la prévoit. Sans doute une grande partie du succès de l'analyse technique vient-elle de là. Et si jamais l'astrologie [24], actuellement introduite sur les marchés financiers comme technique de prévision, arrive à connaître le même succès prédictif, il faudra alors y voir une confirmation de la possibilité durable de phénomènes autoréalisateurs lesquels sont uniquement fondés sur la commune adoption de techniques non fondées.

Cependant il faut faire un certain nombre de remarques : pour que l'analyse technique soit une stratégie gagnante, il faut que ses prédictions soient adoptées par le plus grand nombre, mais

24. *Cf.* Marie-Claire PASQUIER, « La Bourse et les astres : faut-il y croire ? » La technique astrologique consiste à attribuer à une société un signe astrologique selon la « date de naissance de la société ». Le cours de Bourse de la société est supposé alors suivre les conjonctures astrales...

pas par tout le monde, sinon, il n'y a plus d'échange possible (par absence de contreparties) ; d'autre part, l'analyse « conventionnaliste » ci-dessus a le défaut de ne pas donner les raisons pour lesquelles les agents se coordonnent sur cette technique infondée. Il y a sans doute des raisons sociales, historiques et culturelles qui favorisent l'adoption de telles techniques dont nous avons mis certaines au jour. Il n'est pas impossible non plus qu'il y ait aussi des raisons économiques autres que l'autoréférence qui expliquent la pertinence des *charts.* Les techniques de fixation des ordres, de gestion des fourchettes, la pratique courante de s'acheter, puis de se couper plus bas par un *stop-loss* pour se racheter plus bas et se revendre un peu plus haut, favorisent les mouvements de yo-yo et fournissent peut-être des supports aux droites tracées par les chartistes. Certains chartistes disent même pouvoir prévoir rétrospectivement l'évolution des cours d'autrefois (ceux de la Compagnie des mers du Sud ou autres) à l'époque desquels les techniques chartistes n'existaient pas. Si tel est le cas, l'économie financière pourrait essayer de mettre au jour d'autres raisons d'utilisation des *charts* (s'il en existe) que la seule prophétie autoréalisatrice. Un tel éclaircissement par la science économique permettrait en retour de mieux comprendre les raisons sociales qui favorisent l'utilisation de ces techniques païennes.

Et le feeling...

Si l'on a différencié les stratégies gagnantes, et présenté, comme cas polaires, les virtuoses de chacune de ces techniques, il ne faut pas croire pour autant que ces techniques soient incompatibles, et qu'il soit possible de rester insensible aux prédictions de l'une ou de l'autre. De fait, dans l'atmosphère journalière des salles de marché, les différentes approches se mêlent et s'entremêlent. La structure même du *morning meeting*, au cours duquel, successivement, l'économiste expose, les opérateurs font un résumé des activités de leur *desk*, et enfin le chartiste propose ses points de chartisme, oblige implicitement ou explicitement les opérateurs à prendre en compte l'ensemble des opinions du marché et à pouvoir faire pour eux-mêmes une sorte de moyenne des opinions sur le marché. De même, au cours de la journée, la lecture des nombreux journaux financiers, *Les Échos, la Tribune, Wall Street Journal*, etc., la lecture des informations sur Reuters, Bloomberg et autres systèmes informatiques d'information qui eux-mêmes font la synthèse d'un certain nombre d'opinions des faiseurs d'opinion, obligent aussi les opérateurs à se faire leur idée, ou à en adopter une qui est déjà présente sur le marché.

Le fait d'essayer de prévoir chaque jour les marchés, d'observer les cours et de passer des ordres provoque des habitudes de pensée et d'action : une habitude d'utilisation de certaines analyses, une prise de repères dans les ordres de grandeur et, pour certains, un véritable « *feeling* ». La possibilité de se reposer sur ce savoir devenu habitude fait corps, d'autant plus efficacement qu'il permet des économies de calcul et de limiter le temps de décision, et n'est bien sûr pas immédiate mais dépend de l'ancienneté sur le marché et de l'intensité avec laquelle ces savoirs ont été intégrés.

Louis, « vieux » *trader* de 38 ans, parti d'une banque commerciale pour diriger la salle de marché du groupe industriel Totelf, remarque ainsi des différences de génération, dans la manière d'intervenir des collaborateurs.

« – Vous avez des gens pour qui le discrétionnaire est très peu important, parce qu'ils ont des systèmes experts de *trading* qu'ils suivent à la lettre, à la fois dans le sens et dans le montant indiqués et des gens qui sont beaucoup plus discrétionnaires et donc qui se fient beaucoup plus à leur *feeling*. Il en va de ce métier comme de plein d'autres métiers. Quand un agriculteur vous dit, c'est le bon moment pour planter mes graines ou pour faire ma récolte, c'est pareil. [...] [Les différences d'approches entre traders], c'est plus un problème de *génération*. Je pense que les nouvelles générations sont plus ouvertes aux techniques d'analyse chartiste, au système expert, à des modélisations de comportement que les vieux *traders* qui sont beaucoup plus *feeling*.

– *Vous pensez quoi de cette évolution ?*

– Je pense qu'il est bon d'avoir une bonne base mathématique, mais il est bon de ne pas en être esclave. Je pense qu'on ne peut pas intervenir sur les options si on ne sait pas comment c'est pricé ni comment c'est mesuré. Parce que, faire des options sans savoir ce que c'est que le thêta, c'est un peu gênant. Mais, bon. C'est pas parce que vous savez ce que c'est que le thêta d'une option que vous n'allez pas vous tromper sur le sens du marché. »

Ce que Louis appelle ici un « problème de génération » est sans doute pour une part un effet de génération, parce que les nouvelles générations, plus diplômées, sont plus habituées à expliciter leurs habitudes et plus incitées à utiliser leurs compétences techniques dans des modélisations ou des utilisations de modèles partiellement ou totalement informatisés, et, pour une autre part, un effet d'âge ou plus exactement d'ancienneté. Les nouveaux n'ont pas eu le temps d'incorporer toutes ces techniques, et leur habitude ou leur *feeling* n'est pas assez sûr pour qu'il puisse sans risque se reposer dessus.

Par l'emploi du terme « *feeling* », les opérateurs mélangent et présentent de manière syncrétique un certain nombre de techniques, qui ont toutes pour dénominateur commun d'être relativement intuitives et non explicitées. Parmi celles-ci, au nombre desquelles on peut mettre la reconnaissance un peu spontanée des formes chartistes, l'utilisation d'informations économiques lues quelque part et déjà oubliées, l'art de manipuler un marché pour le faire coter où l'on veut (comme Patrice qui fait du *cash and carry* sur les *futures* suisses), il y a la prévision quasi intuitive de ce que les autres ou le « marché » sont en train de faire, qui permet de reconnaître les courants acheteurs et vendeurs.

« – Il y a quelque chose, il suffit pas de faire des grandes études, il faut sentir le marché, il faut sentir quand les gens veulent acheter, on sent quand c'est un courant acheteur et un courant vendeur, et…

– *Vous le sentez comment ?*

– Eh bien, il y a une espèce de force, une *espèce de force*, et tout à l'heure, il est tombé des chiffres, et puis bon alors, ça commençait à payer un peu, et puis après c'est revenu et puis *on a senti que ça voulait aller* vers le haut. Et c'est allé vers le haut. Alors, il y a des choses qui poussent à cela, c'est que vous avez des gens qui mettent des ordres, par exemple des vendeurs, un vendeur, il dit « moi, je limite la casse à tel niveau », donc il met des ordres Stop. Donc il est vendeur, donc il se met un ordre d'achat Stop. Et lorsque le marché a raison de lui, le marché monte, quand son ordre stop se déclenche – c'est des ordres stop à l'achat. Ces ordres poussent le marché encore plus haut. Donc c'est ça vous sentez, des fois vous voyez, le marché… vous savez qu'on décale le marché d'un tick par un tick, d'un coup ça prend sept ou huit ticks, sans savoir pourquoi. Eh bien, parce que c'est un ordre stop qui s'est déclenché, et ça amène d'autres acheteurs, toujours d'autres acheteurs. Et puis c'est des marchés un peu de *suiveurs*. […] Ah, vous savez, vous avez des gens, qui sont derrière leur écran, eh ben, si ça monte, ben je vais m'en acheter un peu.

– *Vous le faites, vous ?*

– Je le fais aussi, oui. Bien sûr, oui. Je le fais aussi. Mais j'ai des positions plutôt plus fondamentales. » (Thierry.)

L'orientation au *feeling* est aussi pour les opérateurs un moyen d'affirmer leur autonomie et de défendre leur pouvoir discrétionnaire face à l'emprise croissante de l'informatique et des mathématiques. En effet, si la stratégie gagnante est compréhensible, elle peut être diffusée et divulguée à d'autres opérateurs, l'inventeur perd alors le monopole de sa technique, et celle-ci une fois divulguée risque de devenir moins efficace. Pire, si elle est modélisable, elle peut faire l'objet d'une informatisation et l'ordinateur peut remplacer dans ces cas-là l'homme pour gagner de l'argent. De même que les vieux ouvriers peuvent répugner à dévoiler leurs coups de main aux ingénieurs de l'organisation du travail, les opérateurs peuvent, pour ne pas se découvrir, mettre sur le compte du *feeling* leur stratégie gagnante.

Louis fait en quelque sorte un mélange de toutes les techniques pour prévoir, analyse technique, informations économiques, opinions des leaders d'opinion, art de l'opinion contraire. Il prend bien soin de signaler qu'aucune de ces techniques ne lui dicte sa décision. Par une sorte d'alchimie du *feeling*, il incorpore, transforme des analyses qu'il s'approprie, en une décision qu'il fait sienne dont il garde jalousement la propriété.

« – *Vous utiliserez quel type de modèle ? Chartistes, les graphes...*

– Oui, les graphes... En règle générale, qu'est-ce que j'utilise ? J'utilise les *candle sticks*, les bougies japonaises, ce qui n'est pas courant en France, et je maîtrise bien cette technique-là. Et j'aime bien les choses classiques comme les RSI et les *slow stochastics*.

– *Et ça marche bien ?*

– Encore une fois, c'est pas de savoir si cela marche pas ou si cela marche bien. Ce sont des indicateurs dont on se sert pour prendre une décision. *La décision, c'est moi qui la prends*. Est-ce que mon mode de décision est le bon ou pas ? Mais, si vous me demandez si j'ai créé une sorte d'algorithme ou de martingale comme un système expert, la réponse est non.

– *Qu'est-ce qui se passe entre le modèle et la prise de décision ?*

– Il y un pouvoir discrétionnaire, qui est le bon sens, le *feeling*, l'expérience, c'est ce qu'on appelle le savoir-faire. Disons qu'en fait vous avez toujours une idée à la base sur le marché. Ensuite vous regardez avec les systèmes experts si votre idée est confortée ou pas. En fonction de cela vous y allez ou vous y allez pas. Moi je sais par exemple que le dollar était fortement à la baisse ces derniers jours. Et on se posait la question de savoir s'ils allaient pas tout casser à la baisse. Et j'ai regardé tous mes indicateurs techniques, aucun de mes indicateurs techniques m'indiquait que le dollar allait baisser. Et moi, comme j'étais pas baissier dollar, moi j'ai dit on vend pas le dollar.

– Comment vous vous formez cette idée générale ? La presse...

– Il y a une analyse fondamentale où j'essaie de me dire voyons quels sont les éléments fondamentaux qui me font changer d'opinion ou qui me font penser que le dollar va continuer à baisser. Alors ensuite une fois que j'ai un peu de *feeling*. Le dollar était à 6,30 francs, il y a trois mois, on le voit aujourd'hui à 5,70. Pour être baissier dollar, alors qu'il y a trois mois tout le monde était haussier, il faut vraiment un sentiment fort qui vous pousse à penser que tout le monde pense qu'il va baisser et que tout le monde va faire la même chose. Et en général, par expérience, quand tout le monde pense un truc, il se passe le contraire. Et puis vraiment, est-ce que je me laisse dicter par ce que le marché pense ou est-ce que moi je pense la même chose en fonction de mes indicateurs habituels et de mes indicateurs d'analyse technique ? Je passe en revue mes différents éléments et je me dis voyons ce qui est raisonnable et voyons ce qui est déraisonnable. Ce qui était déraisonnable lorsque j'ai fait mes analyses, c'est de dire je vais faire la même chose que tout le monde maintenant. Ça, ça me paraissait déraisonnable donc je le fais pas. »

Pour mieux cerner le « *feeling* », les modes de sa mise en œuvre, et le profil de ceux qui s'en réclament, pour mieux comprendre cette forme d'habitude du marché, il faudrait mener une enquête beaucoup plus approfondie. Sans doute l'habitude est-elle particulièrement difficile à objectiver. À partir des quelques exemples ici récoltés, il semble donc que le *feeling*, comme bien des savoirs pratiques, soit une propriété sociale des anciens, qu'il soit aussi un peu plus rare chez les membres des classes supérieures – qui ont plus tendance à formaliser et à expliciter verbalement leur raisonnement – que parmi les membres issus des classes populaires, au sein desquelles le tour de main se transmet plus par la force de l'exemple que par de longs discours.

C'est ainsi que ce savoir force même quelque peu l'admiration condescendante de l'agrégé de philosophie : « Il y a un des anciens qui va partir à la retraite à la BPP, il dit les taux vont monter, comme un paysan dit "cette année, c'est là qu'il faut planter les tomates". [...] Il y a un type à la BPP, sérieusement, c'est vrai. Il gagne plein d'argent. Et il nous raconte bien des discours sur ce qu'il fait, personne ne comprend, à la fin du discours, s'il veut vendre ou acheter. Il m'a dit, c'est un des premiers que j'ai vus, il m'a parlé d'un de ses amis qui était devenu gérant d'un Mac Donald, et tout d'un coup je me suis rendu compte que ça aurait pu aussi être son destin. Il s'était juste retrouvé dans une salle de marché, de même qu'il aurait pu gérer un magasin ou un Mac Donald. Il gérait là son portefeuille. » (Quentin.)

Le « plan » du bazar

La description des différentes formes de raisonnements et de stratégies gagnantes, permet de voir que celles-ci, malgré la possibilité de cumul, malgré les changements temporels fréquents de stratégie chez un même individu, sont relativement différenciées. Il est dès lors possible de décrire la salle de marché comme un espace de concurrence pour l'appropriation de profits économiques et symboliques, ceux-ci étant dans cet univers quasiment confondus, au moyen de stratégies différenciées. L'analyse des correspondances multiples suivante permet alors de donner une vue d'ensemble sur l'orientation des opérateurs dans ce véritable bazar de la rationalité.

Une telle analyse pourrait sembler décevante, tant l'explication par le métier et la table semble prévaloir en première approche. Dans une vision un peu fonctionnelle de la salle des marchés, les titulaires des différents métiers mettent en œuvre les techniques spécifiques à ces métiers : aux ingénieurs la volatilité, aux *traders* l'analyse technique, et aux commerciaux l'analyse économique. À l'exception des ingénieurs qui sont souvent embauchés en raison de leurs compétences mathématiques, une telle vision est schématique, voire fausse. Elle reviendrait à méconnaître l'assez forte autonomie dont jouissent les

L'espace des stratégies gagnantes

Pour cette analyse des correspondances multiples ont été utilisées comme variables actives les réponses aux questions suivantes : le fait d'aller (toujours parfois ou jamais) au *morning meeting*, lors de celui-ci l'utilité des exposés économiques et chartistes ainsi que celle du résumé de l'activité effectué par les collègues, l'utilisation des *charts*, les techniques chartistes utilisées, les raisons de leur usage (spéculer, prévoir l'évolution des cours, choisir le bon moment, se rassurer), les modes de leur apprentissage (exposés, études, tout seul), l'utilisation des fondamentaux (notés « *Fond* »), l'orthodoxie et l'hétérodoxie des opinions sur l'effet de la dette et du chômage sur les cours, les informations utilisées sur la vie des entreprises, les sources d'information, l'utilisation des mathématiques complexes, les cours avec lesquels l'opérateur se sent le plus à l'aise (hausse, baisse, stagnation, forte volatilité, faible volatilité, évolution non anticipée).

Analyse des correspondances multiples sur les stratégies gagnantes, variables actives en noir, variables supplémentaires en italique et en petit

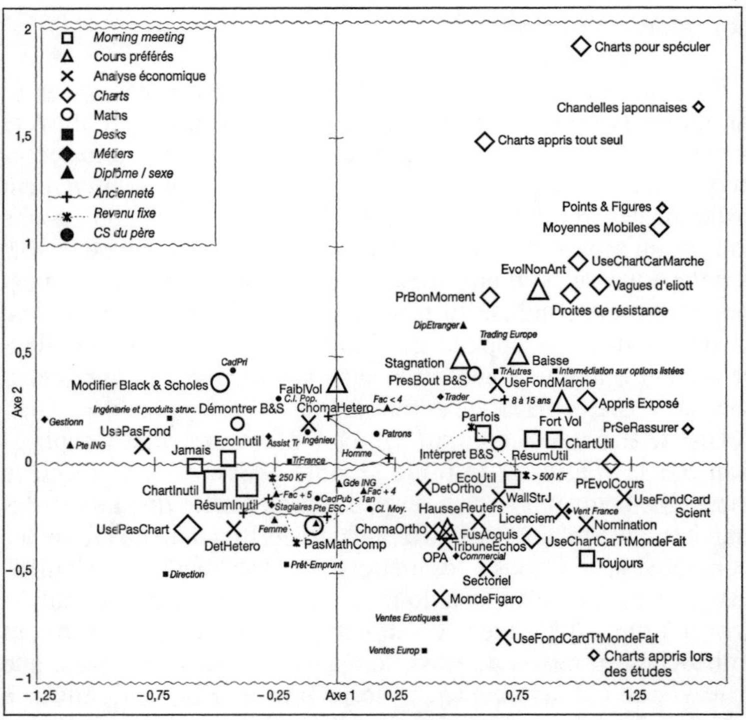

Dans cette analyse des correspondances multiples, l'axe 1 oppose les plus intégrés au marché à droite, à ceux qui sont le moins intégrés à gauche. L'axe 2 oppose des différentes formes de stratégies, l'analyse technique et les mathématiques en haut, l'analyse économique ou l'absence de toute méthode en bas. En fait, cette analyse des correspondances multiples permet de distinguer assez bien quatre régions. Dans la région nord-ouest se trouvent les virtuoses des mathématiques qui savent démontrer ou modifier les relations de Black et Scholes. Ces techniciens de la volatilité savent si bien utiliser l'arbitrage fin qu'ils sont capables d'affronter la faible volatilité génératrice de petits profits. Ceux-ci comme ceux du sud-ouest (qui eux n'utilisent pas du tout les mathématiques) n'utilisent pas les *charts* ni les fondamentaux, ils ne vont pas au *morning meeting*, et trouvent les exposés du *morning meeting* inutiles, ils professent d'ailleurs plus souvent que les autres en matière de dette publique comme en matière de chômage des opinions hétérodoxes.

Au nord-est se trouvent tous les experts des techniques chartistes. Ceux qui utilisent les techniques les plus rares comme les chandelles japonaises, les points et figures, et les moyennes mobiles les ont généralement apprises tout seuls et les mettent en œuvre pour spéculer. Ces chartistes savent gagner de l'argent dans des conditions particulièrement difficiles comme lors d'une stagnation, ou d'une baisse. Même s'ils ne semblent pas beaucoup s'informer sur l'économie, ils utilisent aussi les fondamentaux parce qu'ils marchent, ainsi que les résultats mathématiques, qu'ils savent interpréter ou utiliser de manière presse-bouton. Au sud-est se trouvent les adeptes du raisonnement économique. Certains d'entre eux avancent même le caractère scientifique de l'analyse économique comme raison de son utilisation. Ils savent donner la réponse orthodoxe aux questions de macroéconomie et s'intéressent à toutes sortes d'informations économiques comme les OPA, les fusions-acquisitions, les licenciements. Ils s'informent avec toutes les techniques possibles comme *La Tribune*, Reuters, etc. S'ils utilisent les *charts*, c'est plutôt pour faire comme tout le monde. Ce sont plutôt des haussiers structurels.

L'étude des variables supplémentaires permet de voir la relativement bonne juxtaposition des métiers et des tables sur les points représentant les techniques de marché. À l'extrême gauche de l'axe se projettent les plus dominés, les gestionnaires de *middle* et de *back-office* qui n'ont pas d'accès direct au marché, dans le quadrant nord-ouest, les ingénieurs, souvent issus d'une petite école, qui travaillent aux tables d'ingénierie, dans le quadrant sud-ouest, ceux qui n'utilisent quasiment aucune méthode comme la direction qui dirige, les femmes ou encore la table prêt-emprunt (mais qui se rapproche de l'analyse économique), dans le quadrant nord-est, les *traders*, et les tables de *trading* Europe ou « autres », ainsi que la table de vente de produits listés sur les options (constitués d'anciens de la criée), dans le quadrant sud-ouest se projettent essentiellement les commerciaux, issus d'une école de commerce, vendeurs aux tables France, exotiques ou Europe. Les hiérarchies de l'ancienneté, du revenu et se projettent à peu près le long de l'axe 1.

opérateurs, laquelle leur permet de choisir la stratégie gagnante avec laquelle ils ont le plus d'affinités. D'autre part, l'analyse des correspondances multiples ne projette que des barycentres (des moyennes des positions des individus projetés) et peut entraîner l'impression que les points qui se superposent sont reliés par une véritable liaison fonctionnelle, alors qu'ils ne sont reliés que par une liaison de surreprésentation. En fait avec plus d'enquêtés, plus de « points », on pourrait montrer que les *traders* qui traitent les produits les plus complexes (ceux des tables d'ingénierie et de produits structurés) n'ont pas les mêmes stratégies que ceux qui traitent les produits les plus standardisés, à la fois parce que les produits sur lesquels ils traitent incitent à utiliser telle ou telle stratégie gagnante, mais aussi parce que le jeu du recrutement favorise un capital scolaire plus élevé, une disposition de l'esprit inclinant à utiliser les méthodes qui ont le plus d'affinité avec l'univers scolaire et une répugnance pour les techniques les plus païennes.

Au principe de l'orientation dans ce bazar de la rationalité se trouve donc la recherche, consciente ou inconsciente, du moindre coût, puisque les opérateurs tendent à utiliser les techniques avec lesquelles ils ont le plus d'affinité, pour lesquelles ils possèdent le plus de capitaux et de dispositions nécessaires. Plus d'ailleurs que le volume de capital initial, sous l'une ou l'autre de ses espèces, c'est le montant total de l'investissement qui préside à l'orientation dans la salle de marché, investissement qui peut confirmer le capital initial ou le convertir au prix d'un fort coût de transaction en un capital d'une autre espèce. C'est ainsi que les adeptes des mathématiques et adeptes des *charts* se différencient communément des adeptes de l'analyse économique par un volume de capital initial moins élevé. Mais ils s'opposent aussi très fortement entre eux par la nature de leur investissement. Les uns, plus souvent d'une origine sociale un peu plus « culturelle », effectuent un investissement culturel et scolaire, manifestent une bonne volonté culturelle (ici scientifique), et cherchent à prolonger leur expérience scolaire en occupant les places de *traders* produits structurés, d'ingénieurs financiers ou recherche et développement et en se prévalant dans la salle de leur expertise mathématique, les autres, d'origine soit populaire, soit plus petite-bourgeoise, dans tous les cas d'une origine un peu plus faible économiquement, manifestent une bonne volonté économique, ne s'investissent dans les études qu'en tant que ces études permettent d'obtenir une place économiquement rentable et cherchent les places (*traders*) et les techniques les plus rémunératrices. Ceux qui ont les origines sociales les plus élevées, (ici les commerciaux, mais il n'est pas sûr que ce soit le cas dans toutes les banques) sont aussi les mieux prédisposés à utiliser plus que les autres l'analyse économique. L'opposition entre *traders* et ingénieurs d'un côté et les commerciaux (ou utilisateurs de l'analyse économique) ne réside pas uniquement dans un degré plus ou moins élevé d'utilisation de l'analyse économique. *Traders* comme ingénieurs, chartistes comme arbitragistes restent en quelque sorte attachés à la technique qui leur permet d'être ce qu'ils sont, en raison de la valeur culturelle et légitime des mathématiques pour les uns, de la valeur presque « contre-culturelle » des *charts* pour les autres (souvent, ce sont les *traders* d'origine sociale la plus basse, donc connaissant le moins les hiérarchies légitimes, qui s'enorgueillissent le plus de leurs techniques illégitimes). Les commerciaux et les *traders* historiques aujourd'hui à la tête de la salle, qui ont des origines sociales plus élevées et relativement plus « économiques » ne sont pas uniquement plus disposés à utiliser par leurs fonctions et leurs origines l'analyse économique ; ils ont aussi mieux intégré les impératifs de la domination économique et savent faire abstraction de la forme externe de leur domination. Ils ont une propension à ne voir dans les techniques que des techniques économiques, qu'ils cumulent et mesurent uniquement à l'aune de leur rentabilité, et ils les utilisent indifféremment les unes comme les autres tant qu'elles marchent, mais ils respectent en quelque sorte à leur égard une « neutralité axiologique ». C'est pourquoi ils peuvent beaucoup plus facilement que la plupart des *traders* « sortir du marché », contrevenir aux valeurs fondamentales du marché (le *deal*, la volatilité, les exploits), pour aller occuper les positions en retrait, mais plus « juteuses », plus prestigieuses et plus politiques, de chef de *desk*, de responsable d'activité et de chef de salle. À l'heure où cette profession cherche, difficilement, à s'inventer une position légitime dans la société, les conflits de hiérarchie et de légitimité au sein du marché et des salles de marché viennent renforcer chaque jour les positionnements déjà influencés par les investissements économiques et culturels effectués avant d'arriver sur le marché.

4

La société du profit

L'injonction *penser profit* dans une salle de marché ne limite pas ses effets au seul jeu du placement et de l'orientation au sein du *bazar de la rationalité*. Elle se prolonge dans des manières d'agir et de penser et influence ainsi une grande part de la vie sociale. Certes, dans la plus grande partie des entreprises privées, l'impératif de profit est toujours important, ne serait-ce que sous la forme négative d'un impératif de survie. Mais il n'exerce ses effets que sur un nombre limité de personnes (la direction) lors de moments précis, généralement séparés de l'activité ordinaire : choix des investissements et des stratégies, établissement des comptes, présentation des résultats aux actionnaires, etc. Dans les salles de marché, il les exerce quotidiennement sur la quasi-totalité de la population. L'injonction « penser profit » dessine donc les linéaments d'une *société du profit*, petit groupe organisé et mû par la quête du profit. Bien que de légitimité précaire – moins en son sein qu'au regard des principes alternatifs de légitimité présents dans le reste de la société –, cette injonction informe des composantes plus intimes de la vie de ses membres, leurs modes d'engagement, leurs modèles de légitimité politique et leurs catégories de perception du temps.

À la recherche d'une légitimité

Comme nous avons pu le voir précédemment, à travers la distribution du profit et l'étude de l'orientation dans le bazar de la rationalité, les hiérarchies sont complexes et mouvantes. Selon les lieux et les moments, les salles et les établissements, les pays et les époques, elles s'ordonnent, se déclinent et se modifient différemment. Là elles s'établissent, ici elles périclitent. Peut-être la globalisation financière a-t-elle contribué à unifier les hiérarchies symboliques au sein des salles de marché. Plus assurément a-t-elle contribué au délitement des hiérarchies et des cultures locales, très diverses d'une place financière à l'autre, mais chacune stable et cohérente localement. Bribes des hiérarchies d'antan, spécificités nationales consécutives à l'organisation du système d'enseignement et aux pratiques de formation et de recrutement des établissements financiers, cultures locales et entrepreneuriales retardent l'homogénéisation des hiérarchies symboliques selon les normes du marché américain, lesquelles elles-mêmes ne sont peut-être pas encore fixées.

Hiérarchies

Derrière la pluralité des hiérarchies en lice, il existe une hiérarchie constante qui fait et défait toutes les autres : c'est la hiérarchie de l'argent. Même si en France le revenu et le *bonus* sont assez secrets, les limites de position accordées par la banque et le *P & L* constituent des repères chiffrés objectifs sinon objectivants à l'aune desquels les opérateurs (essentiellement les *traders*) peuvent se mesurer les uns aux autres. Par conséquent, la satisfaction des opérateurs dépend, contrairement aux représentations classiques de la satisfaction proposées par la théorie économique, non exclusivement de la valeur absolue de leur revenu – c'est-à-dire de la quantité de biens qu'ils peuvent acheter –, mais aussi pour beaucoup de sa valeur relative – c'est-à-dire de la place dans la hiérarchie des revenus. Ainsi, dans la salle, lorsqu'elles apprennent qu'elles touchent un *bonus* supérieur à leur collègue, 37 % des personnes disent rester indifférentes, 43 % éprouvent une légère satisfaction, 12 % un grand sentiment de fierté. Ces proportions varient en fonction du salaire, la part des indifférents passant ainsi de 50 % pour les moins payés, à 25 % pour les plus payés, et les personnes fières de gagner plus que le voisin constituent 36 % des personnes qui gagnent entre 350 et 500 KF.

Au prêt-emprunt, s'est déroulé, au mois d'avril, un petit concours d'émulation entre les *traders*. Il fallait avoir fait un « ticket » dans la journée (une transaction), sinon on est le

« *chippendale* » du jour [1]. Dès qu'un *trader* avait fait sa première transaction dans la journée, il s'écriait, « ouais, je ne serais pas le *chippendale* du jour ». Souvent en fin de journée, ils s'amusaient à rivaliser en comptant leurs tickets du jour.

Pour les opérateurs, cette hiérarchie de l'argent est très présente, ils la connaissent tous, mêmes s'ils peuvent, pour mieux s'en distinguer, se défendre d'y adhérer et même en faire la théorisation : il revient à Quentin, l'agrégé de philosophie, de pousser le plus loin la relation ambivalente (de mépris et de célébration) qu'il entretient avec cette hiérarchie illégitime. Il souligne d'une part l'immaturité de ceux qui s'y réfèrent, et d'autre part, il explique que cette hiérarchie permet une expérience sociale quasiment unique et exceptionnelle qu'on ne rencontre pas ailleurs, celle d'un monde social transparent, où les hiérarchies seraient toutes objectivement fondées et indépendantes des jeux sociaux de classement et de déclassement, de fondation et de révision.

« Celui qui a la plus grosse position, qui gagne le plus d'argent, qui pisse plus loin que les autres et donc, en réunion, c'est lui qui est censé être le plus fort. C'est très gamin. [...] Après, cela peut prendre le dessus, car si un type gagne trop d'argent, et qu'il a pas la bonne origine sociale, on va peut-être se débrouiller pour le mettre de côté, mais enfin il y aura quelque chose qui sera apparu et on ne pourra pas le nier. C'est pas comme le milieu de l'art où l'on peut vraiment ricaner. Un type pareil avec une œuvre d'art, on ricane, c'est nul. Le problème est réglé. Si celui qui est en place ricane, il faudra cinquante ans pour que les choses se passent, par exemple. Là, si on ricane et que le type a gagné un million et celui qui a ricané a perdu un million, on ne peut plus ricaner, ce n'est plus possible. » (Quentin.)

Les cycles d'apparition et de disparition de marchés très lucratifs, avec beaucoup de volatilité (autant de chances de gain), beaucoup d'activité, et relativement peu de concurrents, favorisent la révision des positions et des hiérarchies en vigueur sur le marché. D'après Louis, les cycles sont de quatre à cinq ans par grandes catégories de produits. C'est ainsi que se sont succédé au palmarès les options simples qui étaient le secteur porteur il y a dix ans, les options exotiques, il y a cinq ans, et les produits

1. Le « *chippendale* » est un homme qui fait des spectacles de strip-tease.

structurés aujourd'hui [2]. Certains produits et certains marchés se sont trouvés récemment déqualifiés dans la hiérarchie marchande. C'est ainsi que la convergence en vue de l'euro a décimé le marché des changes, et fortement affaibli les chances de gain sur les produits de taux et les obligations. En Europe, le marché des actions (et des produits dérivés sur actions) se trouve, depuis les dernières crises de change (1995), en haut de la hiérarchie symbolique et économique. C'est là que se trouvent les perspectives de profit les plus importantes.

Cependant, même si la hiérarchie symbolique des activités et des produits coïncide avec la hiérarchie du profit, il ne faut pas pour autant croire que la hiérarchie symbolique n'est qu'une hiérarchie du profit. Le profit joue un rôle déterminant, et c'est en cela que ce genre de hiérarchie diffère très sensiblement avec celles qui existent dans les autres milieux (y compris économiques). En effet, les cycles d'apparition et de disparition du profit sur certains marchés ou certains produits contribuent à l'élection ou à l'éviction en haut de la hiérarchie de certaines catégories de professionnels, qui ont leurs caractéristiques sociales et scolaires, leurs modes de recrutement, leurs modes d'intervention marchande. Pour transformer la hiérarchie du profit en hiérarchie symbolique, les occupants du haut de la hiérarchie doivent écrire leur propre sociodicée, valoriser les caractéristiques qui leur permettent d'occuper les postes qu'ils occupent, et tenir compte des hiérarchies déjà existantes dans la société et dans les marchés qui placent ces caractéristiques plus ou moins haut. Dans certains cas, la hiérarchie symbolique du marché confirme des hiérarchies déjà existantes et elle s'établit facilement, dans d'autres cas, il faut effectuer une véritable révolution culturelle, pour transformer en valeur noble ce qui est vil ailleurs dans la société.

D'après Steve, les différents sous-compartiments du marché des changes en Angleterre dans les années soixante-dix et quatre-vingt étaient assez différenciés du point de vue de l'origine sociale. Sur le Sterling, se trouvait ainsi une majorité plutôt issue

---

2. « Regardez ce qui se passe depuis deux-trois ans et même encore aujourd'hui, les postes à la mode c'étaient des postes de produits structurés. Ceux qui faisaient des produits structurés avaient un poste en or. Donc les gros *bonus* allaient à ces gens-là. Tout ce qui était structure de taux, c'était très à la mode. Donc je sais pas si ça l'est encore mais avec la remontée des taux ça va se terminer un petit peu. Avec la baisse de la volatilité tous les produits structuraux ont eu le vent en poupe. » (Louis.)

des classes dominantes[3], tandis que, dans les autres compartiments, en particulier le change au comptant, se trouvaient plutôt des personnes issues des classes populaires. Si les premiers valorisent leurs tenues et leur retenue, leurs manières et leur manière d'être, pour séduire leurs interlocuteurs et pairs des grandes banques, les seconds ont bien réussi en mettant en avant leur agressivité et leur volonté de s'imposer. Comme ces manières étaient en grande partie illégitimes dans le reste du monde, il a fallu trouver une façon de les présenter et de les rendre présentables. Les valeurs sur le marché deviennent alors : la virilité, la vitesse, la compétitivité, le sens du risque et du jeu, l'intuition, etc.

« – C'était le début des étalagistes (« *barrow boys* »), de East-End, tu sais... Mais, sur le Sterling, tout était extrêmement *public-school* et même aujourd'hui, les marchés du Sterling sont remplis de gars des *public-schools*. C'est comme cela que ça se passe.

– *C'est une tradition ?*

– C'est une tradition. Lorsque tu travailles sur les dépôts en Sterling, n'importe qui a un nom à rallonge, a été dans les *public-schools*, et porte des supercostumes. C'est des choses de ce genre. Alors tu as trois niveaux : tu as le Sterling qui est là-haut et puis tu as les dépôts, comme les eurodollars, qui est comme un mixte des deux, et puis tu as le change, qui est terrible : jetez-leur de la viande à tous comme des animaux ! Je dois dire que le gros volume de fric est produit par les gars du change.

– *Les échanges étaient moins violents sur le Sterling ?*

– Absolument. Civilisé. "Oh, mon dieu ! mais tout, tout..." (Accent et mimiques des *public-school boys* puis...) "Toi, putain (*fucking*) de bâtard, je vais te putain de tuer, putain..." Il y avait des histoires dans les années quatre-vingt, des gars du change qui

---

3. Il est peut-être possible que les produits en devises nationales soient plus valorisés et plus valorisants que les produits en devises étrangères, en particulier parce que les intermédiaires et les *market-makers* de ces marchés sont amenés à prendre contact avec des responsables des directions financières des entreprises en général assez haut dans la hiérarchie culturelle et économique. Parlant la même langue et ayant la même culture nationale, les deux interlocuteurs peuvent d'autant plus facilement s'évaluer l'un l'autre, ce qui a sans doute incité à mettre sur ces produits-là des opérateurs relativement plus diplômés. En outre, il est plus facile pour l'opérateur qui se constitue son carnet d'adresses de faire valoir pour lui ou auprès des autres l'étendue de ses relations. C'est ainsi que Patrick préfère tous les produits en francs aux autres produits de change : « Dans la gamme des produits que je traite actuellement, c'est le franc [que je préfère]. Tout ce qui est franc, donc tout ce qui est *swap*, *swaptions*, FRA. Bon, c'est bizarre, mais ça ne s'explique pas. »

sortaient à midi au Haze avec du cash… Tu sais des histoires… Ils y travaillaient quinze ans, gagnaient leur argent et puis s'en allaient, tschouk…

– *Et, sur le Sterling, ils travaillaient plus longtemps…*

– Le Sterling était une carrière respectable, tu sais. Avec pas mal d'argent, quand même. Tu sais comme ils viennent des *public-schools*, ils s'attendent à être bien payés. Mais c'est très snob, très classe. Mais les interlocuteurs sur le Sterling sont des banques, et quand tu demandes à parler à quelqu'un, c'est quelqu'un qui a été dans les *public-schools*. Il a le bon accent. Et quand on le rencontre au déjeuner, c'est vraiment très embarrassant de commander le mauvais type de vin ou des choses de ce genre… » (Steve.)

En 1998, en France, dans un état du marché complètement différent, où l'intermédiation sur le marché des changes est relativement sinistrée (en Europe du moins), les caractéristiques des professionnels du comptant, un moment inversées et anoblies au début des années quatre-vingt lors de l'occupation par ces derniers du haut de la hiérarchie du profit, retrouvent avec la perte de profitabilité de leur créneau leur place initiale dans la hiérarchie générale des valeurs.

« – Alors les *traders spot*[4], c'est considéré comme des bourrins. C'est le mec, c'est du sport quoi ! "Onze à vingt-deux !", tu vois, quoi. C'est des vrais bœufs, quoi.

– *Tu le penses ça qu'ils sont un peu…*

– Non, il y en a une partie, ouais. Mais c'est vraiment basique comme truc, hein. Les gens du *spot*, c'est des gens qu'on considère un peu comme des tarés. Mais, bon… Tu vois qu'ils picolent vachement après, ils se bourrent la gueule souvent le soir… Pas très fin, quoi… Mais en fait, c'est un cliché, quoi… »

À l'heure actuelle, deux valeurs sont en concurrence pour occuper la première place de la hiérarchie symbolique des marchés financiers : la *technicité* et l'*autonomie*. Selon les banques, leur orientation, le créneau qu'elles occupent, l'une ou l'autre des valeurs semble plus ou moins l'emporter. Si, à la BPP, l'autonomie, la spéculation longue et risquée semblent l'emporter dans la hiérarchie symbolique, à la Compagnie universelle, conformément à son histoire, c'est encore largement la technicité, l'arbitrage fin des produits complexes qui sont le plus valorisés.

---

4. Les *traders spot*, ici, sont des *traders* qui échangent des devises au comptant.

À la BPP, l'imposition de la valeur dominante de l'autonomie et du compte propre en haut de l'échelle symbolique des valeurs est due non seulement à l'occupation d'un créneau financier où ils peuvent mettre en œuvre cette stratégie avec succès mais aussi à des luttes internes au sein de la banque où deux salles de marché, le compte propre, et l'intermédiation sont en lutte pour imposer la technique marchande légitime.

« – *Et les market-makers, par exemple on en pense quoi, les gens qui font de l'intermédiation, du point de vue de celui qui fait du compte propre ?*

– Au compte propre, ils sont considérés comme des bouffons. Mais eux, nous considèrent comme… Il y a quelque chose de très drôle, lorsque je suis arrivé, c'est que, à cause de considérations purement historiques, histoire de fusions, plein de choses compliquées, peu importe la manière dont cela s'était construit, la situation était la suivante, c'est que le compte propre gagnait de l'argent pour la banque. Les *market-makers* gagnaient quasiment pas d'argent pour la banque, et les *market-makers* étaient beaucoup mieux payés que les gens du compte propre. Donc les gens du compte propre méprisaient les *market-makers* en disant, "ce sont des ânes, ils gagnent pas d'argent", "leur travail est débile", etc., et puis les gens du *market-making* disaient, "on est mieux payé qu'eux, donc c'est nous les meilleurs". » (Quentin.)

Pour ses adeptes, l'intermédiation sur produits dérivés complexes allie les mérites de la vitesse et de la technicité. Les produits sont arbitrés en fonction de relations mathématiques complexes, scientifiques, et meilleure est la modélisation, plus importants seront les profits. Pour les détracteurs de cette technique, il n'est possible de faire de l'argent avec cette dernière qu'en accumulant méthodiquement, de manière *besogneuse*, en s'inféodant à son modèle, des *petits* profits. Ils dénoncent le caractère immoral de cette technique, puisque les *traders* qui pratiquent l'intermédiation gagnent de l'argent en achetant de la volatilité moins cher qu'ils ne la vendent et donc volent le client :

« – *Celui qui sait manier parfaitement le calcul stochastique…*

– Ça dépend si cela lui permet de *gruger* ses clients ou pas », répond Quentin).

Le *trading* directionnel est plutôt un art de « grands ». Il faut prévoir avant les autres ce que les autres vont prévoir, savoir prendre des risques, faire des coups, être un grand joueur semblable à celui de Dostoïevski. « Et celui qui est le plus fort, c'est celui qui commence une opération le 1er janvier et qui la déboucle le 31 décembre, et qui a fait son budget. ça, c'est le type le plus fort. Il y a des gens aussi qui, dans des logiques de compte propre, traitent beaucoup, alors pour être encore plus précis, à l'intérieur de la logique du compte propre, mon idéal, c'est de peu traiter ! », explique ainsi Quentin. Mais parce que c'est un art particulièrement incertain, que les techniques de prévision le sont particulièrement, les spécialistes de l'arbitrage y voient dans le succès le fruit du hasard ou l'utilisation un peu scandaleuse de techniques charlatanesques (comme l'analyse technique).

La rivalité et la lutte concurrentielle pour la production de la hiérarchie prennent sans doute encore plus de force à l'intérieur de la salle de marché. Là, la logique de distinction y est très présente (un peu comme dans le monde universitaire). D'une part, les opérateurs sont présents dans le même lieu, se connaissent les uns les autres, connaissent les profits et les contributions de chacun et ils sont en concurrence pour l'occupation des postes supérieurs ou plus encore lors de la renégociation du partage du profit, d'autre part, ils sont assez autonomes et dépendent relativement peu les uns des autres. Contrairement aux situations de forte dépendance, qui favorisent plutôt la retenue dans les conversations (pour ne pas avoir à critiquer trop fort ceux dont on dépend), cette situation d'interconnaissance sans interdépendance favorise tout particulièrement toutes les stratégies de distinction (racontars, moqueries, ragots, etc.) qui permettent de qualifier les uns et de disqualifier les autres, de réaffirmer les valeurs et les caractéristiques nécessaires à l'occupation des postes, et de produire et reproduire des hiérarchies symboliques éventuellement rivales.

Le tableau suivant permet de voir ce qui est valorisé et ce qui est dévalorisé parmi les tâches journalières qu'effectuent les membres de la salle de marché de la Compagnie universelle. Être autonome, « traiter », arbitrer plusieurs produits, avoir du pouvoir, et gérer des sommes importantes sont les situations de travail qu'une large majorité de personnes trouvent regrettable de ne pas connaître et ce sont aussi des situations très appréciées par ceux qui les connaissent. On peut donc les considérer comme les activités qui occupent le haut de la hiérarchie symbolique. Ces situations de travail (sauf peut-être le pouvoir) sont fortement ancrées dans le modèle du *trading* historique de la Compagnie universelle : l'arbitrage mathématisé. Le *trading* directionnel est moins apprécié ici que l'arbitrage, puisque 47 % des personnes

TABLEAU 4.1 – « *Ci-joint une liste de situations, vous allez dire si vous les rencontrez dans votre travail** »

	Oui		*Non*		*Non-Réponse*
	Et vous l'appréciez	*Et vous le regrettez*	*Et vous l'appréciez*	*Et vous le regrettez*	
Avoir du pouvoir	40 %	3 %	16 %	26 %	15 %
Être autonome	82 %	3 %	0 %	10 %	5 %
« Traiter »	59 %	1 %	10 %	22 %	8 %
Arbitrer plusieurs produits	39 %	1 %	15 %	30 %	15 %
Prendre des « positions directionnelles »	29 %	2 %	31 %	28 %	11 %
Prévoir l'évolution des cours	38 %	2 %	26 %	21 %	13 %
Calculer le prix de produits financiers	57 %	4 %	16 %	15 %	7 %
Construire des montages financiers	40 %	3 %	26 %	20 %	10 %
Écrire des programmes informatiques	19 %	2 %	67 %	5 %	6 %
Gérer des bases de données (Excel, Gros Système...)	14 %	10 %	64 %	3 %	10 %
Calculer des « valos »	38 %	8 %	40 %	4 %	10 %
Gérer des sommes importantes	50 %	1 %	19 %	19 %	11 %
Calculer des résultats comptables	13 %	6 %	66 %	6 %	9 %
Gagner ou conserver des clients	33 %	1 %	34 %	25 %	8 %

* Lecture : 40 % des enquêtés ont du pouvoir et l'apprécient, 3 % des enquêtés ont du pouvoir et le regrettent, 16 % des enquêtés n'ont pas de pouvoir et l'apprécient, 26 % n'en ont pas et le regrettent.

qui ne le pratiquent pas le regrettent contre 67 % pour l'arbitrage. De même le *pricing*, le calcul des prix des produits financiers, passe dans cette hiérarchie devant l'exercice de prévision des cours. Alors même que les commerciaux sont en passe de supplanter les *traders* à la tête de la salle, les activités commerciales (gagner ou conserver des clients) ne sont pas les plus prisées. Elles sont généralement très appréciées par ceux qui les pratiquent, mais elles n'attirent pas tellement ceux qui ne les pratiquent pas (42 % le regrettent, soit moins que pour les positions directionnelles ou l'arbitrage). En dessous viennent les tâches peu prestigieuses, déléguées et souvent peu pratiquées, qui en général ne sont appréciées que par ceux qui ont à les exécuter (une manière de se satisfaire de son sort, de faire de nécessité vertu) et encore tous n'en sont pas satisfaits : c'est le calcul des « valos », des résultats comptables, la gestion de base de données ou l'écriture de programmes informatiques.

Pour bien objectiver la hiérarchisation des fonctions et des métiers, nous avons posé la question suivante : « En dehors de votre fonction, quelle fonction aimeriez-vous exercer dans cette salle ? » On peut voir de la même façon que, malgré la progression récente des commerciaux à la fois en nombre, en pouvoir, et en contribution au résultat, le métier de commercial ne constitue pas une profession tellement désirable, à part pour les gestionnaires qui voient là la possibilité la plus aisée d'ascension dans la hiérarchie des salles de marché (en raison de la moindre importance des connaissances techniques nécessaires pour occuper ce poste). La position de vendeur, surtout de vendeur de produits dérivés, est paradoxale sur le marché financier. Le vendeur n'assume pas de risque, il n'a que peu à prévoir l'avenir [5], sinon pour le client, il n'a pas besoin de bien comprendre les produits, ni de connaître ou de mettre en œuvre les relations mathématiques complexes nécessaires pour arbitrer ou *pricer* ces produits. Il est inclassable ou il est classé en bas de la plupart des hiérarchies mises en avant sur le marché financier. Il a surtout pour lui sa force de conviction et d'incitation à la conclusion des accords, ainsi que l'étendue de son réseau. Mais, justement, les marchés financiers, à défaut d'être toujours anonymes, ont érigé l'anonymat et la confrontation à des autres anonymisés en valeur fondamentale. C'est pourquoi, malgré le revenu important des commerciaux et leur contribution de plus en plus grande à la valeur ajoutée, malgré la tendance à l'adéquation rapide de la hiérarchie symbolique à la hiérarchie du profit, seulement 30 % des membres de la salle aimeraient devenir commerciaux, soit un taux moins élevé que pour ceux qui

---

5. Un ancien collègue de l'ENSAE, rencontré à la Compagnie universelle m'a ainsi raconté qu'il avait fait un stage auprès d'un vendeur, que ce dernier était un vrai bourrin, parce qu'il passait sa journée à raconter aux clients ce qu'il avait entendu lors du *morning meeting*.

veulent devenir ingénieurs financiers. Alors que 58 % des commerciaux aimeraient devenir *traders*, seulement 17 % des *traders* aimeraient devenir commerciaux.

TABLEAU 4.2 – *Métiers désirés en fonction du métier occupé**

Désire être : *Métier*	*Gestion-naire*	*Commer-cial*	Trader	Trader *Produits structurés*	Trader Basket Trading	*Ingénieur Financier*	*Ingénieur R&D*	N
Gestionnaire		**57 %**	14 %	14 %	0 %	29 %	0 %	7
Commercial	4 %		**58 %**	21 %	13 %	42 %	13 %	24
Assistant	0 %	31 %	**69 %**	38 %	25 %	6 %	0 %	16
Trader	0 %	**17 %**		**63 %**	**25 %**	38 %	**41 %**	24
Ingénieur	8 %	31 %	46 %	31 %	31 %	(54 %)	(54 %)	13
Stagiaire	0 %	**50 %**	**80 %**	60 %	60 %	60 %	50 %	10
Ensemble	2 %	**31 %**	**57 %**	39 %	24 %	37 %	23 %	94
N	87	70	70	94	94	94	94	

* Lecture : 57 % des gestionnaires aimeraient occuper la fonction de commercial.

Ce tableau permet aussi de voir la hiérarchie interne au *trading*. À la CU, le *trading* sur les produits les plus complexes, lesquels requièrent des compétences mathématiques plus grandes, est plus valorisé et valorisant que le *trading* le plus intuitif, rapide, proche du marché, comme le *basket trading*. D'ailleurs l'allégeance aux valeurs scolaires et à la hiérarchie de la technicité est telle que même les fonctions déléguées d'ingénieur recherche et développement semblent plus prestigieuses aux *traders* que les métiers du *basket trading*. Le *basket trading* passe assez souvent pour un métier de « bourrins », très rapide, où il n'y a pas le temps de réfléchir, où il faut savoir de manière quasi réflexe profiter des petites opportunités d'arbitrage.

Lorsque je vais voir Patrice et Igor à leurs postes de travail, ils m'accueillent en disant, « alors, tu es venu voir les fous, les singes, les mongols… ». Il est assez étonnant que Patrice et Igor, tous les deux X, soient venus faire du *basket trading* dans la salle. On avait d'ailleurs proposé à Patrice d'être *trader* sur options, mais il a préféré faire d'abord du *basket trading*, parce que, explique-t-il, à faire des options OTC (« *over the counter* », c'est-à-dire de gré à gré), il aurait eu l'impression d'être trop loin du marché. Il avait envie de faire cette expérience du marché, de vivre le marché et de le sentir bouger. Il explique qu'il aurait aimé même aller travailler sur un *pit* à la criée. Ce propos est plutôt surprenant, puisque Denis, des ressources humaines, m'a expliqué qu'ils avaient toujours eu beaucoup de mal à recruter des ingénieurs pour les envoyer sur les *pit*. En effet, le *pit* est un lieu de confrontation *physique*, avec d'autres opérateurs, qui eux sont le plus souvent issus de milieux populaires.

Une telle orientation est étonnante et, pour la comprendre, il faut tenir compte du fait que ces polytechniciens, en s'orientant vers la finance, se sont socialisés par anticipation en intégrant peut-être une hiérarchie des valeurs du marché qui ne vaut plus (ou qui vaut moins) à la Compagnie universelle à la fin des années quatre-vingt-dix : celle d'un marché, où il faut être sportif, réactif, intuitif, etc. Le *basket trading* est en effet un poste, où l'opérateur manie beaucoup d'argent très vite, parfois il fait plus de 1 % du marché. Il peut alors le « faire coter [6] » et être gagné par un véritable sentiment de puissance. C'est aussi un poste qui permet de mettre en œuvre les compétences acquises souvent dans les salles informatiques des écoles d'ingénieurs dans les années quatre-vingt-dix dans le domaine des jeux informatiques et en particulier les jeux de plate-forme en réseau. C'est peut-être pour toutes ces raisons que des personnes bien dotées scolairement et socialement ont pu s'orienter vers de tels postes, pourtant un peu dépréciés dans la hiérarchie actuelle des salles de marché. Mais l'illégitimité de leur position n'est pas non plus sans effet sur eux. Pris en écart entre la hiérarchie anticipée et la hiérarchie réelle, ils connaissent un déchirement et en ressentent certaines formes de frustration. À l'instar de leur prédécesseur, un « normalien math » qui a démissionné assez rapidement après avoir été embauché, il est probable qu'ils ne resteront pas très longtemps dans cette situation inconfortable.

Une légitimité précaire

De même qu'elle n'a pas débouché sur un ordre de grandeur stable et reconnu à l'intérieur des salles de marché, la lutte pour l'imposition de la hiérarchie n'a pas permis non plus aux opérateurs d'acquérir dans la société une position reconnue qui corresponde à leur rémunération. À la différence des médecins et autres

6. Il passe des ordres dans le but de modifier des prix et non de réaliser des transactions. Il peut ainsi obtenir une valorisation de son portefeuille conforme à son souhait, comme faire monter le marché en achetant pour vendre ensuite, etc.

professions libérales honorables, pour lesquels, selon les théories fonctionnalistes des professions, la société accorde une rémunération élevée pour récompenser un haut degré d'orientation vers la collectivité, les opérateurs financiers ont bien du mal à justifier leur haut revenu par le degré élevé d'orientation vers la collectivité et ils sont dans la délicate position de devoir inventer une position et de justifier à la fois leur activité et leur rémunération.

Ces métiers économiques occupés par des personnes qui sont initiées aux mécanismes économiques et souvent à la théorie économique se prêtent particulièrement bien à la justification économique. Si leur activité est utile et indispensable pour le système économique d'ensemble, alors leur fonction est en quelque sorte justifiée.

C'est ainsi qu'un ancien *trader*, qui a pourtant abandonné ce métier au bout de trois mois parce qu'il le trouvait trop ennuyeux, justifie la fonction de *trader* quasiment dans les termes mêmes de la théorie néoclassique des marchés financiers.

« – *Trader, est-ce un métier ?*

– Nous vivons dans une économie d'endettement ; le transfert de richesses améliore le bien-être social. Ce transfert de richesses passera impérativement par le marché. Le *trader* est un acteur clé du marché. Ce métier est donc indispensable au bon fonctionnement du marché et donc de l'économie. » (Ancien *trader* interviewé par Nicolas Thomadakis et Zakaria Benjazia.)

Louis, sans faire référence à la théorie des marchés financiers, justifie la fonction des *traders* par la liquidité qu'il donne au marché et par leur rôle de faiseurs de prix nécessaires pour l'ensemble de l'économie.

« On a souvent une étiquette d'enfants gâtés ou de gens inutiles ou d'affameurs du peuple ou je ne sais quel genre d'images assez négatives comme tous les métiers d'argent. Puisque les opérateurs de marché sont l'un des cœurs de la banque et que les banquiers ont mauvaise presse donc les opérateurs de marché ont encore plus mauvaise presse que les banquiers. Cela dit, il y a à la fois le sentiment que ce sont des gens inutiles ou négatifs et en même temps une admiration pour eux, parce qu'ils font un métier qui n'est pas facile et que tout le monde le sait. De toute façon, ce métier-là, il faut le faire, parce qu'il existe et fait partie de la société. Tout le monde est content d'avoir des prix de change pour faire des transactions internationales, tous les entrepreneurs sont contents d'avoir des prix dollar contre franc à l'instant t et ça il faut bien qu'il y ait des cambistes pour les coter.

Donc je pense que c'est un métier qui est mieux accepté que par le passé. Vous savez, c'est le phénomène du thermomètre. Quand vous avez cassé le thermomètre, vous n'avez pas forcément résolu le problème. Les cambistes sont un thermomètre. » (Louis.)

Dans la salle de marché de la Compagnie universelle, la plupart des membres, à défaut d'être directement d'accord avec une telle présentation de l'utilité des marchés financiers, en ont une opinion relativement proche, puisqu'ils ne sont que 12 % à être en accord (contre 83 % qui sont en désaccord) avec l'idée pourtant courante que les « marchés financiers brident l'économie ». Sans doute les opérateurs financiers arriveraient mieux à s'imposer, à imposer leur profession si les différentes théories économiques s'entendaient sur l'utilité économique des marchés financiers. Si celles-ci considèrent toutes que le marché financier sert aux transferts de l'épargne, les keynésiens, au sens large, pointent souvent le rôle déstabilisant des marchés financiers. Et même dans le cadre de la théorie économique néoclassique, la fonction des professionnels des marchés n'est pas forcément évidente à justifier. En effet, la présence de professionnels, tant des intermédiaires qui assurent les transactions que des spéculateurs professionnels qui arrivent à battre structurellement le marché, ne s'explique ici qu'en raison des imperfections du marché : coûts à l'entrée, asymétries d'information ou phénomène d'initiation. C'est ainsi que Patrick admet, avec fatalisme, l'origine arbitraire du profit des banques en soulignant son caractère a-économique et amoral.

« Mais, c'est vrai, les banquiers, c'est des voleurs. Moi, le premier, je le dis. C'est un métier de voleurs, c'est clair. Chaque fois que tu fais une opération, ben, tu marges. Mais que tu sois client, entreprise ou particulier. Quand tu vas à ta banque, c'est pareil. À chaque fois que tu fais une opération, ils se prennent une marge, et c'est toujours pareil. » (Patrick.)

La frontière entre la mise en évidence de la nocivité économique et la condamnation morale et religieuse n'est pas très facile à tracer et il est fort possible que la critique économique se nourrisse socialement et historiquement de la condamnation morale. Il faut rappeler que la plupart des religions monothéistes condamnent avec fermeté le prêt à intérêt et le commerce d'argent [7]. Sans doute le temps est-il loin où l'Église condamnait l'usure, et il est probable que les 60 % de catholiques membres de la salle de marché ignorent même que leur activité a pu être condamnée par l'Église à une autre époque [8]. Mais les raisons de la condamnation des activités financières au Moyen Âge peuvent continuer à opérer aujourd'hui. Si, dans la représentation collective, l'activité et le profit des banques apparaissent comme la contrepartie aujourd'hui à peu près justifiée de la gestion de risques et du travail des employés, tout se passe comme si les activités financières les plus abstraites, les plus complexes, les plus marchandes, les plus instantanées étaient pour de nombreuses personnes semblables non plus à un commerce de temps, mais à un commerce particulièrement nébuleux, de « vent », de choses qui n'existent pas, et pour lequel le profit semble plus être un gain de jeu que la contrepartie d'un véritable travail. Ceci favorise les condamnations morales qui se travestissent souvent en considérations économiques sur le rôle des marchés financiers.

Fonctions économiques pas très économiques, métiers immoraux, ces métiers sont aussi des métiers qui, du point de vue du contenu intellectuel du travail, ne semblent pas non plus vraiment honorables. Puisque les valeurs spirituelles se sont construites historiquement en opposition aux valeurs économiques, et parmi celles-ci aux valeurs les plus économiques comme l'argent, il est difficile de présenter ces métiers d'argent pur comme des métiers satisfaisants intellectuellement. Ce serait tomber là, selon Simmel, dans l'une des formes de « réduction des valeurs spirituelles aux valeurs monétaires ».

« – *Y a-t-il des gens qui vous ont encouragé à faire ce métier ?*

– Personne. Mes parents, ainsi que mes amis trouvent ce métier assez stupide », déclare un des *traders* interviewés par Nicolas Thomadakis et Zakaria Benjazia et il rajoute à la fin de l'interview : « Le jour où j'en aurai assez de faire le “bourrin”, j'arrêterai de faire du *trading*. »

---

7. Voir le chapitre « Du péché de l'usure » de *La somme théologique* de SAINT THOMAS D'AQUIN et aussi Jacques LE GOFF, *La Bourse et la vie*.

8. Le cas peut néanmoins se produire, comme le montre par exemple, le propos de Steve : « Si t'y regardes en termes d'usure comme dans la Bible, avec Jésus qui les fout hors du temple, c'est une chose horrible que de prendre l'argent des gens et de le prêter… »

De même un ancien *trader* dénonce l'épuisement rapide de l'intérêt du travail et montre que, pour rester dans le jeu, il faut être pris par le jeu, et par l'argent, au risque de passer dans la société pour quelqu'un qui a l'obsession de l'argent, laquelle n'est pas la plus légitime des obsessions.

« J'ai trouvé le métier assez drôle les premiers mois. Cependant, six mois après, j'avais tout appris et mes journées devenaient longues, ennuyeuses et inintéressantes. » (Ancien *trader* interviewé par Nicolas Thomadakis et Zakaria Benjazia.)

Comme il n'est pas facile pour eux de faire accepter à un interlocuteur réel ou imaginaire l'utilité de leur métier au sein du système économique et au sein de la société, il est encore plus difficile de faire reposer le montant de leur rémunération sur des considérations générales sur la place de leur métier dans la société. Comme ils doivent quand même souvent justifier leurs rémunérations à la fois dans la salle, face aux prétendants maintenus dans des positions déléguées, dans la banque, face aux employés de la banque de réseau, et plus généralement dans la société, ils sont obligés pour cela de faire référence à des raisons plus microéconomiques, dont certaines sont relativement fragiles. On peut distinguer quatre grandeurs dans l'argumentation, à l'aune desquelles ils peuvent mesurer la justesse de la rémunération : le marché, le profit engendré, la qualification et les responsabilités.

La grandeur la plus omniprésente est celle qui découle du jeu de l'offre et de la demande, celle du marché. Les opérateurs considèrent que leur revenu élevé est le résultat de la rareté de l'offre de compétences et de l'abondance des postes offerts dans les institutions financières.

Le jour de la distribution du *bonus*, je demande à certains membres de la table du prêt-emprunt ce qu'ils pensent des *bonus* et de leur caractère secret. « C'est le prix du marché ! », s'exclame Damien. Ils pensent néanmoins que la banque française, à la différence de celles des États-Unis, a raison de les garder secrets, car, si jamais les *bonus* sont connus par les salariés et surtout par les syndicats, cela va provoquer une certaine forme d'incompréhension.

Les opérateurs financiers, qui sont continuellement plongés dans le marché, qui apprennent à leur détriment que « le marché a toujours raison », sont portés à utiliser les normes de leur environnement de travail comme norme de l'évaluation de la justesse de la rémunération. Mais cette justification suppose d'une part la commune adhésion de tous à la justesse du marché comme procédure d'établissement du prix et a l'inconvénient d'être quelque peu tautologique puisque tout prix résultant d'un échange marchand est alors considéré comme juste.

Surtout lorsqu'ils doivent se comparer les uns aux autres, les *traders* évaluent leur rémunération à partir d'une norme quasi marxienne de la part de la plus-value produite. Dans le contexte économique de faible croissance d'aujourd'hui, toute création de richesse, parce qu'elle contribue au PIB directement et indirectement (par la consommation) et donc à l'emploi, est considérée comme « bonne ». Même si cela ne se justifie pas du point de vue de l'économie de marché, les opérateurs considèrent qu'ils ont droit à une part substantielle de la richesse qu'ils disent créer, et ils se servent même de cet argument pour mettre en avant la faiblesse de leur rémunération. Ainsi, un *trader* interrogé par Nicolas Thomadakis et Zakaria Benjazia sur le caractère choquant des sommes qu'il traite répond que le plus choquant est le montant de plus-value qu'on lui extorque : « Absolument, je trouve cela très choquant surtout quand je compare ces sommes à mon salaire. Je me dis : j'ai travaillé trois jours et j'ai remboursé mon employeur. Par exemple, aujourd'hui, j'ai gagné ou plutôt fait gagner un million de francs à ma banque. »

Les qualifications, tant celles obtenues au cours des études que celles du poste, permettent de mesurer la rareté des compétences mises en œuvre dans le métier et la justesse de la rémunération : beaucoup mieux payés que la plupart des personnes ayant effectué le même genre d'études, les opérateurs se retranchent parfois derrière leurs compétences et la complexité des opérations qu'ils concluent, mais, en fait, le caractère fort répétitif du travail et l'absence de tout diplôme chez certains opérateurs obligent certains de ces derniers à se rendre compte qu'ils ont plus la chance d'occuper des fonctions très « juteuses » que de posséder des mérites si spécifiques ou si rares qu'ils justifient une telle rémunération.

Trente pour cent des membres de la salle trouvent ainsi que, « leur travail, n'importe qui pourrait le faire ». Ce sont surtout des personnes qui occupent des fonctions relativement dominées, ceux qui gagnent moins de 250 000 francs par an, ceux qui ont des diplômes inférieurs à la maîtrise ou qui sont issus de petites écoles de commerce.

Patrick, un commercial qui met en œuvre dans son métier des compétences de « commercial », qui ne sont ni véritablement enseignées ni véritablement garanties par les diplômes et qui ressent assez vivement un certain décalage entre ses aspirations et leur réalisation, est porté à dire la vérité de la position occupée.

« – *Quand tu dis que ce n'est pas justifié, ça veut dire que tu ne le mérites pas...*

– Non, c'est pas ça. Tu te dis que peut-être qu'un autre peut le faire. Tu vois. Tu gagnes beaucoup d'argent, parce qu'on t'a donné les moyens de gagner beaucoup d'argent. Peut-être que le poste que tu as eu, c'est un poste...

– *Un poste juteux.*

– Un poste juteux, ouais ! Tu pourrais très bien prendre quelqu'un dans la rue et le former un peu et il pourrait peut-être se faire plus, donc c'est une chance, tu vois. Bon, ben forcément, tu l'as eu, c'est ton boulot, donc c'est un peu grâce à toi aussi. Mais bon, si tu veux la fonction fait que... il y a des fonctions qui gagnent plus que d'autres. Donc, c'est pas forcément à justifier. » (Patrick.)

Les rémunérations élevées passent aussi dans les économies actuelles comme le corrélat naturel du pouvoir dans l'entreprise, il paraît normal que le supérieur soit toujours mieux payé que le subordonné, comme s'il fallait marquer dans la grille des rémunérations le rapport de subordination. Or, si l'on mesure les rémunérations à l'aune du critère des responsabilités, là aussi la rémunération peut sembler quelque peu illégitime ou tout au moins anormale, car non seulement les opérateurs ont très peu de pouvoir et très peu de subordonnés directs, mais en plus il peut arriver (surtout dans les pays anglo-saxons, où l'indexation stricte de la rémunération sur le profit engendré est plus fréquente) que l'opérateur soit mieux payé que son supérieur. Patrick, qui fait preuve de bonne volonté économique, qui a choisi le métier d'opérateur en raison des possibilités d'ascension économique qu'il permettait, est quelque peu déçu que cette position ne consacre pas une quelconque notabilité et un quelconque pouvoir :

« – En fait, ce qui est marrant dans les salles de marché, c'est de comprendre que les gens peuvent gagner beaucoup d'argent sans avoir beaucoup de responsabilités. En province, les gens qui gagnent de l'argent, ce sont des gens qui ont des responsabilités, qui ont des entreprises avec deux ou trois cents personnes. Tandis que là ce qui marrant, c'est de voir des gens... Tu peux avoir des gens qui gagnent un million ou deux millions, trois millions et ils sont tout seuls et ils ont leur petit *desk*, trois écrans, leur bureau, quelques photos de leur bébé, de leur femme, et puis c'est tout. Et puis tu t'imagines pas que ce gars, il gagne énormément d'argent, plus qu'un PDG. C'est ça qui est marrant.

– *Ça te plaît ça ?*

– Non, ça me plaît pas.

– *Tu préfères avoir des responsabilités ?*

– Ouais, je préfère avoir des responsabilités !... En fait, je sais pas... Bon, en fait, au début, je pensais cela et puis de plus en plus je pense qu'en fait, euh, c'est pas plus mal de gagner autant d'argent, et de ne pas avoir de responsabilités humaines, parce que t'as moins de problèmes, et, bon, c'est vrai que c'est moins intéressant aussi. » (Patrick.)

Même s'ils ont des arguments à faire valoir pour démontrer leur utilité sociale (l'économie néoclassique) et la justesse de leur rémunération (le marché et le profit), la faible légitimité de ces ordres de grandeur-là et des principes de justification fait que, dans les sociétés d'Europe continentale, leur légitimité reste précaire. Elle l'est sans doute moins aux États-Unis pour des raisons historiques, institutionnelles et économiques. Les opérateurs, confrontés à leur manque de légitimité, invoquent d'ailleurs de manière quasi rituelle la légitimité qu'ont aux États-Unis les métiers d'argent.

Lorsqu'Osman me fait visiter la salle avant le début de mon stage, il essaye à mon invite (je lui dis que l'imaginaire du métier m'intéresse aussi) de présenter quelques spécificités « sociologiques » du métier. Alors que, dit-il, les métiers de la finance sont très valorisés aux États-Unis ou en Angleterre, ils sont très méprisés en France. Ses amis ingénieurs lui disent ainsi qu'ils font de l'argent avec du vent. Même au sein de la banque, la salle des marchés est mal intégrée, même si l'on tend de plus en plus, mais lentement, à une organisation calquée sur l'organisation américaine.

De même, au cours de l'entretien, Louis reconnaît que la légitimité des métiers de la finance est beaucoup plus forte aux États-Unis qu'en France : « J'ai passé pas mal de temps aux États-Unis, donc clairement aux États-Unis, c'est mieux accepté qu'en France, cela fait partie de la vie de la cité. En France, on est encore considéré comme des gens un peu bizarres, c'est exact. Mais bon, c'est moins vrai à Paris qu'en province. »

Enfin les deux tiers des enquêtés sont plutôt d'accord avec la proposition « lorsqu'on travaille dans la finance, il vaut mieux travailler dans les pays anglo-saxons ». Même si la plus grande légitimité de ces métiers dans ce pays n'est pas la seule raison (la fiscalité en est une autre), elle doit certainement jouer comme facteur explicatif d'un tel pourcentage.

Symptôme de cette faible légitimité, lorsqu'on propose de caractériser leur profession à l'aide de quelques métaphores stéréotypées, les opérateurs de la salle de marché sont amenés à utiliser, beaucoup plus que les autres membres de la société, les termes « aventure » et « jungle »[9]. Ce qui fait généralement l'honorabilité d'un métier, c'est plutôt l'ancienneté, l'orientation vers la collectivité et l'universel, le sérieux, l'application, le sens des responsabilités, le travail intellectuel. Or, en se représentant dans la situation d'« aventuriers » dans la « jungle », les opérateurs ne se donnent pas les caractéristiques habituelles d'une profession reconnue et légitime.

Ceux-ci peuvent tout au plus transgresser délibérément l'échelle de l'honorabilité des métiers dans la société en se référant uniquement à l'échelle interne des valeurs aux marchés financiers et en essayant de l'exporter vers le reste de la société. En cette phase charismatique, la dépense systématique et ostentatoire d'argent cherche à symboliser la puissance nouvellement acquise par les détenteurs de ces postes. En réduisant de manière systématique les valeurs à des valeurs monétaires pour mieux montrer leur pouvoir, ils font, aux yeux des membres des classes populaires et de la petite bourgeoise, une démonstration de leur ascension sociale, érigent leur profession en modèle, et suscitent jalousie et envie. Pourtant ce déballage d'argent ne suffit pas à impressionner les membres les plus enracinés dans la classe supérieure, et renforce au contraire, chez ces derniers, l'impression que cette profession n'est guère honorable.

« Ouais, j'aimais cela ! Parce que cela marchait. J'avais un gros salaire, beaucoup d'argent, une superbe voiture, vraiment rapide, un appartement à Londres, une maison à la campagne… Et j'allais bien. Tous les week-ends, tu vas dans les meilleurs restaurants de Londres. Tu vas voir tous les spectacles que tu veux. J'avais une carte en or, une carte de crédit en or. J'avais le droit à des milliers de francs de crédit. Et je pouvais faire tout ce

9. 59 % des membres de la salle de marché trouvent que le terme « jungle » décrit bien leur situation professionnelle contre 14 % de l'ensemble des actifs occupés (Enquête *Travail et modes de vie*) et 24 % des cadres et professions intermédiaires du privé de moins de 36 ans. Le terme « aventure » récolte 54 % des suffrages des membres de la salle de marché, 36 % de ceux de l'ensemble des actifs, et 46 % de ceux des jeunes cadres et professions intermédiaires du privé.

que je voulais. Je pouvais acheter les gens, acheter tout ce que je voulais. Tout le monde… Y'avait cette blague : tu vas dans un bar et tu dis : "Dites-moi quand ça fait faillite…" Les gens étaient arrogants, parce que l'argent n'était pas un problème pour eux. C'était vraiment dingue.

– *Qu'est-ce que tu ressens maintenant face à cela ?*

– Maintenant ? Ça me rend vraiment malade. » (Steve.)

Même si les transformations de la politique et de l'idéologie depuis une vingtaine d'années semblent donner un meilleur accueil dans le monde social aux valeurs du monde de l'argent, le rythme rapide de transformation du monde de la finance ordinaire limite toutefois considérablement les possibilités d'enracinement externe des – fragiles – hiérarchies internes.

Devenir marchand

Les opérateurs se trouvent donc pris dans un jeu sérieux, le jeu marchand, dont les règles sont fixées par les instances de régulation de l'entreprise et du marché. Le but du jeu est simple : il s'agit de gagner de l'argent, plus d'argent, plus que les collègues, plus que les entreprises concurrentes, plus que les années précédentes. Cela ne veut pas dire que les personnes qui occupent des places sur le marché financier soient particulièrement avares ou cupides, ceci signifie seulement que les opérateurs financiers dans le cadre du jeu financier sont intéressés par le but du jeu, le gain, et qu'un gain élevé, plus élevé que celui des partenaires de jeu, contribue consciemment ou inconsciemment à les valoriser. Comme tout jeu, pour que ce jeu financier fonctionne, quelles que soient la stratégie déployée et sa valeur symbolique sur le marché, quel que soit même le degré d'accord sur les règles du jeu, il faut un minimum d'accord sur l'intérêt du jeu et le but du jeu (le gain financier).

Le processus d'incorporation du but du jeu financier est sans doute particulièrement visible lorsque que celui-ci échoue ou lorsqu'il est difficile. C'est ainsi que les personnes issues d'un autre champ, d'un autre monde et d'un autre jeu, en particulier celles issues d'un univers académique pour lequel le but du jeu est la science, la connaissance, la découverte, ont particulièrement du mal à abandonner l'ancien but du jeu pour s'adonner au nouveau. Même si, comme un enfant explique à un autre devant un jeu de plateau, que « le but du jeu, c'est de gagner ! », tous les jeux ont pour fin l'obtention d'une certaine forme de reconnaissance et l'accumulation d'un certain capital symbolique, les agents investis dans chaque champ restent attachés à la forme spécifique de l'obtention de ce capital symbolique et il n'est pas facile de convertir un but du jeu en un autre.

Évelyne, gestionnaire de cadres au service des ressources humaines, raconte l'histoire d'un chercheur qui avait du mal à s'intégrer au sein d'une salle de marché. Interrogée par le chef *trader* qui avait ce chercheur sous ses ordres, Évelyne, qui a fait un DEA de sociologie, lui avait expliqué qu'il fallait comprendre que ce chercheur se référait au monde des valeurs universitaires : la recherche, les publications, etc. Le chef *trader* a alors répondu, « Eh bien ! On va le rendre vénal, si c'est comme cela. » De même Marcello, le *quant* de la salle, a lui aussi ressenti « un processus de vénalisation ». Au début, lorsqu'il est arrivé de son laboratoire de physique, il était très satisfait de son salaire, il pensait même qu'il aurait pu continuer à travailler avec ce salaire sans être choqué pendant dix ans. Mais très vite on lui a fait comprendre qu'il pouvait gagner beaucoup plus.

Le mécanisme d'incitation à l'accumulation du profit et à l'adoption du but du jeu des marchés financiers repose sur un véritable double jeu : d'une part, il augmente les aspirations économiques (achats, acquisitions, train de vie) dans le monde ordinaire et incite au jeu d'autant plus qu'il est difficile d'accepter une diminution de son train de vie et, d'autre part, cette incitation se poursuit dans la salle par une rivalité et une compétition perpétuelles entre les opérateurs pour occuper la première place et gagner la considération des autres opérateurs.

Nous sommes donc amenés à voir dans cette forme spécifique d'intérêt pour le jeu de la finance, une forme particulière d'*illusio* telle que la définit Pierre Bourdieu : « L'*illusio*, c'est le fait d'être pris au jeu, d'être pris par le jeu, de croire que le jeu en vaut la chandelle ou, pour dire les choses simplement, que ça vaut la peine de jouer. En fait, le mot intérêt, dans un premier sens, voulait signifier très précisément ce que j'ai mis sous cette notion d'*illusio*, c'est-à-dire le fait d'accorder à un jeu social qu'il est important, que ce qui s'y passe importe à ceux qui y sont engagés, qui en sont. *Interesse*, c'est “en être”, participer, donc admettre que le jeu mérite d'être joué et que les enjeux qui s'engendrent dans et par le fait de le jouer méritent d'être poursuivis ; c'est reconnaître par le jeu et reconnaître les enjeux [10]. »

Cette forme particulière et presque idéale-typique de l'intérêt sur les marchés financiers a ses caractéristiques propres. Plus que dans n'importe quel autre jeu, les stratégies et les gains sont calculables et peuvent être, au cours d'un processus temporel, progressivement rationalisés (ce qui ne veut pas dire qu'ils sont d'emblée optimaux). Même si positions et placements dans ce jeu-là ne sont pas entièrement déterminés par le sens pratique du placement et la présence à l'avenir, ceci ne veut pas dire non plus que tout est calculé et calculable. En effet, même si les agents conduisent des raisonnements assez variés et calculent, le sens pratique du placement n'en reste pas moins toujours déterminant au second degré : plus qu'un calcul de calcul ou un raisonnement sur le choix du meilleur raisonnement, c'est l'affinité entre la technique et le parcours social et les *capitaux* possédés qui conduit à son adoption.

Malgré la séparation très marquée dans les sociétés contemporaines entre la sphère privée et la sphère professionnelle, l'investissement dans le jeu financier ne limite pas ses effets au seul domaine professionnel. En effet, l'investissement professionnel favorise l'acquisition d'habitudes de pensée et d'action, de représentations et de dispositions, en particulier une habitude du calcul, qui ne peuvent pas ne pas avoir d'effets sur le reste de la vie sociale. Cependant ce jeu, comme nous l'avons vu dans la partie précédente, reste un drôle de jeu en ce sens qu'il n'est pas très légitime : si certains s'engagent très fortement dans le jeu, en particulier ceux dont le volume de capital dépend exclusivement de l'issue du jeu, d'autres cherchent à s'en distancier afin d'éviter que cette forme d'investissement dans le jeu ne vienne corrompre d'autres jeux sociaux dont les règles et les buts sont différents.

Malgré des résistances à un trop grand engagement dans le jeu, l'*illusio* est telle qu'elle favorise la formation d'un véritable *habitus* marchand dont les effets résident d'une part dans une extension de la sphère de calcul dans le monde non marchand, en particulier dans la sphère domestique, d'autre part dans la tendance à voir le cours du monde à travers le prisme du rapport marchand, apolitique et atemporel.

10. Pierre BOURDIEU, *Raisons pratiques*, p. 151.

Le jeu de l'échange marchand : engagement et distanciation

Véritable illusion vaniteuse pour les moralistes qui dénoncent le pouvoir de l'argent, le plaisir et la jouissance du gain soudain accumulé par les hasards et les succès d'un bon coup de Bourse entretiennent l'*illusio*, la libido, et le retour vers le jeu : « Il existe un instant magique, entre le moment où une personne abandonne un trésor et celui où je suis sur le point d'en prendre possession. Je m'empare de cet instant qui est le mien et possède l'espace de quelques secondes ce trésor dont je prélève une petite partie avant de le transmettre. » (*Trader* interviewé par Nicolas Thomadakis et Zakaria Benjazia.)

Bien des opérateurs formulent le vœu plus ou moins réaliste d'accumuler une énorme fortune en peu de temps, pour pouvoir prendre une retraite anticipée. Mais souvent, il s'agit d'un vœu pieux, repoussé d'année en année. D'une part, le niveau de dépense, à forte composante ostentatoire, empêche pour de nombreux opérateurs de soutenir le niveau d'épargne calculé avant l'adaptation du niveau de consommation au nouveau niveau de revenu. D'autre part, une sorte d'instinct de répétition, le désir de connaître à nouveau ces petites et grandes jouissances de la vie financière, lesquelles, à force d'être importantes peuvent presque devenir « désintéressées » en un certain sens – pure accumulation de profit sans projet de dépense –, assurent un investissement prolongé dans le jeu et pour le jeu.

En contrepartie de ces jouissances financières subites, des pertes encore plus subites, car non désirées, remettent à zéro les compteurs et provoquent pics de stress, crises d'angoisse et accès de colère : « C'était insoutenable moralement : il y avait des montées d'adrénaline brèves mais soudaines le long d'une journée. » (Ancien *trader* interviewé par Nicolas Thomadakis et Zakaria Benjazia.)

C'est ainsi qu'à la table du *basket trading* j'entends un *trader* qui parle très nerveusement à son *broker* : « *Allo pay 55, 55 ! Jesus Christ ! Ok ! Pay 70 ! Do it !* Ah Putain ! » Patrice, *trader* à la même table, m'explique que, parfois, il est pris véritablement par la panique et qu'il serait prêt à vendre à n'importe quel prix, tellement il sent qu'il a besoin de se débarrasser de certains de ses titres.

Tous ne sont pas aussi stressés, et certains apprennent à gérer moralement, sinon physiquement les conséquences des sautes du marché. Thierry, qui est particulièrement engagé dans son marché, qui lui doit presque tout, même s'il n'est « pas fier », met en avant la difficulté des adaptations psychiques dont il faut savoir faire preuve.

« Moi je suis à la limite. Vous voyez, j'ai eu 55 ans. Je suis *à la limite*. Ça me fait beaucoup de marché, vous voyez maintenant... *J'ai encore la foi*... Il faut pouvoir *encaisser les coups*. » (Thierry.)

Une économie psychique qui favorise le relâchement de l'autocontrainte et une tendance à vouloir montrer où l'on en est à ses pairs favorisent la mise en scène des émotions et leur extériorisation. Il est possible de voir régulièrement (de deux fois par semaine à tous les jours selon les *desks* et les produits) des scènes de liesse et de rage. À la différence des phénomènes de rage décrits par Jack Katz, ayant pour objet des personnes [11], la rage est très souvent reportée contre l'environnement matériel conduisant le plus souvent à des combinés téléphoniques balancés violemment et à des stylos cassés, et parfois comme dans le cas cité au-dessus à une destruction importante de matériel informatique.

C'est ainsi que ce qui stresse le plus Delphine ne sont ni les personnes, ni les pertes mais les erreurs des bases de données informatiques.

« Je stresse plutôt plus pour des raisons... On a différents systèmes qui marchent en parallèle et qui génèrent des erreurs en fait.

– *Pour les valos ?*

– Pour les récupérations de position. C'est vrai que ce qui me stresse, quand je prépare une décision... [...] J'espère qu'il va pas falloir changer toutes les données deux jours avant... Je suis le plus stressée à ce moment-là... C'est vrai que les systèmes informatiques.... Une bonne partie du stress peut venir de là. Même quand le *trader* [...], ça le met dans un état de rage parfois bien plus important que s'il perd de l'argent... »

Ce phénomène n'est pas isolé. Lors de l'échéance du *future* suisse, le système de passation des ordres s'est bloqué pendant un quart d'heure et Patrice est resté sur place en piaffant « allez, allez, bordel », et en appelant toutes les cinq minutes le service informatique pour savoir où ils en étaient dans leur réparation. Tout se passe comme si la panne informatique cassait la spontanéité de l'ordre marchand et rappelait celui-ci à sa matérialité.

11. Jack KATZ, « Le droit de tuer ».

Les opérateurs trouvent qu'il s'agit là quasiment d'une offense à leur intégrité, et ces accès de rage-là dirigés contre le matériel informatique sont un moyen de rétablir le statut offensé, interrompu, de marchand de la finance en état de pouvoir traiter [12].

Il ne faut sans doute pas se faire une idée exagérée du stress sur les marchés financiers. Le stress fait partie de la mythologie des opérateurs et ceux-ci s'en servent comme justificatif et comme symbole de leur profession. Dans la salle de marché, 22 % des enquêtés aiment le stress, 56 % s'en accommodent, 13 % le regrettent et 5 % le supportent difficilement ; le stress est mieux apprécié que le bruit, et autant que le travail à l'ordinateur. Bien des professions sont soumises au stress, même dans les métiers où l'on ne l'attend pas (par exemple, la recherche universitaire), mais ce qui caractérise le stress financier, ce n'est pas tant son niveau élevé que son caractère extrêmement brusque.

Pour ceux qui sont les plus engagés dans le marché, un tel engagement peut véritablement les consommer. Ils consacrent tellement au marché, ils s'y réfèrent tellement que, dès que le marché n'est plus là ou ne leur donne plus une place, ils tombent sans filet.

C'est ce qui est arrivé à Steve. Ce dernier, qui pouvait gagner sur le marché tant qu'il jouait le rôle de « *social secretary* », d'amuseur de banquiers, acceptait implicitement de renoncer à toute coupure entre la sphère professionnelle et la sphère privée. Il est alors au travail comme au pub, en permanence dans le marché. Cette vie de travail-débauche a non seulement consommé son foie mais aussi sa santé mentale, puisqu'il fait deux ans de dépression et qu'il ne retrouve pas de place après sur le marché.

« – À cette époque, je l'ai fait. Mais ça a détruit mes relations. La fille avec qui je devais me marier : cette relation a capoté. Parce que j'étais tout le temps bourré.

– *T'avais tout le temps ta tête dans le marché ?*

– Ah, ouais, ouais ! Parce que c'était une chose qui consommait tout (« *an all-consuming thing* »), ouais ! Nous parlions marché. Tu terminais ton travail, t'allais directement au bar.

12. Jack Katz écrit ainsi « À la différence des morts dans les accidents d'automobile et des meurtres commis au cours des vols et autres attaques à main armée, l'homicide modal est une tentation passionnée d'accomplir un sacrifice pour réaliser une version ou une autre du bien », *op. cit.*

À midi, t'allais au bar. Après le travail... Tu respires le marché. » (Steve.)

L'exportation du calcul et de la quête méthodique du gain est une des conséquences de l'engagement dans le marché financier. Le domaine où l'exportation est la plus facile et la plus évidente, c'est le domaine de la gestion de l'épargne personnelle. De même que les employés de banque utilisent, comme l'ont montré les travaux de Yves Grafmeyer [13], leur connaissance du système de financement pour acquérir des biens immobiliers bien plus fréquemment que le reste de la population active, de même les opérateurs financiers sont amenés à utiliser leur connaissance de la finance pour faire des placements mobiliers judicieux. La tentation de s'enrichir personnellement à l'aide d'informations privées, en particulier de profiter des effets sur le marché des opérations financières à venir, celles effectuées comme opérateurs ou celles conclues pour des clients, est tellement forte que la banque considère ces opérateurs initiés de leur propre travail (initiés structurels) et les oblige à déclarer toutes les opérations qu'ils comptent conclure sur le marché financier pour leur compte personnel.

Si bien des cadres ont des actions (25 % d'entre eux en ont), il s'agit, assez souvent, d'actions de l'entreprise d'appartenance ou d'actions obtenues lors de privatisations. Rares sont ceux qui s'adonnent à une gestion dynamique des actions et encore plus rares ceux qui utilisent les produits dérivés pour mener des spéculations. Au contraire, les opérateurs financiers se caractérisent par une propension à utiliser leur connaissance des produits, en particulier les options, pour mener une gestion très active de leur épargne. Une telle gestion est sans doute plus rentable pour eux que pour n'importe qui, car le coût d'acquisition des informations (générales et conjoncturelles) est beaucoup plus bas.

« – *Ça représente beaucoup pour toi* [tes titres possédés personnellement] *?*

– Pas énormément, si tu veux, parce que je gagne pas assez d'argent pour en gaspiller, donc je fais quand même gaffe. Je choisis quand même des trucs très sûrs et puis sans risque et puis d'autres un peu plus risqués, quoi. Mais bon j'équilibre quoi. Je ne joue pas au base-ball.

– *C'est des actions ?*

– Des actions, des options.

13. Yves Grafmeyer, *Les gens de la banque*.

– *Des options ?*

– Ouais, de temps en temps…

– *Et ça ne te stresse pas d'avoir de l'argent…*

– Si, si, c'est un peu flippant. Mais c'est intéressant. Moi, j'adore ça. Donc, euh. Moi, j'adore, ça me dérange pas du tout. »

Mais cette exportation de la propension à spéculer de la sphère professionnelle à la sphère domestique n'est pas sans problème :

Damien s'est mis, pendant un temps, à « *spieler* » sur les actions avec son argent personnel. Il a trouvé cette situation très gênante. C'est là qu'il s'est rendu compte qu'un ménage, ce n'était pas comme une entreprise. Il avait tendance à croire que « perdre 500 000 francs pour sa boîte et 50 000 francs pour soi, c'était la même chose ». Or, en fait, « ce n'est pas du tout pareil ». De même, parlant d'un de ses anciens collègues de marché licencié, lequel, après avoir passé un an à chercher en vain du travail, s'était mis à « *spieler* » avec son argent, il n'hésite pas juger que ce dernier « déconne » et que « c'est grave d'en arriver là ».

Le problème qui se pose à Damien, c'est que, pour parler comme les économistes, son « aversion au risque » n'est pas la même lorsqu'il gère l'argent de la banque et lorsqu'il gère l'argent de son ménage. Pour être plus exact, ce n'est pas l'aversion au risque qui varie, mais la structure des gains associés à l'espace probabilisé. En effet, à l'intérieur de la banque, il gère l'argent de la banque : en cas de perte, il ne gagne ni ne perd d'argent certain (au pire il peut être licencié, et perdre ainsi des revenus futurs incertains anticipés) ; en cas de gain, il touche un certain pourcentage de ses gains, qui varie en fonction de multiples facteurs. Dans son ménage, il assume la totalité des gains et des pertes, lesquelles portent sur ses biens propres certains. Si les chances sont semblables en apparence, puisque c'est le même marché, elles sont en réalité très différentes, si l'on fait le calcul des probabilités de gains et de pertes réellement enregistrés par Damien. Or, comme ce calcul de probabilité n'est pas fait explicitement, et que c'est une véritable habitude du marché, un sens de la prise de risque, un repérage quasi intuitif dans les ordres de grandeur, appris et incorporés dans la sphère professionnelle et exportés vers la sphère domestique, on peut considérer qu'il y a deux niveaux d'aversion au risque, celle au travail et celle dans le ménage et que l'aversion au risque ainsi incorporée se révèle inadéquate dans l'univers domestique.

L'extension du domaine de calcul ne se limite pas à la gestion (problématique) de l'épargne privée. Elle touche aussi des choix qui sont moins directement économiques et dont certains des termes ne sont pas évalués monétairement sur un marché.

C'est ainsi que Patrick présente le choix de rester à Paris plutôt que de travailler à Londres comme un véritable arbitrage entre désutilité du travail (qui n'est pas évaluable monétairement) et consommation. Comme il travaille à Paris dans une ambiance conviviale, la désutilité du travail est moindre mais il doit accepter en échange un manque à gagner par rapport aux rémunérations anglaises.

« – *Tu préfères les trucs un peu plus conviviaux ?*

– Maintenant, oui. Ouais, ouais, parce que c'est quand même agréable d'être… de travailler dans une bonne ambiance. Bon, c'est pareil. Là, *c'est un prix à payer*. Je travaille dans une bonne ambiance, mais je gagne moins. » (Patrick.)

D'une part, la tendance assez courante de présenter les choix quotidiens dans le vocabulaire de travail favorise une énonciation de tous les problèmes de choix dans les termes marchands, avec les bénéfices d'un côté et les coûts de l'autre, l'offre et la demande, les profits et les risques, l'arbitrage et le *spiel* ; d'autre part, même si le calcul n'est pas toujours mené jusqu'à son terme (peut-il l'être vraiment en l'absence de toute mesure de sa propre subjectivité ?), il ne s'agit pas que d'une représentation, mais aussi d'un mode d'appréhension des choix, et, dans certaines conditions, le mode de décision de ces personnes-là tend à différer de celui des personnes courantes.

Ce mode d'orientation de l'action n'est pas d'ailleurs sans poser de problèmes, puisqu'il contribue à étendre la sphère du calcul à des domaines où justement il ne faut pas calculer. Dans certains domaines, comme celui de l'amitié, la *philia* selon Aristote [14], calculer les coûts et les bénéfices des actions, c'est véritablement déroger à la règle de ce monde :

Damien m'explique que c'est un métier qui gangrène un peu sa vie sociale. En effet, à un moment il avait tendance, lorsque des amis ou des collègues lui posaient une question ou sollicitaient un service, à se demander avant de répondre combien cela

14. L'orientation calculée ne permet de connaître que la forme inférieure de l'amitié fondée sur l'utilité. L'amitié parfaite, forme supérieure, consiste à vouloir le bien de l'ami pour l'ami lui-même. *Cf. Éthique à Nicomaque*.

allait lui rapporter. Maintenant il essaye de résister à cette tendance presque spontanée au compte.

En tant qu'ils sont aussi membres d'autres univers que le *champ* de la finance, les opérateurs ne peuvent exporter cette tendance au calcul sans avoir à affronter dans ces autres univers la question de la légitimité de ce mode d'orientation. Aussi ceux dont la place sociale dépend pour beaucoup des enjeux de ces univers où, justement, le calcul de type financier est illégitime, peuvent mettre à distance ce mode d'orientation non seulement hors de la finance, mais aussi en son sein comme pour éviter de l'intégrer et de l'exporter à leur insu.

À la fois parce qu'un engagement trop grand dans le monde marchand est illégitime et parce qu'il exerce, même pour les plus engagés, une pression susceptible de déséquilibrer leur être psychique et social, l'engagement ne va pas sans apprentissage de certaines techniques de distanciation. Pour mettre à distance le marché, il faut d'abord savoir établir ou rétablir la frontière entre les activités financières et les autres activités, entre sphère professionnelle et sphère privée. Cela passe notamment par des techniques de « déconnexion », qui permettent de réussir à ne plus penser au marché une fois sorti du milieu professionnel, le soir, le week-end, ou en vacances.

« – *Tes positions, ça te stresse ? Par exemple, partir en vacances et revenir dans la salle...*

– C'est vrai que j'ai du mal un petit peu à déconnecter quand je suis en vacances... Mais quand je rentre, avant de rentrer, j'aime lire, j'aime bien me replonger... Parce que j'évite de lire les journaux économiques, quand je pars en vacances... J'aime bien pouvoir faire une coupure. Mais, avant de rentrer, j'aime bien savoir ce qui s'est passé... et c'est pas un secteur où par exemple, on peut partir trois mois en vacances et revenir après... » (Delphine.)

Pour d'autres, la distanciation peut se faire dans la salle par le choix d'une position où ils ne soient pas trop engagés, ou plus exactement par le choix d'une position dont le monde d'engagement ne soit pas trop unilatéral (le marché), mais au contraire plus diversifié.

« – Si, en fait, c'est très prenant [de faire du *trading*], parce que tu fais que de regarder l'écran toute la journée. Mais, bon, si tu veux à long terme, tu te dis qu'il y a peut-être autre chose. Il n'y a quand même pas que l'argent. Tu vois, rester devant un indice toute la journée, c'est vrai que c'est prenant et c'est intéressant ; mais à mon avis, il y a plus intéressant. Tu vois, je préfère être en contact avec des entreprises, des chefs d'entreprise qui me racontent un petit peu leur parcours et leur proposer en fait des solutions, des solutions pour améliorer peut-être la rentabilité de leur trésorerie ou de leur couverture… Je préfère ça. » (Patrick.)

Dans la salle, l'investissement dans le travail et le marché exerce ses effets au-delà des heures ouvrées, puisque 22 % des membres restent tous les jours absorbés par leur position marchande une fois la journée terminée, et 30 %, au moins une fois par semaine. Cependant, l'investissement dans le marché ne provoque pas tellement de conflits à l'intérieur des familles : il n'est responsable de conflits graves avec les proches que dans 3 % des cas et de conflits mineurs que dans 28 % des cas. Le taux de conflits est assez proche de celui obtenu par les cadres et professions intermédiaires du privé de moins de 36 ans dans l'enquête INSEE, *Travail et modes de vie* (30 % pour ces derniers contre 16 % pour l'ensemble).

Même au cours de la journée, des techniques de distanciation sont mises en œuvre pour éviter les effets trop éprouvants d'un engagement trop élevé dans le marché. Autant les profits importants favorisent l'engagement dans le marché et l'appropriation symbolique, autant, devant les déboires financiers, il peut être judicieux de se « désapproprier » sa tâche et de représenter sa fonction et son travail, comme un véritable « support de structure », comme celle d'un salarié embauché pour l'occasion et qui ne doit que faire le travail qu'on lui a donné, sans en être véritablement responsable.

« – *Ça arrive quelquefois d'avoir l'impression d'avoir fait quelque chose de bien sur le dollar, par exemple le soir, et de revenir le matin et là tout a changé… […]*

– On dit que c'est comme ça. Ça arrive. Tu sais, il faut pas non plus… T'as traité, t'as traité, c'est pas toi qui choisis tes motifs. On te dit de traiter sur tel volume, bon, ben, tu fais ton boulot quoi… comme tout le monde fait son boulot. Bon, ben, c'est un boulot comme cela, et un autre, c'est un autre boulot, ben voilà. Je peux essayer de faire mieux notre boulot, et puis il faut que je mange et puis voilà. On me dit de faire tant d'objectif, et puis je le fais et puis c'est tout.… » (Patrick.)

Pour ceux qui ont un *capital* très important et très diversifié, les techniques de distanciation leur permettent de se distinguer de leurs collègues, qui embrassent le but du jeu sans s'interroger sur sa légitimité, et de montrer qu'ils n'ont pas perdu le goût de s'intéresser à d'autres jeux que ceux auxquels ils se trouvent obligés de s'intéresser.

Étienne, fils de diplomate vient de la haute noblesse. Très intrigué par mon enquête sociologique, il me parle souvent soit pour solliciter mes jugements de valeur, soit pour me raconter ses relations dans le monde de la noblesse (en particulier avec la famille régnante du Liechtenstein), même s'il dit ne pas aimer les titres de noblesse. Ainsi parmi les questions qu'il me pose : « Y a-t-il des gens intelligents dans cette salle ? », ou « Est-ce que tu penses que tout le monde est fou ? », etc. Il proclame volontiers une pseudo-théorie de la salle de marché reposant sur des jugements moraux : « Ici, tout le monde est fou », « Ici, il y a trois choses, le fric, le sexe et la bagnole ». Il professe sur le monde une théorie de type anarchiste de droite ou nietzschéenne, peuplée d'hommes supérieurs qui se distinguent de la masse.

Quentin, l'agrégé de philosophie, se distancie aussi en permanence de la salle de marché dans laquelle il évolue, mais de manière très différente de celle d'Étienne. Il le fait en se représentant le marché comme un véritable jeu d'échecs, où des joueurs jouent et rejouent plusieurs coups. Pour lui, le marché est un véritable jeu, un jeu ludique, et non un jeu sérieux et réel dont parle la théorie sociologique, et donc sa présence, contingente, dans le jeu, compte pour du jeu.

Si, pour les rares personnes les moins intégrées au sein du marché – et qui cherchent à ne pas l'être –, les techniques de distanciation prennent sens comme stratégie de distinction voire comme moyen de subvertir la hiérarchie symbolique en vigueur dans le monde marchand, pour les autres, elles servent essentiellement à « sauver la face », à maintenir leur honorabilité morale, face à l'opprobre réelle ou supposée de ceux qui ne font pas partie du marché. Même mises en œuvre avec opiniâtreté, elles n'empêchent pas toutefois la socialisation professionnelle d'opérer son travail de transformation des *habitus* et d'imposition de certains schèmes de perception que nous allons essayer maintenant de caractériser.

Au rythme des accords marchands

L'accord marchand, instant de la transaction, bien qu'extrêmement bref, fréquent et répétitif est un moment relativement séparé de la vie marchande. Sans pouvoir parler de culte, on peut à la suite de Marx parler de « fétichisme de l'accord marchand », fétichisme qui a partie liée avec des formes poussées de dénégation de la politique. Ainsi, Marx parle du « caractère fétiche de la marchandise », pour décrire comment le rapport entre les hommes se transforme quasi magiquement en un rapport entre les choses entre elles : « La forme valeur et le rapport de valeur des produits du travail n'ont absolument rien à faire avec leur nature physique. C'est seulement un rapport social déterminé des hommes entre eux qui revêt ici pour eux la forme fantastique d'un rapport des choses entre elles [15]. »

Dans les salles de marché, le fétichisme de la marchandise n'a pas disparu mais au contraire est entretenu par l'organisation entre les salles de marché. Certes, ceux qui se placent pour traiter dans une situation de théorie des jeux et réussissent grâce à cette représentation de la situation à élaborer des stratégies gagnantes ne sont pas portés à oublier que le « marché a toujours raison », que la valeur du marché est une valeur autoréférentielle, une somme des points de vue sur les points de vue des autres, et que le rapport marchand est un rapport entre les hommes. Les autres ont beaucoup plus tendance à croire au caractère intrinsèque des propriétés des titres et des cours (les chartistes), alors même que ces titres n'existent quasiment pas.

Par rapport au texte de Marx, le fétichisme se déplace plutôt de la marchandise au rapport marchand lui-même. Le rapport marchand est un rapport matériel, lourd, complexe, qui engage de nombreuses institutions (la justice qui fait respecter la loi, l'État), de nombreuses entreprises (les chambres de compensation), et de nombreux départements à l'intérieur de l'entreprise (en particulier le *back-office*). Les opérateurs concluent leurs opérations dans l'instant et ont tendance à croire dans la réalisation instantanée de leur accord dès sa conclusion (et ce d'autant plus que leur exécution matérielle est invisible). Tout se passe comme si le rapport marchand, de rapport social complexe où interviennent différentes forces et différents secteurs du monde économique, se transformait en un rapport fantastique et instantané entre deux échangistes, voire entre un échangiste et le marché.

Les opérateurs sont donc portés à faire du pur accord marchand la forme idéale de l'accord entre les personnes. Cet accord est non seulement instantané mais il est aussi

15. Karl Marx, *Le capital I*, Livre I, p. 606, *in Économie I.*

complètement transparent. Toutes les clauses sont prévues et il n'y a aucun double jeu possible. L'égalité formelle sur le marché semble supprimer toute manifestation de pouvoir et de domination dans l'accord. Plus les opérateurs sont engagés dans le jeu marchand, plus ils réifient cette forme d'accord, dont les conditions sociales et économiques de possibilité sont quasiment déniées, et plus ils sont tentés de faire de l'accord politique, l'accord où les relations de domination apparaissent sous le jour le plus cru, l'antithèse immorale de l'accord marchand.

Très souvent les opérateurs regrettent les relations « politiques » qu'ils doivent mener à l'intérieur du *desk* ou de la salle pour maintenir ou augmenter leur part dans la distribution du *bonus*. En général, ces tâches politiques sont déléguées au chef de *desk*, qui a accepté de ne plus être dans le pur jeu marchand. Mais, même si elles sont nécessaires pour le *bonus*, elles semblent totalement immorales dans l'ordre de grandeur marchand.

De même que les relations personnelles de pouvoir sont déniées dans la salle, de même les opérateurs se caractérisent par la tendance à la dénégation de la politique en général. Les opérateurs enquêtés ne se caractérisent pas tant par le vote au centre droit (26 % des enquêtés) ou à droite (28 %) (contre 13 % pour la gauche et 12 % pour le centre gauche) que par un taux relativement élevé de non-réponses (12 %) et par le refus de se classer dans l'échelle politique (la modalité était : « Si aucun terme ne vous convient, proposez-en un autre »).

Voici les termes proposés par les enquêtés : « Écologiste » ; « Anti-politique » ; « Apolitique » ; « Cœur à gauche et portefeuille à droite » ; « Démocrate américain » ; « Droite libérale » ; « *I'm only human* » ; « Libéral » ; « Pas d'opinion ».

De même, lorsque cela était possible, à la fin des entretiens, nous avons demandé à nos interlocuteurs leur sympathie politique :

Louis : « Anarchiste de droite, j'ai beaucoup de mal à me situer, je suis de droite par mon métier, mais, bon, les Balladur, les Chirac, je peux pas… »

Maël ne se situe pas politiquement. Il ne vote pas. Il aime bien les personnages politiques étrangers comme Blair ou Assenar. Mais, selon lui, « Jospin, il dit une chose, il en pense une autre et il en fait une troisième ».

Thierry : « Cœur à gauche… J'aime pas la politique. Je suis pour le social. »

Patrick : « Non, aucune. Centriste... »

Delphine : « Antipathie politique (rires). Je sais je suis pas très... Plutôt de droite, mais surtout antiextrême. Plutôt centre, on va dire. »

Quentin, à la différence des autres, n'est pas vraiment pris dans le jeu marchand, et il ne dénie pas les relations politiques. Nous n'avons pas eu le temps de poser la question à Quentin, mais, au cours de l'entretien, il explique ainsi : « Au moment où il y a eu les élections [celles de 1997], tous les gens dans la salle étaient de droite, ils pensaient que c'était une mauvaise idée de dissoudre. Mais moi je pensais, un que c'était une bonne idée de dissoudre, et puis deuxièmement que la gauche risquait de gagner et cela me faisait très plaisir. Donc j'ai gagné beaucoup d'argent là-dessus, en jouant avec leur bêtise, comme je la voyais à l'œuvre, je savais qu'ils allaient vendre comme des abrutis. Donc j'ai vendu avant et comme je savais qu'ils allaient se racheter, parce qu'il n'allait rien se passer, donc j'ai racheté la "vole". Donc ça été un moment de grande jouissance. »

Prendre l'accord marchand comme modèle de coordination des individus revient à ériger la concurrence ouverte, les contrats transparents, les accords instantanés comme seul modèle politique, conduit à opposer la démocratie marchande à toutes les autres formes de coordination politique et aussi à voiler et à dénier les dominations politiques élémentaires qui ont permis de réaliser miraculeusement cette sorte de démocratie.

Si l'accord marchand et son idéologie exercent une influence décisive sur les manières de concevoir la politique, son rythme n'est pas moins influent sur les catégories, plus intimes et moins réfléchies, de perception du temps. Ainsi, l'engagement dans le jeu et les contraintes temporelles relatives au marché favorisent la constitution de schèmes de perception chez les opérateurs qui informent leur rapport au temps. Parmi ces schèmes, deux catégories fondamentales du marché, le « volatil » et le « stable », sont utilisées à la fois sur le marché et hors du marché. Sur le marché, la volatilité est un signe d'opportunité de profit, tandis qu'une trop grande stabilité est signe de son absence.

« – Quand il se passe rien, je m'énerve. Je fais comme tous les *traders*, c'est là qu'on perd le plus d'argent. On a tellement envie que ça bouge, on prend des positions alors qu'on sait très bien qu'on devrait pas en prendre.

– *Comme si vous pouviez la faire bouger ?*

– Voilà, c'est cela bien sûr.

– *Bien sûr ?*

– Oui parce que comme, encore une fois, il n'y a pas de raison que les taux valent 6 ou 6,25, ou 5,75 vous pouvez aussi bien acheter ou vendre ou faire n'importe quoi ou s'exciter comme des abrutis jusqu'au moment où l'on est tellement désespéré que cela bouge pas qu'on vend de la volatilité et que c'est à se moment-là que se met à bouger. » (Quentin.)

De même, dans la salle, les opérateurs passent leur temps à « zapper » en permanence. Ce qui est le plus étonnant pour un nouveau venu, c'est qu'il est très difficile d'avoir une conversation soutenue et prolongée avec quelqu'un dans la salle de marché. La plupart du temps, ils font plusieurs choses en même temps, parlent au téléphone avec une contrepartie, regardent les cours à l'écran, discutent avec les collègues, etc. Ils savent faire preuve d'une grande volatilité de l'attention, commencer une discussion à gauche, l'interrompre à droite, téléphoner, la reprendre... En fin de journée ou vers midi, lorsque l'activité tombe, ils s'adonnent à des « distractions » assez « futiles » avec leurs collègues, jeux, blagues, moqueries, entrecoupées par des discussions plus sérieuses sur des *deals* en cours avec des collègues qui viennent les interrompre sans formalité dans leurs badineries. Certains opérateurs, en particulier les plus jeunes, se plaignent de ne pas avoir de relations plus approfondies avec leurs collègues ou de ne pas profiter des temps morts pour faire des choses plus profondes (par exemple, l'amélioration des relations avec le *back-office* dans le cas du prêt-emprunt), mais ils reconnaissent aussi que, quand arrivent ces temps morts, ils n'ont pas tellement le choix et ils n'ont pas tellement envie de se livrer à ces réflexions ou discussions plus longues et plus approfondies. En outre, même si les opérateurs passent leur journée à lire des textes (informations sur Reuters, *mail*, journal, notes de service), il faut toujours que ces textes soient très courts, très brefs, pour que leur temps, assez cher, ne soit pas monopolisé trop longtemps par un sujet. Lorsque j'ai distribué le questionnaire, la plupart des opérateurs étaient amusés par l'expérience (qui pouvait rejoindre pour eux par certains aspects les questionnaires psychologiques des journaux féminins) mais beaucoup se sont plaints parce qu'ils le trouvaient trop long.

Ces catégories – le volatil et le stable – ne sont pas sans effet sur la perception de la réalité. Elles viennent renforcer des schèmes qui sont déjà à l'œuvre dans la nouvelle bourgeoisie, schèmes qui valorisent en permanence le changement sur la tradition (« le passé dépassé », « l'avenir »). Elles ont aussi des effets sur la perception du temps et celui-ci se construit comme une succession de changements et de mouvements très brusques, très intenses, très brefs.

Pour comprendre la spécificité du rapport au temps, il faut à la fois, l'envisager à la manière de Kant comme un acte de construction opéré par l'intuition et à la manière de Pierre Bourdieu, comme un produit des dispositions pratiques [16]. À cette condition, à partir de la diversité des *habitus* et des dispositions acquises, il est possible de caractériser plusieurs constructions possibles du temps. C'est ainsi que Pierre Bourdieu montre qu'on peut opposer comme deux cas polaires le temps des sous-prolétaires et le temps des cadres, le temps vide et le temps débordant : « Les premiers [les sous-prolétaires] ont du temps à revendre [...], les seconds [les cadres], au contraire, sont paradoxalement, toujours à court de temps et condamnés en permanence à vivre dans l'*askholia*, la presse [17]... »

Les opérateurs de marché partagent avec les cadres cette caractéristique d'être tendanciellement à court de temps et de vivre dans la presse et ce n'est pas ce trait qui les caractérise. En revanche, ce qui est spécifique à leur position, c'est que la temporalité s'abolit dans l'instant : temps infinitésimal, quasi physique, horodaté, de l'accord entre deux contreparties, pendant lequel le marché s'apure et les échanges se nouent.

Comme le notent Laurent Thévenot et Luc Boltanski, le temps marchand, sans passé et sans avenir, apparaît quasiment hors du temps : « La grandeur marchande ne participe pas d'une construction du temps. L'état de grand ne comporte aucune mémoire du passé, aucun projet d'avenir. En affaires, on s'*élève* d'un bond jusqu'au sommet, comme on fait inopinément faillite [18]. »

Si, comme le note Pierre Bourdieu, « le présent est l'ensemble de ce à quoi l'on est présent, c'est-à-dire intéressé » et qu'il ne se

16. « Ainsi l'expérience du temps s'engendre dans la relation entre l'*habitus* et le monde social, entre des dispositions à être et à faire et les régularités d'un cosmos naturel ou social (ou d'un champ). Elle s'instaure, plus précisément, dans le rapport entre les attentes ou les espérances pratiques qui sont constitutives d'une *illusio* comme investissement dans un jeu social et les tendances immanentes à ce jeu, les probabilités de remplissement qu'elles offrent à ces attentes, ou plus précisément, la structure des espérances mathématiques, *lusiones*, qui est caractéristique du jeu considéré », Pierre BOURDIEU, *Méditations pascaliennes*, p. 248.

17. Pierre BOURDIEU, *op. cit.*, p. 268.

18. Luc BOLTANSKI, Laurent THÉVENOT, *De la justification, Les économies de la grandeur*, p. 245.

« réduit pas à un instant ponctuel » en englobant « les anticipations et les rétrospections pratiques [19] », le temps des opérateurs apparaît quasiment comme un cas limite, pour lequel la durée des anticipations et des rétrospections devient proche de zéro. Le temps du marché, temps de l'accord, conclu en un instant, s'oppose quasiment terme à terme avec le temps de l'industrie, temps de l'investissement, temps du projet et de la réalisation, qui a un début, un déroulement et une fin. Dès qu'un *deal* est conclu ou dénoué, les opérateurs se tendent directement vers le prochain avenir immédiat : le *deal* suivant, qui peut venir (cela dépend des marchés) dans des délais très brefs. Certes les opérateurs gardent la mémoire de quelques *deals* marquants et les racontent à l'occasion des discussions et des repas, un peu comme des alpinistes peuvent raconter leurs échecs et leurs exploits, mais l'attitude générale est, une fois la transaction conclue (éventuellement en deux temps, achat et revente), de se libérer l'esprit pour la transaction suivante.

Le passé et le futur sont très courts. Le rythme spécifique à la régulation de la salle favorise en effet le rétrécissement des perspectives : à la Compagnie universelle, les compteurs (le *P & L* qui compte pour le *bonus*) sont remis à zéro tous les ans, et, chez certains courtiers et dans certaines banques, cela peut être trimestriel. Au-delà de la durée presque infinitésimale de chaque transaction, l'horizon d'anticipations pratiques est borné essentiellement à l'année.

De la même manière, le passé est méthodiquement gommé de la salle de marché. Nina, la secrétaire de Mathieu, le chef du *trading*, travaille depuis peu dans la salle de marché. Elle m'a expliqué lors d'un repas que, parfois, ici, elle avait « vraiment l'impression d'être dans une soucoupe volante [20] ». Même dans les autres milieux professionnels où elle a travaillé, comme le milieu de la publicité, qui passe pourtant, selon elle, pour un milieu très particulier, elle n'a pas connu une telle impression d'étrangeté. Elle trouve qu'ici tout est virtuel. Elle explique ainsi que, dans la salle, il n'y a aucune mémoire, aucune pratique d'archivage. Elle donne l'exemple de son chef Mathieu qui,

19. Pierre BOURDIEU, *op. cit.*, p. 251.

20. À l'inverse, les opérateurs, tellement investis dans leur temporalité et leur environnement, peuvent trouver que le monde habituel est une soucoupe volante : « Lors de la crise asiatique, je pensais que le monde allait s'écrouler. En effet, le marché s'enfonçait petit à petit. Cependant, quand je quittais mon travail, tout le monde avait l'air de s'en foutre. » (*Trader* interviewé par Nicolas Thomadakis et Zakaria Benjazia.)

lorsqu'il doit mettre un dossier nouveau dans son étagère basse, jette le plus ancien à la poubelle.

De même, Steve se rend compte rétrospectivement que sur le marché il n'y a aucune possibilité d'accomplissement (*achievement*). « *No sense of achievement. The only sense of achievement is money. Nothing lasts*[21]. » Rétrospectivement, il trouve que son seul « accomplissement », au cours de sa carrière, a été de s'être concerté avec ses trois collègues et de démissionner avec eux pour se faire embaucher dans une maison de courtage concurrente.

Le temps marchand, temps du *front-office*, s'oppose quasiment terme à terme au temps de la procédure routinière du *back-office*. En un sens, les accords verbaux ou informatiques conclus instantanément par les opérateurs se transforment, pour le *back-office*, en durée, c'est à dire en procédures temporelles parcellisées, plus ou moins longues : saisie, appels de marge, rappels des contreparties, de la chambre de compensation, comptabilité, calcul des valorisations, etc. Mais, ce qui différencie le *back-office* du *front-office*, ce n'est pas tant une différence dans la durée réelle de leurs tâches respectives que l'intensité relative de leur présence à ses tâches-là. En effet, le rythme des tâches de règlement et de livraison, de comptabilité et de gestion, est imposé au personnel du *back-office*, un peu comme le rythme du travail est imposé aux ouvriers par celui de la chaîne ; les tâches ont beau être aussi relativement volatiles et brèves pour les gestionnaires de *back-office*, elles n'engendrent pas chez eux une conception du temps semblable à celle des opérateurs. Parce qu'elles sont routinisées, parcellisées, in-sensées, elles ne provoquent pas un sentiment de présence au présent semblable à celui que connaissent les opérateurs. Au contraire, ce qui provoque au sein du *back-office* des anticipations, une présence à l'à-venir, ce sont plutôt les jeux de pouvoir qui permettent de s'extraire de la routine des tâches, les projets d'informatisation, d'industrialisation et d'organisation de procédures matérielles d'échange pour les produits nouveaux, lesquels permettent d'engendrer ou de supprimer de nouvelles tâches. La différence anthropologique de conception du temps nourrit les conflits entre le *front-office* et le *back-office* (même si ceux-ci peuvent avoir d'autres causes). Les premiers, dans l'instant, dans le grand midi marchand, ne

21. « Aucun sens de l'accomplissement. Le seul accomplissement qui existe, c'est l'argent. Rien ne reste. »

comprennent pas la lenteur, la procédure, le train-train, tandis que les seconds souffrent en permanence de la hâte incompressible, de la presse incompréhensible qu'on cherche à leur imposer sans les consulter.

Cette expédition au sein de cette *société du profit* que sont les salles de marché de la *finance ordinaire* nous permet de mener une expérience sociologique plus générale et de comprendre ce que pourrait signifier le fait de devenir, même d'une manière approchée, un *Homo economicus*. Elle nous laisse entrevoir tous les problèmes courants, en termes de comportements, de manière de faire, de sociabilité, de relations de pouvoir, de perception du temps, que poserait l'irruption généralisée du démon du calcul.

Conclusion

D'une certaine manière le mot de Proudhon – « le peuple n'entend rien aux *affaires* [1] » –, malgré toutes ses connotations, garde sa part de vérité. Les marchés financiers ont réussi à imposer, tant à leurs adeptes qu'à leurs critiques, l'idée qu'ils étaient un être quasiment substantiel, unitaire et doué de volonté. Le travail sociologique mené ici ne tente pas de dire la vérité des conséquences économiques de la globalisation financière sur l'économie-monde [2]. Il peut, en revanche, battre en brèche la représentation substantivée des marchés financiers, représentation qui fonctionne le plus souvent au service de la conservation de l'ordre établi. En établissant les fondements sociaux des prises de position, il ne doit pas décourager la critique, mais au contraire l'amener à assumer le caractère situé de sa prise de position pour pouvoir éventuellement en tirer parti [3]. En mettant en avant le procès de rationalisation, mise en œuvre d'une rationalité plus grande du point de vue de la quête individuelle ou organisationnelle du profit et non du point de vue de l'efficacité économique d'ensemble, l'analyse sociologique cherche à rappeler que les marchés financiers ne sont ni un éther du calcul éternel, ni un nouvel olympe ordonnateur du destin érigé par des adorateurs sectaires d'idoles financières, mais qu'ils sont une

1. Pierre-Joseph PROUDHON, *op. cit.*, p. 468.

2. Pour une telle critique menée le plus souvent par des économistes critiques voir notamment, François CHESNAIS, *La mondialisation du capital* et aussi Frédéric LORDON, *Les quadratures de la politique économique*.

3. L'opposition des intellectuels – ou le plus souvent des fractions intellectuelles du *champ* de la politique – aux puissances de l'argent est une constante structurale.

institution humaine, datée, différenciée, transformée, divisée, hiérarchisée, et qui peut être au besoin destituée.

Dans de nombreux travaux sociologiques, y compris certains de ceux de Max Weber, le concept de rationalisation est utilisé de manière descriptive : la phase de rationalisation est généralement repérée et nommée, sans être forcément expliquée, et ce repérage permet d'opérer le passage d'un état en général traditionnel (ou charismatique) à un état bureaucratique-légal. Nous avons eu recours, nous aussi, à cette utilisation descriptive de la notion de rationalisation. Mais nous souhaitons, pour notre part, contribuer aussi à une utilisation plus constructive de celle-ci en essayant d'analyser comment la rationalisation est produite et en même temps ce qu'elle produit.

L'orientation méthodique et calculée vers le profit n'est pas une idée transcendante qui trouverait sa réalisation dans l'histoire en s'imposant nécessairement aux membres de la finance ordinaire indépendamment des conditions historiques et des caractéristiques individuelles. Au contraire, elle est produite par les modalités spécifiques de fonctionnement de la dynamique de ce « champ économique [4] ». Tout d'abord, de la fin des années soixante-dix au milieu des années quatre-vingt, l'intervention délibérée de l'État dans le champ de la finance pour augmenter la concurrence et améliorer les procédures d'échange a conduit à une modification de la place et de la configuration de la finance ordinaire au sein du champ économique d'ensemble, ainsi qu'à une véritable révolution des métiers et des pratiques de la Bourse. En quelques années, on passe d'un groupe fermé à mode de domination traditionnel, à un groupe ouvert à mode de domination à la fois charismatique et rationnel. Ensuite, la concurrence particulièrement vive entre établissements financiers ayant pour enjeu la domination du marché financier oblige les différents établissements à adopter l'organisation qu'ils pensent être la plus profitable. Dans la salle de marché, les agents d'imposition de la rationalisation, souvent détenteurs du double capital hiérarchique et scolaire pour conduire les réorganisations permanentes, eux-mêmes en concurrence pour s'imposer, informatisent, industrialisent, tendent à adapter le recrutement aux postes à occuper, multiplient par la rémunération les incitations rationnelles au profit, et adoptent une organisation de moins

4. Cf. Pierre Bourdieu, « Le champ économique ».

en moins coûteuse et de plus en plus rentable, prévisible et calculable.

Au sein de la salle, la hiérarchie de l'argent gagné, du *P & L*, de la « pose », du *deal*, de la « vole », les luttes pour la définition de l'intervention marchande la plus légitime, les rivalités et les concurrences entre salles, entre groupes, entre métiers, entre *desks*, les contraintes comptables, informatiques et les procédures ordinaires de calcul, la sociabilité volatile allant du rire aux larmes favorisent la *vénalisation* de ses membres et l'orientation de chaque esprit vers le gain financier et vers son acquisition méthodique. Les opérateurs sont incités individuellement à calculer, à opérer raisonnements et rationalisations dans le cadre de leur stratégie gagnante. Dans ce lieu du calcul et de l'orientation rationnelle vers le profit, la situation de jeu n'est pourtant pas semblable à une situation de théorie des jeux confrontant des virtuoses capables de calculer des « *Nash equilibrium* », de déterminer l'ensemble des « équilibres dynamiquement parfaits » des « superjeux répétés » ou de se livrer à un véritable calcul de calcul, le calcul de la forme de calcul à adopter en fonction de ce qu'ils calculent de ce que les autres vont calculer. Au contraire, même dans cet univers-là, le poids du passé, des dispositions n'est pas sans effets sur le rythme et le mode de la rationalisation : en premier lieu parce que certains agents possèdent le capital, les dispositions et le pouvoir nécessaires pour mettre en œuvre la rationalisation et y ont intérêt, tandis que d'autres la subissent plus qu'ils ne se l'approprient ; ensuite parce que le choix de la stratégie gagnante s'apparente à un placement selon les modalités du sens pratique vers le mode de calcul pour lequel les agents ont le plus de dispositions.

Le concept d'*habitus* permet d'aborder de manière dynamique les pratiques marchandes et de montrer que l'analyse reposant sur des positions dans le champ et les dispositions est beaucoup plus dynamique et beaucoup moins homéostatique que ne l'ont dit certains commentateurs. Pierre-Michel Menger [5] reproche à ce modèle d'être statique – en cela semblable pour lui aux modèles d'équilibre général de la théorie néoclassique – car, dans celui-ci, « le temps est condensé à l'origine du système d'action, puisqu'il est responsable de la dotation des acteurs en ressources matérielles et cognitives, et qu'il est sédimenté dans

5. Pierre-Michel MENGER, « Temporalité et différences interindividuelles : l'analyse de l'action en sociologie et en économie ».

les valeurs et normes qui orientent le système de préférence des acteurs ». Pourtant le modèle de Pierre Bourdieu, qui fait dépendre la pratique des agents du capital, de l'*habitus* et du champ [6] est un modèle qui a peut-être bien plus de potentialité dynamique que bon nombre de modèles auxquels Pierre-Michel Menger fait référence pour le contrer. En effet, dans un tel modèle toute action dépend non seulement de la situation présente (les contraintes du champ) mais aussi de la somme pondérée des situations passées (constitution des *habitus* et des capitaux). Il a donc les caractéristiques d'un modèle dynamique permettant d'engendrer une gamme plurielle de comportements, si l'on accepte pour cela de ne pas bloquer à l'origine les périodes de constitution des capitaux et des *habitus*, c'est-à-dire si l'on ne surestime pas, dans le modèle de détermination de l'action, le poids des situations très éloignées dans le temps sur celles du passé proche ou sur les contraintes de la situation présente.

Toutefois, le caractère relativement peu cristallisé et institué des propriétés nécessaires pour la survie dans le monde des salles de marché, oblige pour comprendre les pratiques à ne pas utiliser de manière trop réifiée des concepts qui, comme « capital » ou « *habitus* », désignent en un raccourci de langage des classes d'investissements présents ou passés mobilisables comme ressources ou des classes d'expériences incorporées et intégrées dans les manières de faire, et non des catégories presque réelles de la constitution de l'être social. Dans cet univers relativement autonome, où les héritages et les diplômes ne valent pas comme droits « naturels » à la domination, où l'argent gagné peut faire et défaire les hiérarchies, il faut, pour comprendre les pratiques, porter son attention sur les investissements des agents, et le sens visé lors de ces investissements, les pratiques, et le sens visé lors de ces pratiques.

On prendra bien garde de ne pas généraliser trop vite ce qui a été décrit ici. L'essentiel des observations porte sur l'une des salles de produits dérivés d'une des banques françaises au début de l'année 1998, en pleine période d'euphorie boursière. La transformation n'est pas terminée. Au contraire : tout change très vite. Dans quinze ans, les marchés financiers n'auront sans doute plus du tout la même physionomie. L'informatisation galopante

---

6. Voir Pierre BOURDIEU, *La distinction*, p. 112. Il propose la formule « [(*habitus*) (capital)] + champ = pratique ».

aura peut-être modifié – voire supprimé – les tâches (et peut-être aussi le pouvoir) des opérateurs. La constitution rapide, par fusion ou OPA, d'oligopoles bancaires et financiers transnationaux, capables de faire le marché et d'influencer les prix, nous fera peut-être réaliser que la mise en concurrence dans le champ de la finance ordinaire n'était pas un moyen de réaliser l'idée universelle de marché, mais un mode daté de transition historique.

Aux yeux des opérateurs, la passation du questionnaire du jeudi 3 avril au lundi 6 avril me met en possession d'informations indiscrètes. Malgré l'anonymat proclamé dans l'en-tête du questionnaire, des membres de la salle déplorent qu'un recoupement élémentaire des informations contenues dans les trois premières questions puisse permettre leur identification. Malgré mes protestations de bonne foi, malgré l'explication de mon faible intérêt pour l'identification, certains refusent de répondre à des questions cruciales, d'autres ne veulent même pas répondre au questionnaire. Il en est même qui croient que l'enquête est entièrement pilotée par le chef de salle.

Vendredi 10 avril, en accord avec Osman, je décide alors de mettre fin au stage-enquête. Je récolte les questionnaires de quelques retardataires. Je dépasse alors la barre des 90 réponses. Ce n'est pas si mal. Le soir, vers 4 heures, je m'apprête à faire mon pot d'adieu. Je n'ai pas fait attention qu'on est Vendredi Saint. La plupart des Bourses mondiales sont fermées. Aussi de nombreuses personnes ne sont pas venues et d'autres sont parties de bonne heure pour pouvoir profiter du week-end de Pâques. Comme il ne reste finalement plus qu'Estelle à la table prêt-emprunt pour partager mon pot et qu'elle s'apprête à partir, je lui confie une bouteille en disant qu'ils trouveraient bien une occasion pour la boire. Elle va me regretter, dit-elle. Je n'y avais pas songé. Je n'en quitte pas moins avec soulagement la banque, ses tenues, ses horaires et ses contraintes, l'exotisme des millions et l'ambiguïté pesante des situations d'observation participante.

Bibliographie

ADLER Patricia A., ADLER Peter (ed.), 1984, *The social dynamics of financial markets*, JAI Press, Greenwich, Conn.

AGLIETTA Michel, 1995, *Macroéconomie financière*, La Découverte, « Repères ».

ALLAZ Blaise, DUMAS Bernard, 1995, *Les titres financiers. Équilibre du marché et méthodes d'évaluation*, PUF, « Finance ».

ARISTOTE, 1965, *Éthique à Nicomaque*, Flammarion, « GF ».

ARTUS Patrick, 1995, *Anomalies sur les marchés financiers*, Economica, « Poche ».

BAKER Wayne E., 1984, « The social structure of a national securities market », *American Journal of Sociology*, 89, 4, p. 775-811.

BALLEY Pierre, 1987, *La Bourse, mythes et réalités*, PUF, « Politiques d'aujourd'hui ».

BARÉ Jean-François, 1991, « Images de la finance », *L'Homme*, juillet-septembre 1991, XXXI (3), p. 23-40.

BEAUD Stéphane, WEBER Florence, 1997, *Guide de l'enquête de terrain*, La Découverte, « Guides ».

BECHU Thierry, BERTRAND Éric, 1992, *L'analyse technique, Pratiques et méthodes*, Economica, « Gestion ».

BELLETANTE Bernard, 1987, *La Bourse, temple de la spéculation ou marché financier ?*, Hatier.

BENJAZIA Zakaria, THOMADAKIS Nicolas, 1998, *Les traders*, mémoire de sociologie de l'ENSAE, sous la direction de Rémi Lenoir.

BERNSTEIN Peter, 1995, *Des idées capitales*, PUF, « Finance ».

BERNSTEIN Peter, JACQUILLAT Bertrand, 1996, « La théorie financière en perspective », *Risques*, 28.

BIAIS Bruno, FOUCAULT Thierry, HILLION Pierre, 1997, *Microstructures des marchés financiers : institutions, modèles et tests empiriques*, PUF, « Finance ».

BOLTANSKI Luc, BOURDIEU Pierre, 1975, « Le titre et le poste », *Actes de la Recherche en Sciences Sociales*, 1975, n° 2.

BOLTANSKI Luc, BOURDIEU Pierre, 1976, « La production de l'idéologie dominante », *Actes de la recherche en Sciences Sociales*, n° 2-3.

BOLTANSKI Luc, THÉVENOT Laurent, 1991, *De la justification*, Gallimard, « Essais ».
BONIN Hubert, 1989, *L'argent en France depuis 1880. Banquiers, financiers, épargnants*, Masson.
BONNAIN Rolande, PRADELLE Michelle de la, 1987, « Place et rôle du hasard sur les marchés », *Ethnologie Française*, 17, 2-3, p. 235-244.
BOUDON Raymond, 1986, *L'idéologie*, Arthème-Fayard.
BOUHEDJA Salah, BOURDIEU Pierre, GIVRY Claire, 1990, « Un contrat sous contrainte », *Actes de la Recherche en Sciences Sociales*, n° 81-82, mars.
BOURDIEU Pierre *et al.*, 1990, « L'économie de la maison », *Actes de la Recherche en Sciences Sociales*, n° 81/82, mars.
BOURDIEU Pierre, 1963, « La société traditionnelle. Attitude à l'égard du temps et conduite économique », *Sociologie du travail*, 1, p. 24-44.
BOURDIEU Pierre, 1976, « Les modes de domination », *Actes de la Recherche en Sciences Sociales*, n° 2-3, p. 122-132.
BOURDIEU Pierre, 1979, *La distinction*, Minuit, « Le Sens commun ».
BOURDIEU Pierre, 1984, *Homo academicus*, Minuit, « Le Sens commun ».
BOURDIEU Pierre, 1989, *La noblesse d'État, Grandes écoles et esprit de grand corps*, Minuit, « Le Sens commun ».
BOURDIEU Pierre, 1994, *Raisons pratiques*, Seuil.
BOURDIEU Pierre, 1997, « Le champ économique », *Actes de la Recherche en Sciences Sociales*, n° 119, septembre 1997, p. 48-66.
BOURDIEU Pierre, 1997, *Méditations pascaliennes*, Seuil, « Liber ».
BOURDIEU Pierre, CHRISTIN Rosine, « La construction du marché », *Actes de la Recherche en Sciences Sociales*, n° 81-82, mars.
BOWEN H.V., 1993, « "The pest of human society" : stockbrokers, jobbers and speculators in mid 18th century Britain », *History*, 78 (252), p. 38-53.
BRAUDEL Fernand, 1979, *Civilisation matérielle, économie et capitalisme*, Le Livre de poche, « Références », tome II.
BRAUDEL Fernand, 1985, *La dynamique du capitalisme*, Flammarion, « Champs ».
BRAUDEL Fernand, LABROUSSE Ernest, 1979, *Histoire économique de la France*, PUF.
CARLUER Claudine, 1994, « Le comportement informationnel des gestionnaires de portefeuille. Modèles et croyances », thèse de doctorat en sciences de l'information et de la communication, université de Jean-Moulin, Lyon-II.
CHANSOU Michel, 1994, « Circulation des techniques financières et des mots : cotation, fixing, fixage », *Mots*, 1994, 41, p. 201-204
CHAPOULIE Jean-Michel, 1973, « Sur l'analyse sociologique des groupes professionnels », *Revue française sociologique*, XIV, p. 86-114.
CHESNAIS François, 1994, *La mondialisation du capital*, Syros, « Alternatives économiques ».
COGET Xavier, 1999, *La fonction instrumentale du jargon des marchés financiers*, mémoire complémentaire de DEA de sociologie, sous la direction de Michel de Fornel, EHESS.
COISPEAU Olivier, 1994, *Dictionnaire de la Bourse et des termes financiers*, SEFI.
COMPAGNIE DES AGENTS DE CHANGE, 1969, *La Bourse, forum de l'économie*, Informations et conjonctures.

COURPASSON David, 1994, « Marché concret et identité professionnelle locale. La construction de l'identité par le rapport au marché », *Revue française de sociologie*, vol. 35, n° 2.

COURPASSON David, 1994, *La modernisation bancaire, Sociologie des rapports professions-marchés*, L'Harmattan.

CROZIER Michel, FRIEDBERG Erhard, 1977, *L'acteur et le système*, Seuil.

DEZALAY Yves, 1993, « Des notables aux conglomérats d'expertise : Esquisse d'une sociologie du "big bang" juridico-financier », *Revue d'économie financière*, p. 23-38.

DEZALAY Yves, 1993, « Multinationales de l'expertise et "dépérissement de l'État" », *Actes de la Recherche en Sciences Sociales*, n° 96-97.

DEZALAY Yves, GARTH Bryant, 1998, « Le *Washington consensus*, Contribution à une sociologie de l'hégémonie du néolibéralisme », *Actes de la recherche en Sciences Sociales*, n° 121-122.

DURAND Michel, 1990, *La Bourse*, La Découverte, « Repères ».

DURKHEIM Émile, 1901, « "Philosophie" de l'argent et sciences sociales selon Simmel », *Notes critiques. Sciences sociales, 2*, repris dans *Textes 1. Éléments d'une théorie sociale*, Minuit, 1975.

DURKHEIM Émile, 1930, *De la division du travail social*, PUF, « Quadrige ».

DURKHEIM Émile, 1937, *Les règles de la méthode en sociologie*, PUF, « Quadrige ».

EICHINGER Marc, 1996, *La machine spéculative, psychologie des marchés financiers*, Economica, « Rapports et synthèses ».

ELIAS Norbert, 1975, *La dynamique de l'Occident*, Presses Pocket, « Agora ».

FLIGSTEIN Neil, 1997, « Rhétorique et réalités de la mondialisation », *Actes de la Recherche en Sciences Sociales*, n° 119, p. 27-35.

GALBRAITH J. K., 1992, *Brève histoire de l'euphorie financière*, Seuil.

GARCIA Marie-France, 1986, « La construction sociale d'un marché parfait, le marché au cadran », *Actes de la Recherche en Sciences Sociales*, n° 65.

GARCIA-PARPET Marie-France, 1996, « Représentations savantes et pratiques marchandes », *Genèses*, 25, décembre 1996, p. 50-71.

GARCIA-PARPET Marie-France, 1998, « Rationalité économique et histoire : la création des marchés au cadran en Bretagne », miméo, article présenté le 9 janvier 1998 au séminaire Anthropologie économique de l'ENS.

GILLET Roland, MINGUET Albert, 1995, *Microstructure et rénovation des marchés financiers en Europe*, PUF, « Finance ».

GISLAIN Jean-Jacques, STEINER Philippe, 1995, *La sociologie économique 1890-1920*, PUF, « Sociologies ».

GODECHOT Olivier, 1998, *Les transformations des métiers et des pratiques de la finance. Les enjeux de la rationalisation*, mémoire de DEA, ENS-EHESS, sous la direction de Rémi Lenoir, Paris.

GODECHOT Olivier, HASSOUN Jean-Pierre, MUNIESA Fabian, 2000, « La volatilité des postes. Professionnels des marchés financiers et informatisation », *Actes de la Recherche en Sciences Sociales*, n° 134.

GRAFMEYER Yves, 1992, *Les gens de la banque*, PUF, « Sociologies ».

GRANOVETTER Marc, 1985, « Economic action and social structure : the problem of embeddedness », *American Journal of Sociology*, vol. 91.

GUERRIEN Bernard, 1989, *L'économie néoclassique*, Economica.

GUERRIEN Bernard, 1996, *Dictionnaire d'analyse économique*, La Découverte.

GUILLAUME André, ESPOSITO Marie-Claude, 1993, *Londres, histoire d'une place financière*, PUF, « Politiques d'aujourd'hui ».

HAMON Jacques, 1995, *Marchés d'actions. Architecture et microstructures*, Economica, « Gestion poche ».
HENRY Odile, 1992, « Entre savoir et pouvoir. Les professionnels de l'expertise et du conseil », *Actes de la Recherche en Sciences Sociales*, 95, décembre.
HIEBERT MENESES E., 1987, « Traders and Marginality in a Complex Social System », *Ethnology*, vol. 26, n° 4, p. 231-244.
JORION Paul, 1994, « La queue qui remue le chien. Métamorphose de la finance due à son informatisation », *Techniques et culture*, 23-24, p. 307-349.
KAESLER Dirk, 1996, *Max Weber. Sa vie, son œuvre, son influence*, Fayard (traduction française 1996).
KAPFERER Jean-Noël, 1990, « La rumeur en Bourse », *Communication*, 52, p. 61-84, Seuil.
KARLIN Michel, 1997, *Back-offices et marchés financiers*, Economica, « Gestion poche ».
KATZ Jack, 1997, « Le droit de tuer », *Actes de la Recherche en sciences sociales*, n° 120.
KAUFMAN Jean-Claude, 1996, *L'entretien compréhensif*, Nathan, « 128 ».
KEYNES J. M., 1971, *Théorie générale de l'emploi, de l'intérêt et de la monnaie*, Payot.
LAFFONT Jean-Jacques, 1991, *Économie de l'incertain et de l'information*, Economica.
LAZUECH Gilles, 1998, « Le processus d'internationalisation des grandes écoles françaises », *Actes de la Recherche en Sciences Sociales*, n° 121-122.
LE GOFF Jacques, 1986, *La Bourse et la vie*, Hachette, « Pluriel ».
LEBARON Frédéric, 1996, *Les économistes français entre science et politique. Contribution à une sociologie de la culture économique*, thèse de doctorat de sociologie, EHESS, Paris.
LEBARON Frédéric, 1997, « La dénégation du pouvoir. Le champ des économistes français au milieu des années 1990 », *Actes de la Recherche en Sciences Sociales*, n° 119, septembre.
LEBARON Frédéric, 1997, « Les fondements sociaux de la neutralité », *Actes de la Recherche en Sciences Sociales*, n° 116/117, mars.
LEBARON Frédéric, 1998, « L'impérialisme de l'économie, éléments pour une recherche comparative », *Actes de la Recherche en Sciences Sociales*, n° 121-122.
LEHMANN Paul-Jacques, 1997, *Histoire de la Bourse de Paris*, Paris, PUF, « Que sais-je ? ».
LEVAIN Janine, VERLEY Patrick, *L'enquête sur les agents de change et le marché financier parisien au XIXe siècle*, Institut d'histoire économique et sociale de l'université de Paris-I.
LORDON Frédéric, 1997, « Les apories de la politique économique », *Annales*, 52, 1, janvier-février, p. 157-187.
LORDON Frédéric, 1997, *Les quadratures de la politique économique*, Albin-Michel, « Économie ».
MARTIN David, 1999, *À quoi se fier ? Le calcul et la confiance dans les relations interpersonnelles sur des marchés financiers de gré à gré*, mémoire de DEA action publique et Sociétés contemporaines ENS-Cachan sous la direction de Catherine Paradeise.
MARX Karl, 1968, *Œuvres – Économie*, Gallimard, « La Pléiade ».
MARX Karl, 1981, *Œuvres – Philosophie*, Gallimard, « La Pléiade ».

MATRAS-GUIN Jacqueline, 1987, « Ventes aux enchères et tirage au sort dans les criées en gros du poisson », *Ethnologie Française*, 17, 2-3, p. 227-234.
MENGER Pierre-Michel, 1997, « Temporalité et différences interindividuelles : l'analyse de l'action en sociologie et en économie », *Revue française de sociologie*, 38, p. 587-633.
MIZRUCHI Mark, STEARNS Linda Bewster, 1994, « Money, banking and financial markets », *in* SWEDBERG et SMELLSER, *Handbook of sociologic economy*, Princeton University Press.
MOULIN Raymonde, QUEMIN Alain, 1993, « La certification de la valeur de l'art. Experts et expertises », *Annales ESC*, n° 6, novembre-décembre, p. 1421-1445.
ORLÉAN André, 1988, « L'autoréférence dans la théorie keynésienne de la spéculation », *Cahiers d'économie politique*, n° 14-15, p. 229-242.
ORLÉAN André, 1992, « Contagion des opinions et fonctionnement des marchés financiers », *Revue économique*, n° 43, juillet.
PASQUIER Marie-Claire, 1997, « La Bourse et les astres : faut-il y croire ? » *in Problèmes économiques*, n° 2546, 10 décembre 1997, p. 29-32.
PASSERON Jean-Claude, 1994, « La rationalité et les types de l'action sociale chez Max Weber », *Revue européenne des sciences sociales*, XXXII, n° 98.
PERETZ Henri, 1998, *Les méthodes de la sociologie : l'observation*, La Découverte, « Repères ».
PILVERDIER-LATREYTE Josette, 1991, *Le marché financier français*, Economica, « Techniques de Gestion ».
PLESSIS Alain, 1983, « La Bourse et la société française du Second Empire », *Romantisme*, n° 40, p. 41-52.
POLANYI Karl, 1957, « The Economy as Instituted Process », *in* POLANYI, ARENSBERG, PEARSON, *Trade and Market in the Early Empires*, Free Press.
POLANYI Karl, 1983, *La grande transformation*, Gallimard.
PRADELLE Michelle de la, 1996, « Comment décrire un marché », *in* OSTROWETSKY Silvia, *Sociologues en ville*, L'Harmattan.
PROUDHON Pierre-Joseph, 1857, *Manuel du spéculateur à la Bourse*, Librairie Garnier frères (première édition 1854).
QUEMIN Alain, 1994, « L'espace des objets, expertises et enchères à Drouot Nord », *Genèses*, septembre.
RÉGNIEZ Jacques, 1988, *Les nouveaux produits financiers*, La Découverte, « Repères ».
ROMAN Albert, 1922, *Un grand financier*, Roman (essai d'initiation financière), Éditions Bureautype.
ROSE Arnold, 1951, « Rumor in the stock market », *Public Opinion Quaterly*, 15, p. 461-486.
ROSE Arnold, 1966, « A social psychological approach to the study of the stock market », *Kyklos*, 19, 2, p. 267-288.
SAGLIO Jean, 1990, *La construction sociale des marchés*, Rapport Glysi, juin 1990.
SAINT-GEOURS Jean, 1994, *Les marchés financiers*, Flammarion, « Dominos ».
SAINT THOMAS D'AQUIN, 1852, *Somme théologique*, Eugène Belin (traduction de l'abbé Drioux), tome quatrième.
SAPORTA Gilbert, 1998, *L'analyse des données*, PUF, « Que sais-je ? ».
SCHLEGEL K., 1993, « Crime in the pits : the regulation of futures trading », *The Annals of the American Academy of Political and Social Science*, 1993, vol. 525, p. 59-70.

SCHUMPETER Joseph, 1983 [1935], *Théorie de l'évolution économique*, Paris, Dalloz.
SCIARDET Hervé, 1996, « Commerce, marchés, transactions : une approche ethnographique », *Genèses*, 25, décembre, p. 29-49.
SHILLER Robert J., 1987, « Investor behaviour in the october 1987 stock market crash : survey evidence », *NBER Working Paper*, n° 2446, *in* SHILLER Robert-J., *Market volatility*, MIT Press, 1989, p. 379-402.
SIMMEL Georg, 1987 [1900], *Philosophie de l'argent*, PUF, « Le sociologue ».
SIMON Yves, 1997, *Les marchés dérivés. Origines et développement*, Economica, « Gestion Poche ».
SITRI Roger, 1979, *« J'ai » ou « Je prends », la Bourse des valeurs et la Compagnie des agents de change à travers les âges*, La Pensée universelle.
SMITH Adam, 1991 [1776], *Recherches sur la nature et les causes de la richesse des nations*, Flammarion, « GF ».
SOROS George, 1996, *Le défi de l'argent*, Plon (traduction de *Soros on soros*, 1995).
SWEDBERG Richard, 1994, « Markets as Social Structures », *in* SWEDBERG et SMELLSER, *Handbook of sociologic economy*, Princeton University Press.
SWEDBERG Richard, 1994, *Une histoire de la sociologie économique*, Desclée de Brouwer, « Sociologie économique ».
THIVEAUD Jean-Marie, 1987, « Égalité et privilège : le monopole des agents de change (1305-1987) », *Revue d'économie financière*, décembre.
TOURNIER Maurice, 1994, « La Bourse, un contenant qui court après son contenu », *Mots*, 41, p. 196-200.
TURIN Michel, 1993, *La planète Bourse. De bas en haut*, Gallimard, « Découvertes ».
TVEDE Lars, 1994, *La psychologie des marchés financiers*, SEFI, « Finance ».
VERLEY Patrick, 1987, « Les sociétés d'agents de change au XIXe siècle », *Histoire économique et financière de la France, Études et documents I*, ministère de l'Économie des Finances et du Budget.
WALTER Christian, 1996, « Une histoire du concept d'efficience sur les marchés financiers », *Annales*, 4, juillet, p. 873-905.
WEBER Max, 1991, *Histoire économique*, Gallimard, « Bibliothèque des sciences humaines ».
WEBER Max, 1995, *Économie et société*, Presses Pocket, « Agora ».
WEBER Max, 1996, *Sociologie des religions*, Gallimard, « Bibliothèque des sciences humaines » (textes réunis et traduits par Jean-Pierre Grossein).
WEBER Max, 1998, *La Bourse*, traduction par Catherine Labergerie de « *Die Börse* », *Gesammelte Aufsätze zur Soziologie und Sozialpolitik*, Tubingen, JCB Mohr, p. 256-322, miméo, disponible à la bibliothèque de l'ENS.
WEBER Max, 1998, *Sociologie de la musique*, Métailié, « Leçons de choses ».
ZELIZER Viviana, 1988, « Beyond the polemics on the market : Establishing a theoretical and empirical agenda », *Sociological Forum*, 5, 4, p. 614-634.
ZELIZER Viviana, 1989, « The social meaning of money : "Special monies" », *American Journal of Sociology*, 95, p. 342-377.
ZELIZER Viviana, 1992, « Repenser le marché », *Actes de la Recherche en Sciences Sociales*, n° 94, septembre.
ZOLA Émile, 1985 [1890], *L'argent*, Le Livre de poche.

Lexique

Arbitrage : Stratégie qui consiste à profiter de l'écart instantané de cours entre deux cotations d'un même titre (sur deux places financières), ou d'une rupture d'équivalence entre deux titres de la même famille (comptant et terme, action et option). Si l'opportunité est saisie à temps et si l'équivalence est certaine alors le gain est certain.

Assistant-*trader* : Assiste le *trader*. Travail qui oscille entre le *trading* proprement dit et le travail de gestionnaire.

***Back-office* avancé :** Services dépendant du *back-office* qui effectuent l'interface entre le *front-office* et le *back-office*. Ils saisissent les transactions dans les applications informatiques, ils calculent chaque jour des « valos », valorisations des transactions effectuées ou en cours, au cours du jour (« *marked-to-market* ») pour permettre aux opérateurs de savoir de combien ils sont bénéficiaires ou déficitaires, ils calculent les niveaux de trésorerie, etc.

***Back-office* :** Le *back-office* est un service (ici une salle séparée) qui s'occupe de la confirmation des ordres auprès des contreparties, de la livraison des titres ou du règlement de la transaction, de la compensation sur les marchés à terme (transactions avec la chambre de compensation), des appels de marge quotidiens lors de la variation du cours pour certaines transactions, de la comptabilisation des transactions permettant de connaître chaque soir la position de la salle.

***Basket trading* :** Activité qui consiste à arbitrer des contrats à terme sur indices boursiers contre des « paniers » d'actions répliquant ces mêmes indices boursiers.

Black et Scholes : Formule de mathématique financière (1973) fondée sur le calcul stochastique qui permet d'évaluer le prix théorique d'une option à partir des caractéristiques du contrat et de l'évolution du cours du sous-jacent.

***Broker* :** Courtier. Établissement financier qui passe des ordres de Bourse pour le compte de tiers.

***Cash and carry* :** Activité d'arbitrage d'un titre au comptant contre le même titre coté sur le marché à terme.

***Call* :** Option d'achat.

Collatéral : Dépôt d'argent (ou d'obligations) effectué en échange d'un emprunt d'actions.

Commercial : Le commercial « négocie la vente de produits dérivés et développe un portefeuille de clientèle ». Le commercial développe et entretient des relations avec des clients, des banquiers, des gérants de fonds ou des entreprises qui s'adressent à lui pour acheter des produits dérivés dont la Compagnie universelle est spécialiste.

Compte propre : *Cf.* Position directionnelle.

Contrat à terme : Titre négocié sur le marché dont la livraison a lieu à une échéance future. Les contrats à terme sur indice boursier sont cotés sur les marchés organisés et ont pris une importance considérable. C'est ainsi qu'on peut acheter (ou vendre) du contrat CAC 40 à trois mois (mars, juin, septembre, décembre). Si trois mois plus tard, le jour de l'échéance, le CAC est au-dessus du cours où le contrat CAC 40 a été acheté, la chambre de compensation (MATIF) paye à l'acheteur la différence tandis que le vendeur, lequel a perdu, règle à la chambre de compensation la différence.

Cox Rubinstein : Modèle financier de tarification des produits dérivés inspiré de Black et Scholes mais plus sophistiqué.

Delta : Paramètre de la formule de Black et Scholes qui représente la sensibilité du cours d'une option à la variation du cours du sous-jacent sur lequel elle porte (*i.e.* la dérivée du prix de l'option en fonction du prix du sous-jacent). Offre la possibilité d'une gestion *delta-neutre*, c'est-à-dire l'achat (resp. la vente) de delta sous-jacent pour une option vendue (resp. achetée), ce qui supprime totalement l'exposition au risque de cours (mais maintient l'exposition aux variations de la volatilité).

***Desk* :** Équipe de personnes (et de bureaux contigus) qui s'occupe d'une activité déterminée (par exemple, vendre des options sur des titres européens).

Échéance : Date à laquelle les échanges prévus dans le cadre des contrats à terme se déroulent.

***Front-office* :** Service qui décide et conclut des transactions sur le marché anonyme ou avec des clients (par extension c'est la salle de marché proprement dite).

***Future* :** En anglais, contrat à terme.

Gestionnaires : Personnes qui s'occupent de la gestion des flux financiers au *middle-office* ou au *back-office* avancé.

Ingénieur financier : L'ingénieur financier conçoit des montages financiers et juridiques complexes en anticipant la demande et en répondant aux besoins spécifiques de la clientèle.

Ingénieur R&D : L'ingénieur recherche et développement « applique son expertise » mathématique, algorithmique, informatique et statistique à la « réalisation de modèles financiers ».

Intermédiation : Activité qui consiste à servir d'intermédiaire entre deux acteurs en échange de frais de courtage.

Limites de position : Par « limites de position », il faut entendre le montant maximum dont la banque accepte de déléguer la gestion à l'opérateur.

Marché de gré à gré : Marché non organisé, sans centralisation des prix et des ordres d'achat ou de vente. Le plus souvent la transaction se fait en privé par téléphone (ou par courrier électronique) entre deux opérateurs privés.

Marché des reports : Marché organisé de prêt-emprunt de titres ayant lieu tous les mois à la suite de la séance de liquidation qui permet aux intervenants en empruntant ou en prêtant les titres de proroger leur position d'un mois sur l'autre.

Marché organisé : Bourse. Marché où les prix et les ordres sont centralisés, qui dispose d'un système de cotation faisant office de commissaire-priseur.

Market-maker : Teneur de marché. Sur un produit particulier (par exemple une option), personne qui propose en permanence une fourchette de prix à l'achat et à la vente.

Middle-office : Activités similaires à celles du *back-office* avancé mis à part que le *middle-office* dépend directement dans l'organisation du *front-office.*

Opérateur : Personne qui intervient sur le marché, *i.e. traders* et commerciaux.

Options exotiques : Options comportant de nombreuses clauses supplémentaires. Par exemple l'option d'achat à double barrière est une option qui ne permet d'acheter un titre donné à un prix donné que si le cours de ce titre se trouve entre deux bornes préalablement désignées.

Options OTC : Options « *over the counter* », options négociées sur le marché de gré à gré et non sur un marché organisé.

Options : Une option est un titre (payant) qui donne le droit et non l'obligation d'acheter (ou de vendre) un actif déterminé à une date future et à un prix déterminé à l'avance.

Position directionnelle : Compte de titre géré par un opérateur dévolu à l'achat-vente de titres dans une perspective spéculative et non d'arbitrage.

Position ou **pose :** Ensemble des titres détenus sur un livre de comptes, gérés par un opérateur, une table, une salle, etc.

Prêt-emprunt : Activité sur les marchés financiers consistant dans le prêt et l'emprunt de titres (ici des actions). Le prêt-emprunt d'action répond essentiellement à deux besoins : l'optimisation fiscale et la spéculation à la baisse (un baissier emprunte des actions pour pouvoir les vendre et les rachète ensuite quelque temps plus tard à un prix escompté inférieur).

Pricing **(logiciel) :** Calcul du prix théorique d'un produit en fonction des caractéristiques du contrat. Les logiciels présentent instantanément tous les éléments à l'écran nécessaires à la tarification.

Produits structurés : Montages juridico-financiers particulièrement compliqués calibrés sur les besoins spécifiques des clients (par exemple : contrat qui garantit une partie des hausses du CAC tout en assurant contre la baisse de l'or et la hausse du dollar).

Proprietary trading : *Cf.* Directionnel et spéculation.

Put : Option de vente.

Recall : Dans les contrats de prêt-emprunt, clause permettant de rappeler à tout instant les titres prêtés.

Responsable commercial : Personne en charge de plusieurs *desks* de vendeurs. Équivalent du *risk manager* pour les *traders.*

Risk manager : Personne en charge de plusieurs *desks* de *traders.*

Sales : En anglais, commercial.

Sous-jacent : On parle de sous-jacent pour désigner le titre sur lequel le produit dérivé donne des droits particuliers (d'achat ou de vente). Par exemple : pour une option d'achat sur une action Peugeot, l'action Peugeot est alors le sous-jacent.

Spéculation : Stratégie d'achat (ou de vente) d'un titre fondé sur l'anticipation d'une évolution favorable du cours du titre qui permettrait la revente à un cours supérieur (ou le rachat à un cours inférieur) et la réalisation d'un bénéfice.

Spot : Marché au comptant. Terme plus particulièrement utilisé pour les devises.

Table : *Cf. Desk.*
Thêta : Paramètre de la formule de Black et Scholes qui mesure la variation du cours d'une option en fonction du temps qui reste jusqu'à la date d'échéance du contrat.
Trader : Le *trader* « intervient sur les marchés, identifie et saisit les opportunités d'achat et de vente et en gère les risques ».
Traiter : effectuer des transactions.
Vendeur : *Cf.* Commercial.
Volatilité (ou **vole**) **:** Mesure de la variation de la variation d'un cours. Notion proche de celle d'un écart-type.

Table des matières

BUSSIÈRE CAMEDAN IMPRIMERIES
GROUPE CPI

Impression réalisée sur Cameron
à Saint-Amand-Montrond (Cher)
en janvier 2001.
Dépôt légal : janvier 2001.
N° d'impression : 005943/1
Imprimé en France